# アジアのダイナミズムと沖縄の発展

### 新次元のビジネス展開

富川盛武

## はじめに

　筆者は、現在（2018年8月）沖縄県副知事の職にあるが、本書は研究者（沖縄国際大学名誉教授）としての視点から書いたものであり、県の立場を表すものではないことをあらかじめお断りしておきたい。
　今、沖縄の発展可能性が大きく注目されている。「航空、エネルギーそして製造業、知られざる先端ビジネスが動き出している。その潜在力に世界からヒトとマネーが流れ込む。もはや沖縄は日本の辺境ではない。アジアの中心は沖縄に近づいている。」[1]
　沖縄のすぐ横にあるアジアは一国だけでなく発展が飛び火し重層的に発展する雁行形態が進行している。他方、日本は成熟期に達し低成長になり、加えて人口が減少に転じた日本経済は、国内市場に依存しては縮小を余儀なくされ、成長著しいアジアをはじめ海外に市場を求めて展開せざるを得ない状況であり「外へのドライブ」が掛かっている。
　地理的に東アジアの臍（中心）にある沖縄は「アジアの橋頭保」としての役割が増大し、外国人観光客の急増や内外の資本による豪華なホテルへの投資が続いている。沖縄の役割と可能性が「市場」によって認められたのである。「沖縄の成長力がトップであること、基地返還地が外資の上陸により、一等地に代わること、アジアの物流を制する可能性、沖縄県金型技術センター等によって製造業天国になる。そして外国富裕層観光客は名護市のラグジュアリーなホテルまで片道8万円のヘリで行

---

[1] 日経ビジネス　特集　沖縄経済圏　アジアを引きつける新産業の衝撃　2012年8.6-13合併号

く時代になった」[2]と日経ビジネスは指摘している。

　実際、沖縄の経済はアジアの追い風を受け、好調である。景況（日銀短観）はここ数年、全国を大きく凌駕し、県内総生産や一人当たり県民所得も増加トレンドを示し、雇用も大きく改善されてきている。沖縄の成長はアジアの需要に牽引されており、消費需要に占めるインバウンド（外国人観光客）の比率も全国一高い。離島も含め、県内のホテル、ショッピングセンター等に内外の資本投下が続き、成長を牽引している。

　このような好調な経済に一過性のものではないかとの声がある。しかし、アジアのダイナミズムは他国への飛び火を通じて、重層的に拡大しており、アジア開発銀行等、世界の研究機関の多くはアジアのダイナミズムはここ当分続くと指摘している。この千載一遇のチャンスを逸することなく、沖縄経済にビルト・インしなければならない。

　沖縄の役割と潜在可能性については政府もオーソライズしている。沖縄振興基本方針（平成24年 5 月11日　内閣総理大臣決定）でも「人口減少社会の到来等我が国を取り巻く社会経済情勢が変化する中、沖縄はアジア・太平洋地域への玄関口として大きな潜在力を秘めており、日本に広がるフロンティアの一つとなっている。沖縄の持つ潜在力を存分に引き出すことが、日本再生の原動力にもなり得るものと考えられる」という文言が記されている。

　フロンティアとして位置づけられた意義は大きい。これまで、経済的に低位にあった沖縄は「工業化後追い論」のコンセプトで振興政策を進め、低賃金を求めた日本企業が沖縄を飛び越えアジアにシフトし、産業発展は芳しい成果を納めてこなかった。しかし、東アジアの中心に位置する地理的特性や全国一高い出生率など、沖縄の優位性・潜在力に注目

---

2　同上

が集まっており、沖縄は、これらを生かして日本経済活性化のフロントランナーとなる可能性が高まっている。

沖縄県は沸騰するアジアのダイナミズムを取り込み、発展につなげるために2015年に「沖縄県アジア経済戦略構想」を策定した。国際物流拠点、世界水準の観光リゾート拠点、航空産業クラスター、ITスマートハブを重点戦略にして、農林水産業、先端医療・バイオ産業、環境・エネルギー産業、地場産業の推進も謳われている。さらにそれを支えるための人材育成、規制緩和、海、空、陸のシームレスな交通体系等も示されている。

もう一つの発展の推進力が米軍基地の跡地利用である。返還前と後の経済効果を比較すると後者の方がミクロ、マクロの両面で凌駕している。県内で、商業地して発展し、まちづくりが成功している事例はほとんどが基地跡地である。那覇市の新都心、北谷町の美浜、中城村の大型ショッピングセンターが立地するライカム等である。米軍基地は経済の視点から見ると、発展可能性をフリーズしてきたと解せる。

沖縄のダイバーシティ（多様性）はアジアの中心として機能するうえで、大きな比較優位となる。沖縄は国境なき国家へのフロンティアであり、発展可能性が大である。[3]言い換えると沖縄はアジアへの「ビジネスのジャンプ台」である。これは沖縄の産業・経済の高次元への移行というパラダイムシフトを示唆している。千載一遇のチャンスを逸することなく、ソフト・ハードのインフラ整備、規制緩和を実現すれば新次元のビジネスが始動し、今後10及び20年も発展し続ける沖縄の未来は明るい。

本書の目的は、これまで劣位にあった沖縄経済が地政学的優位性である「アジアの橋頭堡」と歴史・風土・文化によって人々を引きつける力

---

3 　同上

である「ソフトパワー」そして「人口増加」を基調に、アジアのダイナミズムを取り込み、自立経済にビルト・インし、沖縄自身の発展のみならず、日本経済の再生に役立つシナリオを示すことである。

## 本書の構成

### 第1章 沖縄の発展可能性

中国をはじめとするアジアのダイナミズムが重層的に展開する中、人口が減少している日本は低成長を余儀なくされており、海外へのドライブが掛かっている。アジアの橋頭堡、ソフトパワー等を土台にした現在の沖縄が持つ発展可能性は極めて高いことについて分析した。アジア経済の動向や経済圏の拡大政策が沖縄の発展可能性の追い風となり、経済が好調であることにつながっていることについて述べた。

### 第2章 アジアビジネスの展開

アジア市場と関連したビジネスモデルや、今後のアジア規模で沖縄を支える産業について述べた。好調な観光産業だけでなく、アジア関連ビジネスのすそ野が広がっている。具体的には福建―台湾―沖縄トライアングル経済圏構想、コールドチェーン・セントラルキッチンの展開、IT産業、MRO、再生医療産業、農水産物の輸出、MOUの締結等である。

### 第3章 アジア経済戦略

アジアのダイナミズムを取り込み、沖縄経済の発展につなげるためのアジア経済戦略構想を紹介する。その実現のためには、ソフト・ハードのインフラ整備が必要である。関連する施策として那覇空港新滑走路の拡張、国際旅客ハブ、東洋のカリブ海構想、大型MICE施設、鉄軌道、

沖縄ITイノベーション戦略センター、海洋政策等について解説した。

## 第4章　基地跡地利用

米軍基地の経済効果を測定し、返還後の跡地利用について分析した。米軍基地は経済主体ではないため、予算を増やさない限り成長せず、一定であり、沖縄の経済が発展するほど、そのウェイトが低下し、限界を持つことを示した。ビジネスのホットスポットとして注目されている那覇市新都心、北谷町美浜、北中城村のライカム等はすべて基地跡地である。経済の視点からは基地は発展可能性をフリーズしてきたと解釈できる。

## 第5章　沖縄振興計画

復帰後の沖縄経済の指針となった一次から三次わたる沖縄振興開発計画及び沖縄振興計画（第四次振興計画）そして、それを規定している沖縄振興特別措置法を鳥瞰した。沖縄21世紀ビジョン基本計画（第五次沖縄振興計画）では、発展のパラダイムシフトが起ったことについて述べた。それは「格差是正」から脱却し、「アジアの橋頭堡」の役割を通じて、日本経済の再生に役立つという新たなコンセプトを確立したことである。

## 第6章　課題と今後の展望―沖縄の近未来像―

沖縄経済の抱える基本的課題、子供の貧困、労働力の逼迫、交通渋滞、人口問題とりわけ離島の人口減少等の喫緊の課題、そしてアジア経済関連の課題として、キャッシュレスへの対応、福建―沖縄の経済連携の迅速な通関、規制緩和、外国人労働者、国家戦略特区等の規制緩和について述べた。最後に現在展開している政策を推進していくと、希望が見えてくる近未来について示した。

# 目次

はじめに

## 第1章　沖縄の発展可能性 ――――――――― 9

1．沖縄の発展可能性 ――――― 10
2．好調な沖縄経済 ――――― 12
3．沖縄の発展力の評価 ――――― 20
4．アジアの「橋頭堡」としての沖縄 ――――― 23
5．アジア経済の動向 ――――― 24
6．経済自由化・統合の潮流 ――――― 27
7．中国の一帯一路 ――――― 29
8．経済圏の拡大政策 ――――― 32
9．ソフトパワー ――――― 36

## 第2章　アジアビジネスの展開 ――――――――― 45

1．観光産業 ――――― 46
2．福建―台湾―沖縄トライアングル経済圏の可能性 ――――― 55
3．アジアと沖縄の食品産業連携の可能性 ――――― 67
4．情報通信産業 ――――― 78
5．航空機整備事業(MRO) ――――― 82
6．再生医療 ――――― 90
7．農水産物の輸出 ――――― 98
8．MOUの(覚書) ――――― 105

## 第3章　アジア経済戦略──────107

1．沖縄県アジア経済戦略構想───── 108
2．那覇空港滑走路の拡張───── 125
3．ハブ空港への展開───── 132
4．東洋のカリブ構想───── 139
5．大型MICE施設───── 148
6．鉄軌道───── 158
7．沖縄ITイノベーション戦略センター───── 169
8．海洋政策───── 178

## 第4章　基地跡地利用──────193

1．沖縄の経済と米軍基地───── 195
2．米軍基地の経済効果───── 197
3．基地跡地利用の展開───── 205

## 第5章　沖縄の振興計画──────217

1．沖縄振興開発特別措置法───── 219
2．沖縄振興開発計画───── 226
3．沖縄振興開発計画の点検（第一次から第四次まで）───── 228
4．沖縄21世紀ビジョン───── 240
5．パラダイムシフト───── 243
6．沖縄21世紀ビジョン基本計画（第五次振興計画）───── 250

# 第6章　課題と今後の展望―沖縄の近未来像――――259

1. 沖縄経済の特徴――――260
2. 課　題――――265
   (1) 基本的課題　266
      ① 技術進歩の課題　266
      ② 経済パフォーマンスの課題　267
   (2) 直面する課題　267
      ① 子供の貧困　267
      ② 労働力不足　269
      ③ 交通渋滞　274
      ④ 人口問題　277
   (3) アジア関連の取り組むべき課題　285
      ① 沖縄―福建の連携　285
      ② キャッシュレス　289
      ③ 規制緩和　300
3. 沖縄の近未来像――――315

あとがき

第1章
沖縄の発展可能性

今、沖縄の経済的潜在可能性が注目を浴びている。地理的優位性と人々を魅了して引き付けるソフトパワーにより、海外観光客が増大し、内外の資本が高級ホテルやショッピングモール等に投資を行い、景気（日銀短観等）も全国を凌駕している。これはマーケットが沖縄の可能性を認めたと解釈できる。当然、世界中のビジネスチャンスを調査・吟味して投資を決定するのが内外の資本の定石であり、沖縄が「儲かるところ」だからであろう。まさに今、沖縄経済は千載一遇のチャンスが到来している。これを逸さず沖縄経済にビルトインして発展につなげることが求められている。
　沖縄の潜在可能性を高めている大きな要因の一つはアジアのダイナミズムである。アジア経済の動向や国及び県等のアジア展開の政策を通じて、沖縄の発展可能性を浮き彫りにしたい。

## 1．沖縄の発展可能性

　沖縄は「アジアの橋頭堡」「ソフトパワー」という比較優位の要素を具備しており、発展の可能性が高い。それが顕在化すれば、沖縄経済の自立のみならず「日本の経済の再生に役立つ」ことが政府の沖縄振興基本方針等に明記されている。日経ビジネス[1]が示すように、沖縄の可能性を「市場」が認めつつある。

沖縄21世紀ビジョン、そしてその将来像の実現を目的とする沖縄21世紀ビジョン基本計画においても「日本と世界の架け橋となる強くしなやかな自立型経済の構築」が示され、「グローバル経済が進展し、世界経済成長の原動力がアジアにシフトしている状況を踏まえ、アジアや世界を大きく視野に入れ、本県の経済を担う移出型産業、域内産業に対する施策、魅力ある投資環境を整備し県内投資を呼び込む施策、多様な産業の展開を担う人材、伝統文化、自然、生物資源など沖縄の様々な資源を活用し、涵養していく施策を戦略的に展開していくことが極めて重要である」と記されている。

沖縄振興基本方針（平成24年5月11日　内閣総理大臣決定）でも「人口減少社会の到来等我が国を取り巻く社会経済情勢が変化する中、沖縄はアジア・太平洋地域への玄関口として大きな潜在力を秘めており、日本に広がるフロンティアの一つとなっている。沖縄の持つ潜在力を存分に引き出すことが、日本再生の原動力にもなり得るものと考えられる」という文言が記されている。

沖縄は地政学的な優位性と歴史、文化、風土により、人を引きつける魅力（ソフト・パワー）を有しており、それは高次元のニーズ（健康・長寿、安全・安心、快適・環境等）に対応し先進国を更に発展（ポスト先進国）させる力をもつ。人口減少により、日本経済の国内マーケットが縮小する中、ヒト・モノ・情報が集積するアジアの橋頭堡を目指している沖縄は「アジア・ビジネスのジャンプ台」になり得る。

沖縄振興会議では、これまでの「格差是正」にみられるような援助してもらう沖縄から脱却した、パラダイム・シフト（新たな視点）からの振興理念、方針が必要であることが強く指摘された。幸いなことに、時

---

1　日経ビジネス　特集　沖縄経済圏　アジアを引きつける新産業の衝撃　2012年8．6－13合併号

流が沖縄に味方した。中国をはじめとするアジアのダイナミズムが重層的に展開する中、人口が減少している日本は低成長を余儀なくされている。沖縄が両者の間で「アジアの橋頭堡」として機能すれば沖縄の発展だけでなく「日本の再生」に役立つ時代が開かれたのである。

## 2．好調な沖縄経済
### 景気

　最近の沖縄経済は、極めて好調である。景気について、日銀の短観（全産業）を見てみると、ここ数年沖縄県が全国を大きく凌駕している。2015年6月から現在まで、30を超え、同年9月からは40以上となり、最新のデータ（2018年4現在）で沖縄県37、全国は17となっている。他方、全国は同じ期間に7から17であり、上昇傾向を示しているものの、沖縄との差は縮まらず、沖縄の好景気が浮き彫りになっている。

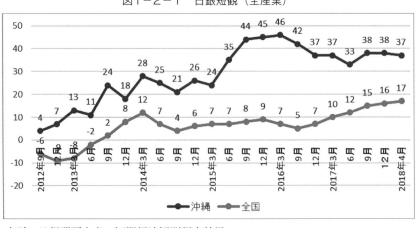

図1-2-1　日銀短観（全産業）

出所：日銀那覇支店　短期経済観測調査結果
http://www3.boj.or.jp/naha/0012.html　より作成。

## 県内総生産

実績値の県民総生産は2006年に3兆7344億円で2012年まではほぼ横ばいであったが、その後急激な増加に転じ、2015年には4兆1416億円となっている。この間の近似値を取ってみると直線の傾きが右肩上がりになっており、増加トレンドになっている。2018年時点での実績見込みや今後の見通し（2018年の見通しは4億6135億円）を見てみると、さらに増加することが明らかになっている。

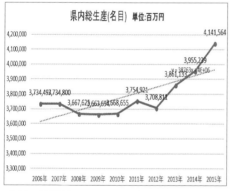

図1-2-2 県内総生産（実績）

出所：沖縄県HP 県民経済計算より作成
http://www.pref.okinawa.jp/toukeika/accounts/accounts_index.html

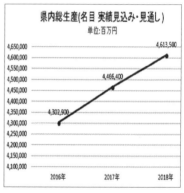

図1-2-3 県内総生産（実績見込み・見通し）

出所：沖縄県企画部「平成30年経済の見通し」

## 一人当たり県民所得

実績値の一人当たり県民所得は2006年から2008年までは減少しているが、その後V字回復を遂げ増加に転じている。とりわけ2012年以降の増加が著しい。実績見込みや見通しでも拡大が示され、2018年には237万8千円になるとされている。現在まで、全国最下位に甘んじているが、この傾向が続けば、汚名返上が期待できる。

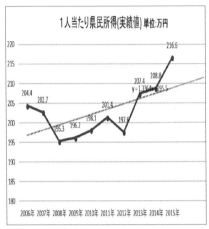

図1-2-4
一人当たり県民所得(実績値)

出所:沖縄県HP　県民経済計算より作成
http://www.pref.okinawa.jp/toukeika/
accounts/accounts_index.html

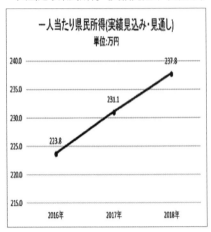

図1-2-5
一人当たり県民所得(実績見込み・見通し)

出所:沖縄県企画部「平成30年　経済の見通し」

**失業率**

　復帰時の1972年の全国の失業率は1.5％で沖縄県は3％と約2倍の高さであった。1976年頃までその差は拡大し、その後、やや一定の差で推移したが、1994年頃から差が拡大した。2011年頃からは差が減少傾向にある。

　1977年は全国が2.2％であるのに対し、沖縄県は6.8％と3倍以上の失業率が存在した。日米両政府がいわゆる「佐藤・ニクソン共同声明」で1972年(昭和47)沖縄返還に合意した直後、財政悪化に悩むアメリカは、共同声明の後、基地機能を維持強化しつつ、経費節減を目的とした人員整理などの合理化を加速したためと考えられる。日本復帰時に約20,000人だった基地労働者約7,000人が解雇された。再雇用対策は採られたが、沖縄経済にそれだけの雇用を吸収するキャパシティが無かったため、時間差をおいて軍離職者失業者が滞積したためであろう。

　1989年頃まではその差は、漸減傾向を示した。しかし概ね2倍の差が

第1章　沖縄の発展可能性

あった。その後再び1998年頃まで差が拡大したが、2000年頃から差が縮小してきている。全国は2008年のリーマンショック後失業率が上昇したが、沖縄はあまり影響を受けずに減少傾向を示している。

最近はアジアの需要の拡大による外国人観光、外資の流入等により、沖縄の景気が拡大し、雇用の面でも有効求人倍率も1を超え、失業率も3％台となり、急速に改善しつつある。

図1－2－6　失業率

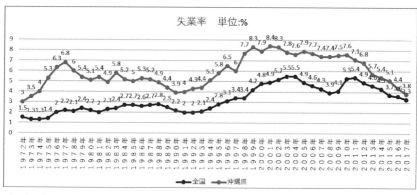

出所：「労働力調査」沖縄県HP　http://www.pref.okinawa.jp/toukeika/lfs/lfs_index.html及び総務省統計局　長期時系列表1　完全失業率より作成

図1－2－7　有効求人（倍率）

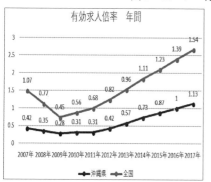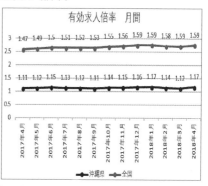

出所：沖縄労働局　「労働市場の動き」平成30年2月による。

# 何が沖縄経済を引っ張っているか
## 生産変動要因分析

これら好調な沖縄経済は何が引っ張っているのであろうか。それを見るために最終需要（消費＋投資）と技術進歩（経済的筋力）のどちらが生産変動に影響を与えたかを示す2005－20011年の生産変動要因分析を用いて計測を行った。生産増加の内、多くの部分が最終需要によって牽引されており、技術進歩が少ない。

最終需要による生産変動の合計は１兆7169億5900万円であり、その中で運輸、公務、商業等を中心に第三次産業の生産増加多い。他方、土木、繊維製品、窯業土石等はマイナス値を示している。技術進歩は合計でマイナス521億1500万円であり、金融・保険のマイナス値が大きい。事業所サービス、情報通信、運輸、輸送機械等はプラスの値となっているが、他は総じてマイナス値である。第一次産業、第二次産業は０の値の周辺に位置しており、技術進歩がほとんど無い。最終需要つまり、消費と投資に牽引され、技術進歩があまり見られないという沖縄経済の構造が見て取れる。

図１－２－８　最終需要による生産増加　2005－2011年

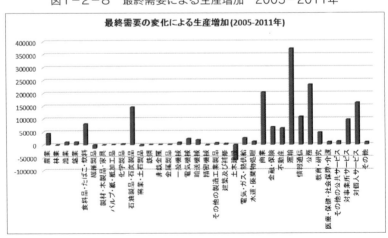

出所：筆者計測

図1−2−9　技術進歩による生産増加　2005−2011年

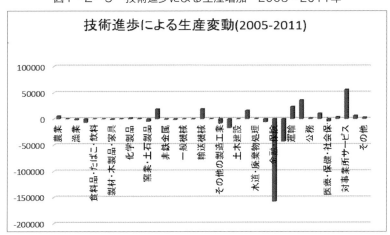

出所：筆者計測

## 消　費

　民間最終消費（実質）のトレンドを見てみると、増加傾向にある。2006年は2兆1809億円だったが、2015年には2兆5016億円と順調に増加している。

　その増加の後押しをしているのがインバウンド（外国人観光客）であろう。2012年の98万6千人が2017年には269万2千人へと約2.7倍に増加

図1−2−10　沖縄の民間最終需要

出所：沖縄県HP「県民経済計算統計表」より作成

している。急増の要因はクルーズ船の寄港が多く増加したためである。

観光の牽引力つまり、成長に対する寄与は増大している。日経新聞（2018年4月2日）によると、2017年の沖縄県のインバウンド消費額は1583億円で全国でも8位に位置している。2012年との比較をすると、沖

図1−2−11　沖縄県の外国人観光客（単位：千人）

出所：沖縄県文化観光スポーツ部「平成29年度入域観光客統計月報（平成30年2月）」より作成

図1−2−12　インバウンド消費額

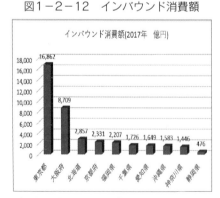

出所：日経新聞(2018年4月2日)より作成

図1−2−13　インバウンド消費額の比率

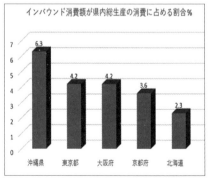

出所：日経新聞(2018年4月2日)より作成

縄県は8.5倍になり、伸び率が全国1位となっている。また、インバウンド消費額が県内総生産の消費に占める割合を見ると、6.3％で全国1位となっている。これは観光産業が沖縄経済の大きな牽引力となっている証左である。外国人観光客の消費が沖縄経済の成長に寄与している。

## 投　資

　民間設備投資は消費ほど顕著ではないが、微増を続けている。しかし、沖縄公庫リポートの実態調査によると、2012年以降投資意欲がマイナスからプラスに転換し、その後大きく増大していることがわかる。これは外国人観光客を含めた観光客の増加によるものと推測される。この推移が続くと民間設備投資は今後、増大すると思われる。

　投資意欲の増加の背景には、観光客とりわけ富裕層の増加を見込んだ、内外からの世界水準の豪華ホテル建設の投資が沖縄に投下されていることが基底にあると思われる。

図1-2-14　民間設備投資

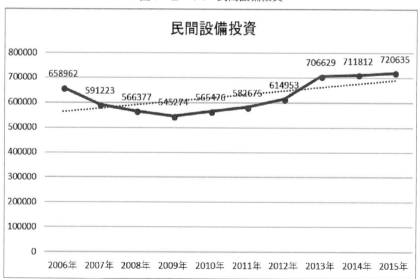

出所：沖縄県HP「県民経済計算統計表」より作成

世界水準のホテルの開業及び開業予定の一例
    ヒルトン（那覇市、北谷、瀬底島、金武町ギンバル（予定））
    リッツ・カールトン（名護市　喜瀬）
    ハイヤット・リージェンシー（那覇市牧志）
    星のや（武富島）
    地中海クラブ（石垣市）

　このように、沖縄の成長は外国人観光客の消費を含めた、民間最終消費によって牽引されていることがわかる。投資は消費ほど、今のところ、貢献していないが、今後の投資意欲が高く、投資増大による牽引も期待できる。

## 3．沖縄の発展力の評価

　今、好調を見せている沖縄経済の実力、発展力はどのように評価されているか、シンクタンクの分析を見てみよう。
　財団法人日本経済研究センター「都道府県長期予測2007－2020年」によると、2007－20年の平均成長率の1位が沖縄県、2位東京都、3位神奈川県、4位愛知県、5位滋賀県となり、人口成長率が高い県ほど実質成長率が高い結果となった。平均成長率が1％を超えるのは上位3都県のみである。[2]

　2010年代前半において、人口成長率がプラスであるのは、ランキング上位5位の沖縄県、東京都、神奈川県、愛知県、滋賀県のみである。2010年代後半になると、プラス成長は東京都と沖縄県のみである。人口の全国比と民間消費の全国比はパラレルの関係にあり、人口が増加する

---

2　財団法人日本経済研究センター「都道府県長期予測2007－2020年」、2009年4月9日

表1-3-1　2007-2020年の平均成長率（％）

|  | 実質成長率 |  | 人口成長率 |
| --- | --- | --- | --- |
| 沖縄県 | 1.07 | 沖縄県 | 0.31 |
| 東京都 | 1.05 | 東京都 | 0.26 |
| 神奈川県 | 1.03 | 神奈川県 | 0.13 |
| 愛知県 | 0.98 | 愛知県 | 0.09 |
| 滋賀県 | 0.98 | 滋賀県 | 0.08 |

出所：財団法人日本経済研究センター「都道府県長期予測2007-2020年」、2009年4月9日

都県は予測期間中、全国平均よりも高い消費の伸び率が実現できる。上位5都県以外は、2015年までに人口成長率がマイナスとなるので成長率を押し下げることとなった。[3]

図1-3-1　2010-2020年度の平均成長率

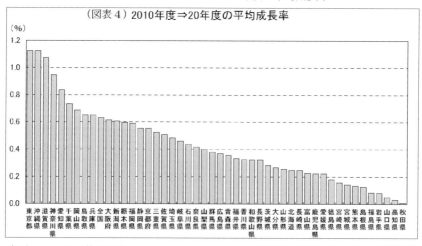

出所：ニッセイ基礎研究所　No.2011-05 Dec. 2011「2020年度までの都道府県別成長率予測～拡大する東京と縮小する地方圏」経済調査部門　研究員　桑畠　滋

---

3　同上

ニッセイ基礎研究所2010年度から20年度にかけての平均経済成長率では東京都が1.1％で最大となった。2位以下は沖縄県、滋賀県、神奈川県、愛知県と続いている。また、この間の全国の平均成長率は0.6％であり、沖縄の1.1％が高いことが浮き彫りになっている。上位5県のうち、東京都、沖縄県については労働投入、資本投入の増加がともに成長率の押し上げ要因となり高い伸びとなった。[4]

　さらにニッセイ基礎研究所の生産関数アプローを用いた2030年度までの経済成長率によると、2010年度から30年度にかけての平均経済成長率が最大となったのは沖縄で1.0％であった。2位以下は東京（1.0％）、滋賀（0.9％）、神奈川（0.8％）、愛知（0.8）と続いている。[5]

　上位5県のうち、沖縄、東京については、2030年の就業者数が2010年

図1-3-2　2010年度～2030年度の平均成長率

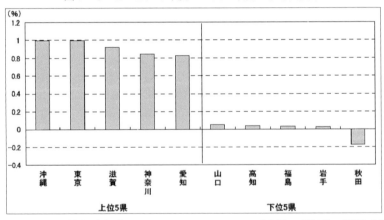

出所：ニッセイ基礎研究所No.11-019 22 March 2012「少子・高齢化の進展が都道府県の経済成長に与える影響」経済調査部門　研究員　桑畠　滋

---

[4]　ニッセイ基礎研究所　No.2011-05 Dec. 2011「2020年度までの都道府県別成長率予測～拡大する東京と縮小する地方圏」経済調査部門　研究員　桑畠　滋
[5]　ニッセイ基礎研究所No.11-019 22 March 2012「少子・高齢化の進展が都道府県の経済成長に与える影響」経済調査部門　研究員　桑畠　滋

から減少し、労働投入量が成長率の押し下げ要因となるものの、沖縄は全国一高い出生率、東京は他県からの人口流入を背景として、他県と比べ相対的に減少ペースが遅いことに加え、資本ストックが順調に増加することなどから相対的に高い成長率となった。また、滋賀、神奈川、愛知については、資本投入の伸びが成長率の押し上げに大きく寄与している。[6]

人口減少を背景とした内需縮小に苦しむ日本が今後、成長を続けていくためには拡大するアジア新興国などの国外の需要を取り込んでいくことが不可欠となっている。日本経済のグローバル化の動きは着実に進展しており、今後もこの傾向は続くものと考えられる。[7]この文脈で今後の成長力を読むと、沖縄のアジアの橋頭保としての役割と成長力は高まってくる。

## 4．アジアの「橋頭堡」としての沖縄
### アジアの橋頭保

沖縄はアジア・太平洋地域に隣接し、日本本土、中国大陸、東南アジア諸国の「臍（中心部）」に位置する。那覇を拠点に半径2000キロメートル以内に東京、ソウル、北京、上海、マニラ等のアジアの中心都市が入る。さらに、15世紀の琉球王朝時代には、中国をはじめ東南アジア諸国の交易により、那覇は「万国の津梁」として機能し、現在でいう「国際ネットワーク」を構築していた。このような地理的、歴史的関係性は地政学的な優位性となっている。

また、沖縄は歴史、文化、風土により、人を引きつける魅力（ソフト・パワー）を有しており、それは高次元のニーズ（健康・長寿、安全・安

---

6　同上
7　同上

心、快適・環境等）に対応し先進国を更に発展（ポスト先進国）させる力をもつ。これらにより、沖縄はアジア規模の経済発展のプラットフォームいわゆる「橋頭堡」に成り得る。[8]

中国をはじめとするアジアのダイナミズムが重層的に展開する中、人口が減少している日本は低成長を余儀なくされている。沖縄が両者の間で「アジアの橋頭保」として機能すれば沖縄の発展だけでなく「日本の再生」に役立つ時代が開かれたのである。アジアの成長が拡大し、経済の自由化、経済統合が進展する中、沖縄のアジアの橋頭保としての役割は増大している。

そのような背景を基に沖縄県は、拡大するアジアのダイナミズムを取り込み、沖縄経済の発展にビルトインするために2015年9月に「アジア経済戦略構想」を策定し、実現のための「アジア経済戦略推進計画」も策定して対応している。

沖縄を日本経済のアジアへのビジネスのジャンプ台（アジアの橋頭保）にすることによって、成熟期に入っている日本経済をバージョンアップすることができる。しかし、ソフト・ハードのインフラの整備は未だ道半ばであり、十分とは言えない。沖縄のアジアの橋頭保としての役割を果たし、日本をポスト先進国に導くためにも次期振興計画が必要である。

## 5．アジア経済の動向

最近のアジア経済の世界における役割と可能性を明解に示しているIMF専務理事のクリスティーヌ・ラガルドのインドにおけるスピーチを紹介しよう。[9]「アジアには誇るべきものが多くあります。アジアは世界で最

---

8　沖縄21世紀ビジョンに記された「アジアの十字路」と同意である。
9　クリスティーヌ・ラガルド　国際通貨基金　専務理事「世界経済におけるアジアの牽引者としての役割」2016年3月12日、インド・ニューデリー

もダイナミックな地域であり、今日の世界経済の40％を占め、今後4年間、若干勢いが衰えるにしても、世界経済の成長の約3分の2を占めるといわれています。

こうして経済面で重要な役割を果たしていることから、アジアのダイナミズムを最大に活用することが全世界の大きな利益です。アジアの急速な世界経済への統合は、この時代で最も驚くべき世界の変化のひとつです。その比較的短い期間で、この広大かつ多様性に富んだ地域の多くの国が、経済の『奇跡』を起こし、なかには、世界経済の原動力となった国もあります。

革新はアジアのキャッチフレーズにもなりました。毎日、世界中のほとんど全ての人がアジアのテクノロジーに驚嘆しています。車、スマートフォン、そしてテレビが頭に浮かびますが、バイオテクノロジー、商用衛星、そして再生可能エネルギーなども忘れることはできません。

こうした相互連関の高まりは、今日アジアはかつてないほど世界に影響を及ぼしているということを意味します。そして同じように、アジアはやはりかつてないほど世界経済の情勢に大きな影響を受けており、これに対応しなければなりません。

アジアのダイナミズムは、現在そして未来へ投資し、アジアを前進させるための歴史的な機会を提示しています。これを実現することは、アジアを持続的な成長の軌道に乗せるのみならず、重要な貢献者として、そして21世紀のリーダーとしての、アジアの世界経済における役割を強化することになるはずです。[10]

最近のアジア経済の動向を見てみよう。2017年のアジア経済は、持ち直し基調が続いている。この背景として、①輸出の増加、②内需の持ち直し、③中国景気の上振れ、の3点が挙げられる。

---

10　同上

2018年のアジア経済を展望すると、一部の国や地域の成長率は、政策効果の一巡などにより2017年を下回るものの、景気の失速には至らない見通しである。全体としてみれば、①外需の回復持続、②内需の底堅い推移、③国際的なマネーフローの安定、④中国経済の安定成長、の4点が景気の下支え要因になり、通年の成長率は前年比＋6.1％と、2017年と同水準の成長となる見通しである。[11]

　アジア全体の成長率は2017-2019年まで6.1％で推移すると見込まれている。その内、中国は6.8％、6.4％、6.3％で推移し漸減になり、インドは6.7％、7.4％、7.5％と上昇する見込みである。ASEANも5.3％を維持していくとみられている。総じていえばアジア経済は安定的に成長の見込みである。

　短期の将来予測を含めた、アジア主要国の国内総生産の動向を見てみ

図1-5-1　アジア各国の予想国内総生産

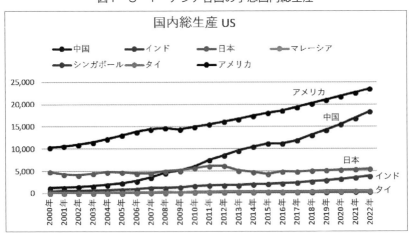

出所：IMF World Economic Outlook databaseより作成

---

11　佐野淳也・関　辰一・熊谷章太郎「アジア経済見通し」JRIレビュー 2018Vol.1, No.52

よう。アメリカの第一位は変わらないが、中国が2009年頃に日本を追い抜いて、第二位になった。両国とも増加傾向にあるのに対し、日本はほぼ横ばいで、アジア経済における総体的な地位が低下してきている。インドも人口増加を背景に徐々に伸びており、将来は中国を追い抜く見込である。タイ、マレーシア等のASEAN諸国も成長しており、総じて言えば、アジア各国の成長は将来においても増加すると思われる。

## 6．経済自由化・統合の潮流
### 経済連携

経済連携の推進は、輸出企業にとっては、関税削減等を通じた輸出競争力の維持又は強化の面で意義があり、他方で、外国に投資財産を有する企業やサービスを提供する企業にとっては、海外で事業を展開しやすい環境が整備されるという点で意義がある。[12]

世界を見渡すと、これまでに多くの国がEPAやFTAを締結してきている。WTOへの通報件数を見ると、1948年から1994年の間にGATTに通報されたRTA（FTAや関税同盟等）は124件であったが、1995年のWTO創設以降、400を超えるRTAが通報されており、2017年2月2日時点でGATT/WTOに通報された発効済RTAは432件に上る。[13]

日本は、2017年5現在、20か国との間で16の経済連携協定を署名・発効済みである。また、現在日EU・EPA、RCEP、日中韓FTA等の経済連携交渉を推進中である。

また、「日本再興戦略2016」（平成28年6月2日閣議決定）において、「TPPの速やかな発効及び参加国・地の拡大に向けて取り組むととも

---

12 経済産業省「通商白書　平成29年版」
13 同上

に、日EU・EPA、RCEP、日中韓FTAなどの経済連携交渉を、戦略的に、かつスピード感を持って推進する。我が国は、こうした新しい広域的経済秩序を構築する上で中核的な役割を果たし、包括的で、バランスのとれた、高いレベルの世界のルールづくりの牽引者となることを目指す。」こととしている。また、引き続き「2018年までに、FTA比率70％（2012年：18.9％）を目指す」ことを目標としており、交渉を進めている。[14]

沖縄のアジアとの経済的連携が叫ばれてから久しい。しかし、未だ期待に添う結実は見られない。他方、中国をはじめとするアジアの成長・発展は著しく、今や世界経済を牽引する存在となっている。このアジア経済の水位の高まりは、沖縄に改めて経済連携のチャンスを与えている。また欧州連合（EU）、北米自由貿易協定（NAFTA）の進展は無論、アジアでも自由貿易協定（FTA）、経済連携協定（EPA）等アジアの

図1－6－1　日本の経済連携

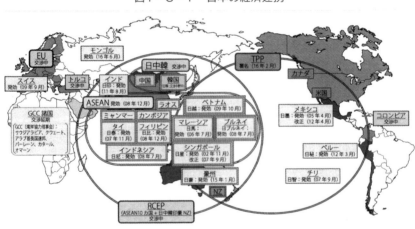

出所：経済産業省「通商白書　平成29年版」による。

---

14　経済産業省「通商白書　平成29年版」

経済統合、経済圏の構築は不可避の流れとなっている。期待された環太平洋パートナーシップ協定（TPP）はアメリカの離脱により、消滅しかけたが、アメリカを除いた国で仕切り直しが続いている。

また、RCEP（Regional Comprehensive Economic Partnership）は、日、中、韓、印、豪、NZの6カ国がASEANと持つ5つのFTAを束ねる広域的な包括的経済連携構想であり、2011年11月にASEANが提唱した。その後、16カ国による議論を経て、2012年11月のASEAN関連首脳会合において正式に交渉が立上げられた。RCEPが実現すれば、人口約34億人（世界の約半分）、GDP約20兆ドル（世界全体の約3割）、貿易総額10兆ドル（世界全体の約3割）を占める広域経済圏が出現する。[15]

沖縄はアジアとの歴史的関係性、地政学的優位性を活かし、アジア規模の発展プラットフォームつまり、「橋頭堡」になり得る。

## 7．中国の一帯一路

習近平国家主席は、2013年秋のアジア歴訪の際、中国と中央アジア、東南アジアとの経済などでの連携強化を提唱した。その後、①中央アジア経由で陸路欧州に至るシルクロード経済ベルト（一帯）、②中国の沿海部と東南アジア等を結ぶ21世紀海上シルクロード（一路）をセットで推進する「一帯一路」構想へと発展させた。一帯一路は、対外経済関係の拡大と国内課題の解決を結び付ける経済的な戦略として重視される一大プロジェクトである。[16]

習近平は、2014年5月に河南省を視察した際、「我が国は依然として

---

15　経済産業省「東アジア経済統合に向けて」
http://www.meti.go.jp/policy/trade_policy/east_asia/activity/rcep.html
16　日本総研「中国の新成長戦略としての一帯一路構想」2015年12月18日No.2015-42、調査部　主任研究員　佐野淳也

重要な戦略的チャンス期にあり、自信を持ち、現在の経済発展段階の特徴を生かし、新常態に適応し、戦略的平常心を保つ必要がある」と語った。これを受けて「新常態」という言葉は、中国経済を議論する時のキーワードとして、メディアに頻繁に登場するようになった。「新常態」と呼ばれる経済情勢の下、①イノベーションの喚起、②産業構造の高度化、③規制緩和を含む構造改革の推進を柱とする新しい成長戦略の構築を目指した。

一帯一路構想の第1の特徴は、国家指導者によるトップダウン方式で提起された後、各方面で議論が本格化し、新しい発展構想としての内容が付与されていったことである。第2の特徴は、「構想」が対象国の参加と共同発展を強調していることである。第3の特徴は、「構想」を資金的に支えるためにアジアインフラ投資銀行（AIIB）に代表される国際金融機関を設立していることである。[17]

構想の重点のひとつは、各種のインフラ整備によってその周辺に産業集積を形成することである。まず陸上部分の好例の一つが、中国と欧州をつなぐ物流ルートを整備し、ルートの起点である重慶への産業集積を促進している渝新欧（重慶－新疆－欧州）鉄道である。

海上部分ではさらに大きな進展がみられている。それは、中国の対外貿易が拡大する中で「構想」に先行して進められたものである。すでに全世界の10大コンテナ港のうち6港が中国大陸部と香港に位置するが、これらと欧州・中東・アフリカを結ぶ航路上において中国の港湾投資が実施されてきた。その全体像はなかなか把握できないが、イギリスの研究機関とFinancial Timesの共同研究によると、2010年以来、中国企業・香港企業が関与し、あるいは関与を公表している港湾プロジェクトは少なくとも40あり、総投資額は456億ドルに達している。この結果、全世界の海上コンテナ輸送

---

17　アジア経済研究所・上海社会科学院共編、大西康雄「一帯一路」構想の現状とその中国経済への影響評価』研究会報告書　アジア経済研究所2017年

表1−7−1　重点協力分野

| ①政策の調整 | ②インフラ接続（交通、エネルギー、光ファイバーケーブル） | ③貿易手続きの利便化 |
| --- | --- | --- |
| ④情報交換の強化 | ⑤貿易分野の開拓 | ⑥投資の利便化 |
| ⑦進行産業分野での協力 | ⑧産業チェーンの合理化 | ⑨対象国企業の対中投資、中国企業の対象国投資の奨励 |
| ⑩資金協力 | ⑪金融監督・管理の協力 | ⑫国民レベルの相互理解促進 |
| ⑬相互の留学生規模拡大 | ⑭観光協力 | ⑮伝染病情報の共有 |
| ⑯科学技術協力の強化 | ⑰若年層の就業・起業支援 | ⑱交流における政党・議会の役割強化 |
| ⑲民間組織の交流協力の強化 | | |

出所：アジア経済研究所・上海社会科学院共編、大西　康雄「一帯一路」構想の現状と課題『「一帯一路」構想とその中国経済への影響評価』研究会報告書　アジア経済研究所2017年　http://www.ide.go.jp/library/Japanese/Publish/Download/Seisaku/pdf/2016_a03_all.pdfによる。

の67％が，中国が所有ないし出資している港湾を経由していると見られる。[18]

　2017年12月に二階俊博幹事長率いる与党訪中団と共に福建省を訪ねる機会があった。一帯一路をテーマにした意見交換があり、沖縄側も発言の機会があり、筆者は沖縄を「一帯一路」のバイパスにして日本への入り口にしてはとの発言をしたところ、中国側から好意的な反応があり、福建省長の沖縄訪問[19]についても検討するとの返答があった。既に沖縄県と福建省は経済連携に関する覚書（MOU）を締結しており、迅速な通関等

---

18　同上
19　沖縄と福建省は友好関係にあり、2017年の11月に福建省、沖縄県の両地において記念式典及びレセプションをした際、福建省長、副省長に来県して頂いた。また、福建省での会議後、沖縄への再訪問の意向を示して頂いた。

図1-7-1　一帯一路構想

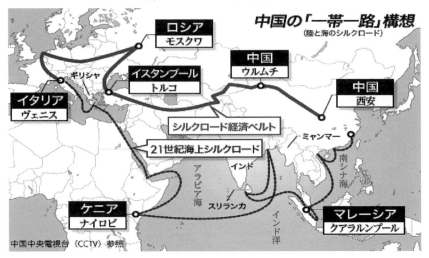

出所：The PAGE　陸と海のシルクロード　中国の「一帯一路」
https://thepage.jp/detail/20150511-00000006-wordleaf

に関して協議中である。那覇港からの貨物の迅速な通関が実現すると、日本全国の対中国向けの海上輸送船が那覇に集中すると期待できる。

## 8．経済圏の拡大政策

　国内事情のみで政策を展開する時代は終わっており、アジア規模の枠組での取組が展開されつつある。国策の中にもアジアの枠組みでの政策が多く見られ、その中には沖縄がその機能を果たすべきであることが示されているものがある。

　第5次の全国総合開発計画では「地域の自立的発展と我が国ひいてはアジア・太平洋地域の経済社会文化の発展に寄与する21世紀のフロンティア、太平洋・平和の交流拠点（パシフィック・クロスロード）[20]と

---

20　21世紀の国土のグランドデザイン　5全総

して特色ある地域の形成を目指す」ことが示されている。

　アジアゲートウェイ構想には21世紀は、アジアの時代であり、日本の経済社会を、グローバル化、なかんずく、このアジアの激変という現実から切り離して考えることはできない。アジアの動きに日本が取り残されることがあってはならない。アジアのダイナミズムの引き込み、日本がアジアや世界にとっての中核となる。アジアの成長と活力を日本に取り込み、新たな「創造と成長」を実現すること、アジアの発展と地域秩序に責任ある役割を果たすこと等が目的に掲げられている。[21]

　成長戦略にはアジア経済戦略として日本は「架け橋国家」となり、切れ目ないアジア市場を創出し、日本の「安全・安心」な制度、技術をアジア展開することが謳われている。今日のアジアの著しい成長を更に着実なものとしつつ、アジアの成長を日本の成長に確実に結実させるためには、日本がこれまでの経済発展の過程で学んだ多くの経験をアジア諸国と共有し、日本がアジアの成長の「架け橋」となるとともに、環境やインフラ分野等で固有の強みを集結し、総合的かつ戦略的にアジア地域でビジネスを展開する必要がある。

　「21世紀の国土のグランドデザイン」(平成10年3月国土庁)において、我が国の各地と東アジア諸地域との間において、出発日のうちに目的地に到着し一定の用務を行うことができる範囲として「東アジア1日圏」が提唱された。これは、①地域自立の条件として、全国各地域と世界のアクセス機会をできるだけ均等化する必要があること、②なかでも、近接したアジア地域との交流は国内の交流に準じたものになると予想され、特に、これに対応した国際交通体系の形成が求められること等を意識した表現である。

　また、国土形成計画（全国計画）においては、「東アジア1日圏」を

---

21　アジア・ゲートウェイ戦略会議「アジア・ゲートウェイ構想」平成19年5月16日

引き続き拡大することに加えて、シームレスアジアの実現成果を示すものとして、用務が終了した後には速やかに我が国に帰ってくることも可能な「日帰りビジネス圏」の形成を推進することを提唱している。これら圏域の形成・拡大に向けて、アジア・ゲートウェイとしての国際交通拠点機能の拡充に加えて、我が国の広域ブロックが隣接する東アジア諸地域と直接交流するための「広域ブロックゲートウェイ」としての国際港湾及び空港の有効活用並びに道路、鉄道等によるアクセス網の充実を図り、我が国における陸海空にわたる重層的かつ総合的な交通・情報通信ネットワークを戦略的に形成していくことが求められている。[22]

図1-8-1　日帰り経済圏

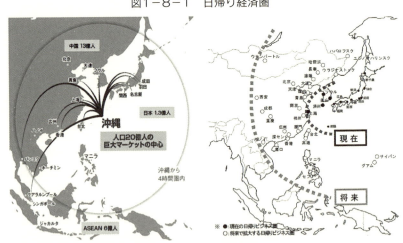

出所：村上潤一郎・戸谷康二郎・五十川泰史・生島貴之「東アジアとの円滑な交流・連携（シームレスアジア）ポテンシャルに関する一考察」2008年　土木学会：土木計画学研究・講演集　Vol.37
http://www.pref.okinawa.lg.jp/site/shoko/seisaku/kikaku/keizaitokku.html

---

22　村上潤一郎・戸谷康二郎・五十川泰史・生島貴之「東アジアとの円滑な交流・連携（シームレスアジア）ポテンシャルに関する一考察」2008年　土木学会：土木計画学研究・講演集，Vol.37

## アジア規模の枠組での政策展開

アジアの経済統合、アジアの経済圏の構築は不可避ではある。日本政府はASEAN+3の枠組で、アジア・ハイウェイ・プロジェク、AMRO（ASEAN+3 Macroeconomic and Research Office）の提案等、アジアの枠組みでの制度は形成されつつある。

## アジア・ハイウェイ・プロジェクト

パンアメリカン・ハイウェイやヨーロッパ・ハイウェイのような国際道路網をアジアにも完成させようという構想は、国連を中心に1950年代半ば頃から検討がなされていた。1959年に国連アジア極東経済委員（ECAFE）総会でアジアハイウェイ計画が採択され、この構想は具体化に向けて第一歩を踏み出すことになった。アジアとヨーロッパを結ぶ道路網を形成し、地域間および国際間の経済・社会開発に貢献し、かつ貿易と観光産業を育成しようとするもので、発足当時は、アフガニスタン、バングラデシュ、カンボジア、インド、インドネシア、イラン、ラオス、マレーシア、ミャンマー（正式加盟は1988年）、ネパール、パキスタン、シンガポール、スリランカ、タイ、旧南ベトナムの15か国、アジア大陸の南側のほぼ全域をカバーしていた。

その後、アジアハイウェイは国連アジア太平洋経済社会委員会（ESCAP）の管轄となり、継続して進められていたが、各国の情勢の変化などもあり、1992年から1993年の2年間、日本政府からの資金援助（JECF：Japan ESCAP Cooperation Fund）によりネットワークの見直し、設計基準の改訂、国際道路交通の促進のための方策の検討などを内容とした、アジアハイウェイ・ネットワーク整備のための調査が実施された。

現在ではアジアハイウェイ・プロジェクト参加国は、2003年11月に参加表明した日本も含め、アジア地域の殆どの国である32カ国となり、総

延長約142,000kmの国際道路網が形成されている。[23]

### 国のアジア展開政策

国内事情のみで政策を展開する時代は終わっており、アジア規模の枠組での取組が展開されつつある。国策の中にもアジアの枠組みでの政策が多く見られ、その中には沖縄がその機能を果たすべきであることが示されているものがある。

### AMRO

東南アジア諸国連合と日本・中国・韓国が、アジアのマクロ経済の監視・研究を行う機関として設立され、ASEAN地域を監視しており、財政情況が悪化し支援を要すると判断した国に対して、早期に警告を発するという機能を持っている。

## 9．ソフトパワー

### 地域とは

まず地域の定義と視点について確認したい。地域とは何か？ 特定の事象が等質又は同質である限定された地表空間を「地域」という。もちろん、事象とは単に自然現象にとどまらず、社会的、経済的、さらには文化的事象をも包含する。地域を規定する大きな要因の1つがエトスである。エトスとは生活様式、心的態度、倫理的態度と訳されるもので、人間の持っている切実な関心に働きかけ、行動にかりたてるもの、すなわち心理的起動力である。地域はこれらの文化の異質性（ヘテロ）を前

---

23 国土交通省「アジアハイウェイ・プロジェクトの概要
http://www.mlit.go.jp/kokusai/kokusai_tk3_000072.html

提に成り立っている。

　しかし、経済学は合理性のみによって行動する「ホモエコノミスト」を前提しており、文化の異質性の概念が欠落し、同質性（ホモ）を前提に組立てられている。唯一の物差しは貨幣タームである。人間の行動は、単に経済的要素のみによるのではなく、伝統、文化、宗教、風土という「エトス」によって決定される。それにもかかわらず、経済的合理性のみによって行動する「ホモエコノミスト」を前提に展開したところに、これまでの経済分析の問題があった。人間、文化、風土の視点から見ると、沖縄が発展する可能性は大なるものがあると思われる。

### ソフトパワー

　人々を惹きつける沖縄の魅力つまりソフトパワーは、発展において、大きな可能性を持つ。この言葉は元々、ジョゼフ・ナイハーバード大教授が政治学で用いたもので「政策や文化、歴史、自然などにより人々を惹きつける魅力」を意味した。「強制や報酬ではなく、魅力によって望む結果を得る能力である。」[24] 軍事力というハードパワーではなく、外交や文化の理解などのソフトで紛争解決や平和に導く考えである。日本を含むアジアの国々は魅力的なソフトパワーを秘めており、それがトヨタ、ホンダ、ソニーなどの世界ブランドのものづくりの力、明治維新の刷新力、第２次世界大戦からの再生力を生み出したと解し、そのソフトパワーこそが日本経済を再生させると説く[25]。現在では発展論などの領域でも広義の意で多用されている。

　1990年代の「失われた日本」を抜本的に改革するために政府が諮問し

---

24　ジョゼフ・S・ナイ、山岡洋一訳「ソフトパワー」日本経済新聞社、2004年9月13日、p.10
25　日本経済新聞2004年1月6日。

た「動け日本」[26]という小宮山宏東京大教授（当時）を委員長とするプロジェクトがあった。日本再生の切り札は実に明解である。先進国が更に発展するためには高次元のニーズに対応することが重要であり、具体的には世界一の「健康・長寿、安全・安心、快適・環境、教育水準」というニーズに対し各大学の研究成果を対応させれば新たなビジネスが生まれ、発展のフロンティアを切り拓くというロジックである。筆者は産官学の会議で直接、プレゼンを聞く機会があったがこれこそ沖縄のとるべき道と感じた。それらのニーズに対応できる能力が沖縄の自然、歴史、文化には内在しているからである。

　これまでの沖縄における発展論は工業化の後追いや国際分業などの生産の視点から論じられてきた。いずれも功を奏さなかったのは確たる比較優位が無かったからである。静脈の経済論というのがある。元々は廃棄物などをリサイクルして生産に戻す産業を指しているが、人々をリフレッシュして生産に戻すと解すると観光や移住も静脈の産業となる。沖縄は静脈の経済論では大きな比較優位を有する。従前は自然や文化は経済学とは無縁であるとされてきたが、高次元ニーズはこれらによって満たされるものであり、先進国を更に発展させるために必要な要素である。沖縄にはポスト先進国の産業構造や至福の生活を実現できるソフトパワーが内在している。

　伝統的な食や生活には健康・長寿の要素が内在しており、それが沖縄の伝統食品・薬草イコール健康というブランドにまで高めたのである。都会の不登校の児童が離島の学校に転校して、地域のふれあいの中で生きる力や元気を取り戻しているという。島の共同体的社会には安全・安心がある。沖縄の快適・環境を求めた観光客や移住者が増大している。

---

26　動け日本タスクフォース編［2003年］『動け日本！　イノベーションで変わる生活・産業・地域』日経BP社。

世界の観光地であるグリーン島やベネチアには車がまったくない。沖縄の離島にも車のない観光地を設定すれば環境のフロンティアになれる。

　沖縄科学技術大学院大学は文字通り世界水準の高い教育水準である。このように沖縄は高次元のニーズに対応できる力がある。沖縄はフロンティアの産業構造つまり先進国が更に発展した社会の産業構造そして至上の生活を享受できる社会になり得る可能性を持っているのである。なにより市場がその可能性を認めており、消費者によって確立された沖縄ブランドや外資が沖縄のホテルに触手を伸ばしたのは、その証左であろう。

　かつて中国からの帰化人がビューロクラート、テクノクラートして琉球王朝を支えた。中国との歴史的関係性（チャイナコネクション）を蘇生させれば中国をはじめとする沸騰するアジアのダイナミズムにビルトインできる。さらに戦禍を経験しことを踏まえ、沖縄が国際政治の緩衝地（東洋のジェネーブ）として機能するならば、国家の枠組みを超えて安全と経済発展にも寄与できる。このように沖縄のソフトパワーは発展力に満ちており、その顕在化戦略が今求められている。

　沖縄経済を大きく規定している日本経済の低成長は、これまでのように財政依存に安住することを許さず、自立のための「成長のエンジン」の内蔵が求められている。今や需要牽引主義（ケインズ経済学）でも市場競争主義（マネタリズム）でもない、第3の視点からの産業論が望まれている。つまり、政策需要による牽引は、不況、基地対策としての一過性の支出があったにしろ、厳しい国家財政の状況では最早不可能になる。他方、いきなり、自由化、規制緩和により大競争に晒しても、一部で産業創出があるにせよ、比較優位の極めて少ない沖縄では必ずしもトータルな発展に結びつくとは考えられない。二者択一でない第3の理論、とりわけ生産面、産業の視点からの発展論が望まれている。

　第3の経済理論として注目されているのが、ＭＪ.ピオリとC.F.セー

ベルの「第二の産業分水嶺」[27]やM.E.ポーターによって指摘されているビジネス・ネットワークをキーワードに文化を産業化した「イタリア・モデル」がある。

　人々が豊かになり、多くの商品やサービスの市場が飽和した現代では、単に機能が優れているとか安価であるというだけでは、消費者を引き付けることは難しい。現代においては、それぞれの国や地域が保持している文化が経済に対し意味を持つことになる。

### 文化の産業化

　文化とは、一般的には、それぞれの社会で共有される行動様式や思考様式あるいは精神活動の総体を指す。文化はその多様で異質な価値観を通じて、効用や生活の質を規定する。同じ「もの」を消費しても文化の違いを通じて効用が異なる。古の人々は自然に畏敬の念を払い、人間が立ち入れない聖域を創り、自然の中で人は生かされるという文化を持っていた。そのような文化の崩壊が、現代の地球温暖化にみられる「不都合な真実」を生じさせたのであろう。

　文化は現代の人間疎外や心が病んでいることに対する処方箋になり得る。愛や共鳴、共感など、精神、心自体の作用であり、文化は共感や感動を通じて、癒しをもたらす。このように、文化には人々を幸せにする力がある。文化は人が獲得した精神、心を健全に保ち、これによって肉体を健康に保つために、きわめて重要な役割を果たすようになったのである。文化の維持、発展の意義は、人間存在の基本に関わるといえるであろう。

　経済においては、個々の企業のブランド力もさることながら各国の文

---

27　Michael J.Piore and Charles F.Sabel[1997年] "The Second Industrial Divide Possibility　for Prosperity"（山之内靖・永易浩一・石田あつみ訳[1997年]『第二の産業分水嶺』筑摩書房）。

化の力が大きな意味を持つようになった。それぞれの商品分野において世界規模での普遍的な力のある文化を有する国の企業は、グローバル化した経済において大きなアドバンテージを持つことになる。ファッションならフランスやイタリア、自動車などの類なら日本やドイツという例である。それぞれの国の文化が、企業のブランド力と競争力の重要なファクターになっている。文化は経済の枠外ではなく、人間の行為や選択を通じて、経済システムを支え、また変化させる要因として認識され、経済を読み解くうえでも重要なポイントなっている。

**沖縄の事例**

食を生かし、沖縄文化を海外に発信している実例がある。香港や上海、シンガポールなどで日本・沖縄料理店を24店舗展開する県内企業がある。沖縄の食材を生かしたメニューがアジアで人気の的になっているが、代表者は「沖縄料理は、あこがれの日本食でありながらアジアの人がもともと食べている味に近い。それが中国などで受け入れられている」[28]と述べている。

「沖縄をクールジャパンの発信拠点に」と考えているのが、国内一のエンタティメント企業である。「沖縄国際映画祭」を開催し、今年（2018年）で10周年を迎える。「アジアの中の沖縄、日本の窓口の沖縄という位置づけにし、アーティストや作家を多数呼んで、アジアの子どもたちにゲームやアニメだけでなく、ポージングやヘアメイク、ウォーキングといった、今後の日本のポップカルチャーの代表になる芽を見つけ出したい」と関係者は意気込みを語っている。[29]

---

28　沖縄はソフトパワーで飛躍する
http://toyokeizai.net/articles/-/9086?page=4
29　同上

**文化産業の成功事例（イタリアのミラノ）**

　産業革命の浸透が弱かったイタリアはヨーロッパでは遅れた地域となったが、大量生産の時代が終わり、多品種少量生産の時代の到来により、むしろ遅れた地域であったが故に柔軟性を持ち活性化したといわれている。装置産業やハイテク産業は他国に任せ、ビジネス・ネットワークを基に「文化・感性の産業化」に特化し発展している。家族主義、人間主義、共生の文化そして経済指標では計れない豊かな、明るい文化などの類似性を見るにつけ、イタリアは「ヨーロッパの沖縄」であると実感する。

　イタリア・モデルのキーワードなっているビジネス・ネットワークとは、企業が調達、販売、研究開発などの諸機能を営む際に形成される企業間関係を指し、企業と組織を結ぶ中間組織、あるいは組織内取引と市場取引の場と定義されている。ネットワークにより経済主体は、時間、空間を克服し、遠隔地の他者との交流・調整が出来る。ネットワークの効率という情報化社会のメリットを駆使すれば資本、経営の規模を問わないビジネスが展開できる。ネットワークは大きな組織に組み込まれることなく、数の力が得られ、お互いに違うもの同士を引き合わせ、それぞれがお互いの知識や技術を補完することで一人ずつでは出来ないことを可能にする。各地に散在する安価で良質なモノ、ヒト、カネ、情報などの生産要素をネットワークで効率的に組み合わせ、商品化するというコーデイネイト力によって、産業立地の不利性を克服し比較劣位を比較優位に転換できるのである。ネットワークの発達は、単に経済発展を超えて文明の展開そのものを規定するとさえいわれている。

　イタリアにおける産業組織の最も大きな特徴は中小企業の企業群が、各地域で同業種による集積を構成していることである。これらの多くは、家族を基盤に持った事業体である。イタリアでの家族の結びつきは非常に強い。そして、家族の生活は地域コミュニィティに深く結びつい

ている。家族主義に根ざした中小企業は規模の拡大に大変慎重でむしろ志向しないといわれている。それはイタリア中小企業成功の秘訣とされる3つのF、フレキシビリタ（柔軟性）、ファンタジア（想像力）、フイドゥーチャ（果断性、即決性）が備わっているからである。例えば繊維産業の場合、カラー、デザインなどの生産ネットワーク、流通経路を極力削減する世界各地へのマーケティングなどの販売ネットワークの中小企業を基に業界が成り立っており、ファッションのメッカ、イタリアを形成している。

　1960年代のファッションのメッカ「パリ」を約30年掛けて「ミラノ」に転換させた原動力は伝統的な文化と現代のネットワークの融合によるものであった。その土台はイタリアのソフトパワーである。

# 第2章
## アジアビジネスの展開

沖縄のアジア関連ビジネスは総論から各論の次元に入っている。アジアの橋頭堡を土台に、アジアと沖縄の比較優位を連結させて、価値創造型のビジネス、産業を創出させることが肝要である。観光、物流、IT産業、先端技術を持った製造業等が沖縄でビジネスを展開している。さらに、これらの領域に内外の投資も流入し、沖縄の経済はかつて無いほど活況を呈している。ここでは、産業の実態や展開を紹介したい。


## 1．観光産業
### 外国人観光客の増大
　観光産業は言うまでもなく沖縄経済の主役である。沖縄振興計画でも「美しい海と豊かな自然、沖縄独特の歴史、文化など魅力ある地域特性を生かし、国際的な海洋性リゾート地を形成する」ことが謳われており、これからも大きな牽引力として期待される。
　1972年の復帰直後の観光客は40～50万人程度あったが、その後着実に伸び、若干の跛行あるものの、2017年度には957万9900人となり、数の上でハワイのそれを凌駕した。約45年以上の長期にわたって増加傾向を示す経済データは希であり、観光産業は復帰後沖縄経済を牽引してきた。

　沖縄への外国人観光客も急増している。2012年度の38万2500人から

第2章　アジアビジネスの展開

図2-1-1　沖縄県の観光客数の推移

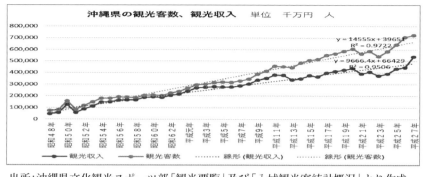

出所：沖縄県文化観光スポーツ部「観光要覧」及び「入域観光客統計概況」より作成。

2017年度は269万2千人と7倍以上に急増している。その要因はクルーズ船の寄港が多く増加したためである。

　沖縄経済のリーディングセクターである観光は好調である。アジアの経済発展に伴い富裕層が拡大し自家用ジェット機で来県する観光客も現れており、県のアジア経済戦略構想にはその駐機場の確保も盛り込まれている。大型MICE施設の始動や那覇空港の滑走路二本の実現も間近であり、沖縄の観光産業は、新たな次元に入りつつある。

　2017年に観光客数でハワイを超えたが、消費単価、滞在日数では及ばない。クルーズ船の寄港により、観光客は飛躍的に増加したが、滞在時間が短く、消費額も低いため、観光客全体の消費単価の増加に繋がっていない。現在の消費単価は約7万円前後でほぼ横ばいであり、その改善が課題である。消費単価を上げるには観光の質の向上が不可欠である。

　消費単価を上昇させるためには、富裕層の取り込みが重要となる。アジアだけでなく消費単価の高いヨーロッパの観光客を国際旅客ハブ形成を促進することによって、呼び込む政策を展開している。

　滞在日数の拡大のためには域内で複数の観光地をつなぐ連綿とした観光メニューを開発することであろう。沖縄の離島観光はそれぞれの魅力

を持っており、離島間の観光ネットワークを推進する必要がある。

　沖縄県は県観光審議会の提言を受けて、目標フレームを改訂した。観光入域者数は1200万人、その内外国人観光客を400万人、観光収入は1兆1000万円、一人あたり消費額を93,000円、平均滞在日数は4.5日、人泊数（延べ宿泊数）4200万人泊とそれぞれ平成33年の目標を設定した。

　政府も「明日の日本を支える観光ビジョン」で増大する外国人観光客に対応すべく、2020年に4000万人、観光消費8兆円、2030年に6000万人、観光消費15兆円にするという新たな目標値を設定した。

**外国人観光客拡大の背景**

　外国人観光客の増大は、中国を主とするアジア諸国の経済発展が土台にある。アジア開発銀行によると、アジア全体のGDPは22兆ドル（2013年）から、2050年には174兆ドルとなり、世界に占めるGDP比率も29%から52%へと半分以上になると予測されている。

　アジアでは幾重にも重なる成長が見られる。一国ではなく、低賃金の他の国へと伝播して発展の波が幾重にも重なって展開されている「雁行形態」がアジアのダイナミズムの土台となっている。アジア諸国はラストフロンティアであるミャンマーに至るまで重層的につながって発展しており、例え一国が減速してもアジア全体として拡大するであろう。

　それらのアジア諸国では富裕層や中間層の出現が続いている。「Asia-Pacific Wealth Report 2016」によると100万ドル以上の投資資産を所有する富裕層はアジア・太平洋で4700万世帯となり、15.8兆米ドルを有しているという。2014年の富裕層の増加率はインドが26.3%でトップになり、以下、中国が17.5%、インドネシア15.4%、台湾11.8%と続き、アジアの富裕層の拡大が進行している。

　富裕層に続く中間層の観光需要も拡大している。中間層は、アジアを中心とする新興国の成長によって拡大し、2030年には全世界の約6割に

相当する49億人が中間層になるという（日経ビジネス　2014年1月20日）。中間層の出現が期待される新興国旅行需要は2030年には10億人となり、先進国の8億人を超えることが予測されている。[1]アジアの観光客需要の拡大は止まらない。

図2-1-2　新興国における新中間層の出現、増大

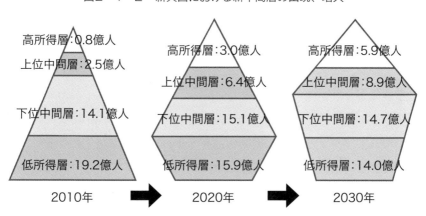

出所：経産省「新中間層獲得戦略〜アジアを中心とした新興国とともに成長する日本〜」平成24年7月　新中間層獲得戦略研究会

**観光客拡大の要因**

　なぜ沖縄へ外国人観光客が殺到しているか、その要因分析をしてみたい。まず、誘引力の源泉として沖縄のソフトパワーがあげられる。

　外資が県内に世界レベルのホテルを設置している。外資は当然世界のあまたあるビジネスチャンスを調査し、最も利益率が高く、短期回収できる地域に投資する。沖縄に外資が進出しているのはマーケットが沖縄の可能性を認めた証左であろう。高級リゾートホテルの定番はビーチサ

---

1　日本旅行業組合「海外マーケットの変遷と今後の展望」

イドである。しかし、牧志に立地した国際的高級ホテルハイアット・リージェンシーは、国際通りや牧志公設市場の近郊に位置している。

　沖縄には独特の文化、風土つまり、ソフトパワーが存在し、人々を魅了しているからであろう。何より沖縄の文化は人間や自然に優しく、大切にすることが根底にあり、都市の「生き馬の目を抜く」市場原理と対極にある。海がきれいな地域はアジアに多々ある。しかし、深夜まで散策をしても安全な地域は他にあるまい。外国人の買物は化粧品、医薬品、お菓子類等が多く買われているが、それも安全・安心に基づいている。健康・長寿、安全・安心、快適・環境というソフトパワーが土台にあるから観光客を魅了すると思われる。

　アジアの橋頭堡という地政学的優位性も無論大きな要因の一つである。これがアジアとの直行便の増加やクルーズ船の急増をもたらしている。このような土台があって、プロモーションにより沖縄の外国人観光客は増加していると思われる。また消費税減免措置も追い風になったといえよう。

### 潜在需要の顕在化政策

　この外国人観光客の増加はいつまで続くか、国連世界観光機構（UNWTO）の世界の観光需要予測[2]を基に点検したい。世界の観光客（到着数）は2010年には9億4000万人であるが、2020年には13億6000万人、2030年には18億900万人と予測され、3.3倍に伸びる。地域別にみると、主要観光地であるヨーロッパは、同期間、4億7530万が6億2000万人、7億4400万人と予測され、増加しているが世界に占めるシェアは50.6%から41.1%へと減少する。他方、アジア・太平洋は2億400万人から3億

---

2　UNWTO Tourism Highlights 2015 Edition 日本語版

5500万人、5億3500万人へと増加し、シェアは21.7%から29.6%へ増加すると予想されている。

　観光収入で見ると2014年のヨーロッパは5089億米ドルでアジア・太平洋は3768億米ドルどなっているが一人当たり消費額では前者の870米ドルに対し後者は1430米ドルとなり大きい。とりわけオセアニアは3390米ドルと世界で最も高くなっている。アジアをはじめ、世界の観光需要は当分拡大する。

　これらの需要を取り組む政策として沖縄県は、沖縄からブランドイメージを市場に発信し浸透させ、戦略的なブランディングに果敢に挑戦することが重要であるとし、以下のような戦略を推進している。

図2-1-3　UNWTOの長期予測

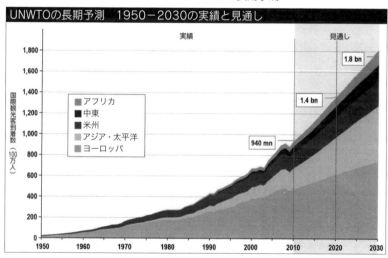

出所：UNWTO Tourism Highlight 2015 Edition　日本語版による

## ア　沖縄観光の海外展開に向けた基本戦略の推進
### ①　沖縄観光ブランド戦略とプロモーション戦略

　2013年度から推進している「Be Okinawa」をキーコピーにした

沖縄観光ブランド戦略とターゲットエリア毎のプロモーション戦略について、民間事業者との共有化を図りつつ、官民一体となった誘客活動に取り組む。

② 戦略に基づく効果的な誘客活動の推進

観光業界及び一般消費者に対する認知度向上と具体的な誘客に繋げる施策として、旅行博への出展、キーパーソンの招聘、海外メディアやウェブサイト・SNS等を通じた情報発信、ロケ作品を通じたプロモーション、海外事務所と連携した誘客活動等に取り組む。

イ 既存需要の拡大

直行便が就航している東アジア地域（台湾、韓国、中国本土、香港）については、重点市場と位置づけ、今後も各国・地域の市場特性に応じたプロモーションを実施し着実に誘客を拡大するとともに、ウエディング、スポーツ、ショッピング、ダイビング等の目的型観光や教育旅行による相互交流等を通じて、滞在日数の延伸、消費額の増加、リピートの促進等を図っていく。

ウ 新規需要の開拓

新規需要については、以下の通り、主に東南アジア地域、欧米豪露等リゾート需要、海外富裕層等をターゲットと位置付け、誘客拡大を目指す。これらの市場における沖縄の認知度を向上させ、具体的な誘客に繋げるため、認知、来訪意欲の喚起、来訪機会の創出の各フェーズに分け、市場の状況に合わせて有効な戦略を展開していく。

① 東南アジア地域（タイ、シンガポール、マレーシア、インドネシア、フィリピン、ベトナム等）

現在、政府のビザ緩和政策等により訪日観光客が急増しつつあ

る、タイ、シンガポール、マレーシア、インドネシア、フィリピン、ベトナム等の東南アジア地域を戦略開拓市場として位置づけ、沖縄への移動距離が短い地理的優位性を活かして各地の空港との相互協力連携を交わし、各市場の航空会社等に対する航空路線誘致施策に取り組んでおり、2017年2月からタイの定期便、2017年11月からシンガポールの定期便の就航に繋がっており、これからの路線の安定化と拡充に積極的に取り組む。

　また、他の地域においても、チャーター便の就航が拡大しているところである。今後とも更なる定期路線の就航を実現させることにより、大幅な誘客の増加が期待できる市場として、誘客及び路線誘致施策を強化していく。

② 欧米豪露等リゾート需要、海外富裕層等

　県では新規開拓市場と位置づけている旅行市場が成熟し長期滞在が期待できる欧米豪露等のリゾート需要と、一人当たり消費額の向上と観光収入の増が期待できる海外の富裕層を明確にターゲットとして位置づけ、市場分析と受入体制の整備を進めつつ、誘客に取り組んでいく。

　また、2020年の東京オリンピック・パラリンピック開催決定により増加が見込まれる欧米豪露等からの訪日外国人に対し、本土から沖縄への来訪や沖縄を経由した大会開催地への来訪等を誘導するなど、戦略的に新規市場の獲得を図っていく。

　さらに、急速な経済成長のもと、旅行市場の成長が著しいインド等を潜在市場として位置づけ、誘客の可能性に関する情報の収集に努める。

エ　海外航空路線の提供航空座席数の確保及び増加を目指す取組
① 　航空会社等とタイアップしたプロモーション展開

　海外航空路線の拡充を図るため、航空会社に路線開設や増便、チャーター便誘致等を働きかけるとともに連携キャンペーンを展開するほか、運航経費や旅行商品の造成等を支援する。

　具体的には、ターゲット市場における沖縄の認知度や来訪意向の状況を踏まえつつ、知名度向上キャンペーンや旅行商品造成支援、航空会社に対するチャーター便運航から定期便化を目指すセールス活動等、市場の状況に合わせた段階的な誘致を実施する。定期便化を実現した市場については、ダブルトラック化（複数航空会社の運航）、増便や機材の大型化の実現に向けて取り組む。

② 　着陸料等の軽減措置の要請と活用

　航空路線の確保に大きな役割を果たしている着陸料及び航行援助施設利用料の軽減措置について、航空会社と連携して政府に対し国内線と同等の措置を要請するとともに、本軽減措置により他地域との競争条件を整え、路線誘致プロモーションに活用する。


オ　海外航路（クルーズ）市場の獲得

　成長著しいクルーズ市場を着実に獲得し、寄港拡大・分散化やオーバーナイトを推進するとともに、フライ＆クルーズを含むターンアラウンド港（乗客乗せ替え港）としての利用検討の促進や欧米小型ラグジュアリー船誘致のため、クルーズ船運航会社へのセールス活動を行うほか、キーパーソンの招へいや入港経費の支援等を実施する。[3]

---

3 　沖縄県文化観光スポーツ部「沖縄観光推進ロードマップ【改訂版】」平成30年3月

## 2．福建―台湾―沖縄トライアングル経済圏の可能性

沖縄を経由して輸出する際に"Made in Japan"の表示ができ、県内経済特区の優遇措置、また日本とのFTA、EPA[4]提携国の関税軽減という比較優位があり、それらの優位性を組み合わせることにより、福建―台湾―沖縄トライアングル経済圏成立の可能性が出てくる。福建、台湾、沖縄の優位性や要件を組み合わせて、ビジネスの創出、企業立地が期待でき、福建―台湾―沖縄トライアングル経済圏の可能性が出てくると思われる。

**沖縄の経済特区**

沖縄には、他県には無い高率（最大40％）の所得控除や設備投資を促進する税制上の優遇措置等が講じられている。各特区・地域制度で講じられている優遇措置等の概要（対象となる区域、業種等）は、表2－2－1のとおりである。

**福建の経済特区・自由貿易試験区**

2013年に上海で開始された中国の自由貿易試験区は、その後、規模も内容も拡大され、さらに天津、福建、広東でも同じ内容で開始されている。これら4地域の実験は、(1)投資規制の緩和、(2)貿易手続きの簡素化、(3)金融サービスの開放、などの制度改革を柱として推進している。[5]厦門は中国（福建）自由貿易試験区の一つとなっており、立地企業数は9150社でその内外資企業は146社となっている。[6]

---

4　FTAとは自由貿易協定であり、EPAは経済連携協定のことを指す。EPA・FTAは、現在日本は16か国と発効し、6か国と交渉中である。
　（外務省HPhttp://www.mofa.go.jp/mofaj/gaiko/fta/）
5　国際貿易振興会　http://www.japit.or.jp/kaihatsuku/6_12.html
6　JETROアジア経済研究所　研究会「中国の自由貿易実験区―現状と課題―」日中投資促進機構　調査活動報告「自由貿易実験区」2015年10月22日日中投資促進機構調査チーム　杉本、山崎、番場、入澤、松島

表2－2－1　沖縄の特区・地域制度

| | 経済金融活性化特別地区 | 国際物流拠点産業集積地域 | 情報通信産業振興地域 | 情報通信産業特別地区 | 観光地形成促進地域 | 産業高度化・事業革新促進地域 |
|---|---|---|---|---|---|---|
| 対象地域 | 名護市 | 那覇市、浦添市、豊見城市、宜野湾市、糸満市、うるま・沖縄地区 | 24市町村 | 那覇・浦添地区、名護・宜野座地区、うるま地区 | 沖縄県内全域 | 沖縄県内全域 |
| 対象業種・施設 | 金融関連産業、情報通信関連産業、観光関連産業、農業・水産養殖業、製造業等 | 製造業、こん包業、倉庫業、航空機整備業等 | 電気通信業、ソフトウェア業、情報処理・提供サービス業、コールセンター　等 | データセンター、インターネット、サービス・プロバイダ、相互接続検証事業等 | スポーツ・レクリエーション、教養文化、休養、集会、販売施設 | 製造業、こん包業、倉庫業、卸売業、道路貨物運送業、エンジニアリング業　等 |
| 所得控除 | 40％、10年間 | 40％、10年間 | ― | 40％、10年間 | ― | ― |
| 投資税額控除 | 機械等15％建物等8％ | 機械等15％建物等8％ | 機械等15％建物等8％ | 機械等15％建物等8％ | 機械等15％建物等8％ | 機械等15％建物等8％ |
| 特別償却 | 機械等50％建物等25％ | 機械等50％建物等25％ | ― | ― | ― | 機械等34％建物等20％ |
| その他 | ・エンジェル税制の適用<br>・所得控除、投資税額控除、特別償却は選択別 | 所得控除、投資税額控除、特別償却は選択制 | ― | 所得控除、投資税額控除は選択制 | ― | 投資税額控除、特別償却は選択制 |

※　各優遇措置等にはそれぞれ要件等が設定されている。
出所：沖縄県による。

　厦門は中国で最も早く設立された経済特別区の一つで、国家の計画単列都市（日本の政令指定都市にあたる）であり、省級の経済管理権限と地方立法権を有している。また、中国で最も住みやすい都市の一つで、風景が美しく、気候は温暖である。優れた環境に恵まれ、国家級のクリーンシティ、庭園都市、環境保全モデル都市、優秀観光都市に認定され、「中国で最も人情の温かい都市」に選ばれている。電子情報産業、機械冶金工業、化学工業は厦門の３大中堅産業となっている。[7]

---

7　国際貿易振興会　http://www.japit.or.jp/kaihatsuku/6_12.html

図2-2-1 福建の自由貿易試験区

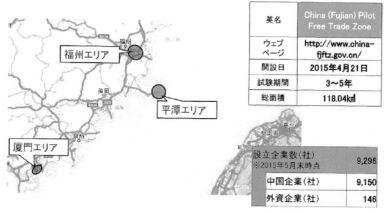

出所:JETROアジア経済研究所 研究会「中国の自由貿易実験区―現状と課題―」
日中投資促進機構 調査活動報告「自由貿易実験区」2015年10月22日 日中投資
促進機構 調査チーム 杉本・山崎・番場・入澤・松島

　中華人民共和国の建国以来、香港・マカオ・台湾は重視された特別地域である。中台双方による両岸経済協力枠組協議（ECFA:Economic Cooperation Framework Agreement）等を通じて近年、経済的連携の強化が図られている。台湾企業との経済交流のプラットホームとして2011年、台湾の対岸に位置する福建省に設立されたのが平潭総合実験区である。平潭は税関の特殊監督管理地域として、最も自由度の高い緩和・優遇措置を付与された新たな税関特別監督管理モデルである。また、優遇政策を最大限、企業に与え、平潭を福建省における台湾との窓口としてだけではなく、台湾企業が集積している長江デルタ、珠江デルタ、内陸部の経済圏と台湾との窓口としても機能させている。[8]

---

8　香港ポスト　みずほ銀行香港営業第一部中国アセアン・リサーチアドバイザリー課
游　君姫《69》平潭総合実験区　～中台経済交流のプラットホーム～
http://www.hkpost.com.hk/index2.php?id=10330#.V5A1l8okrX4

**台湾の経済特区**

台湾にも輸出加工区、サイエンスパーク、自由貿易区等の、経済特区が存在する。

輸出加工区では輸入税、貨物税、営業税が免除等の優遇措置、ワンストップサービスの行政サービス、24時間の自動化通関等制度もある。[9]

**福建―台湾―沖縄トライアングル経済圏**

福建―台湾―沖縄トライアングル経済圏を構築するためにはまず、各地域の経済特区等の比較優位を組み合わせることが重要である。沖縄には、他県には無い高率（最大40％）の所得控除や設備投資を促進する税制上の優遇措置等が講じられており、他府県に比べて課税の面で比較優

図2-2-2　台湾の経済特区

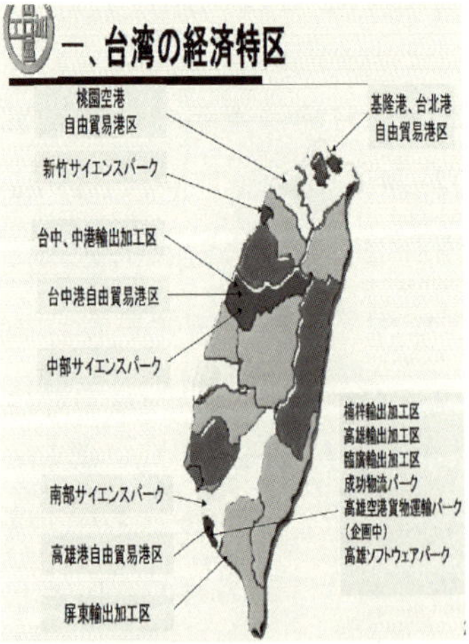

表2-2-2　サイエンスパークと自由貿易港区
サイエンスパークと自由貿易港区

| 項目 | 輸出加工区 | サイエンスパーク | 自由貿易港区 |
|---|---|---|---|
| 主管機関 | 経済部輸出加工区管理処 | 国家科技委員会サイエンスパーク | 交通部 |
| 位置 | 海港・空港に隣接 | 無し | 空港に隣接 |
| 導入産業 | 製造業、貿易業、ロジスティックス業、情報サービス業 | 製造業 | ロジスティックス・物流で簡潔した加工 |
| 租税優遇 | 積替業務の売上の10％を営利事業所得額とする | 無し | 無し |
| 外国ビジネスマン向けの快速通関手続き | 推薦状を添付してスピィディな通関を申請する | 無し | 無し |
| 専門担当者・ラインのサービス体制CEOクラブ | 専門担当者が随時にメーカーのトラブルを対応し、定期的にコンパを主催し、メーカー間の交流を促進する | 無し | 無し |

出所：経済部輸出加工区管理処「輸出加工区の役割転換及びビジネスチャンス」報告者　歐嘉瑞処長

---

9　経済部輸出加工区管理処「輸出加工区の役割転換及びビジネスチャンス」報告者　歐嘉瑞処長

位を持つ。福建省は投資規制の緩和、貿易手続きの簡素化、金融サービスの開放、などの制度改革を柱としている。

さらに特区制度以外にも以下の有効な要件がある。
### ① Made in Japanの使用
福建または台湾から沖縄に原材料を入れ加工すると、"Made in Japan"を付して、諸外国に輸出することができる。
### ② 覚書（MOU）
那覇港管理組合は台湾の主要港を統括管理する台湾港務（張志清会長）と2015年4月21日に、パートナーシップ港の覚書（MOU:Memorandum of Understanding）を締結した。県内船社が台湾に航路を開設・延伸する中、物流基盤を強化し、民間ビジネスを後押しする。クルーズ振興でも連携していく方針である。また、2016年9月には県産業振興公社と台湾の金属工業研究発展センターの間で、半導体や医療機器産業の貿易拡大のための覚書（MOU）が締結されている。これら覚書は経済連携の推進力となる。

沖縄県と福建省は友好関係を結んでおり、MOUも締結している。現在、福建省と迅速な通関について協議しており、厦門港等において那覇港からの貨物が他地域より早く通関できれば、国内の対中国向けの海上貨物が那覇港に集まることになり、沖縄経由の海上輸送が拡大する。
### ③ ロジスティクス
厦門発欧州への鉄道が開通している。この鉄道ラインは中央アジアを経由して欧州まで展開しており、沖縄や本土の原材料・製品を厦門に持ち込めば、これから発展が期待される中央アジア、欧州の市場への輸出が期待できる。回路、空路、陸路の輸送ルートを適切に組み合わせたロジスティックにより、リードタイムの縮減、費用の軽減が見込まれる。

図2-2-3　福建・台湾・沖縄のトライアングル経済圏のイメージ

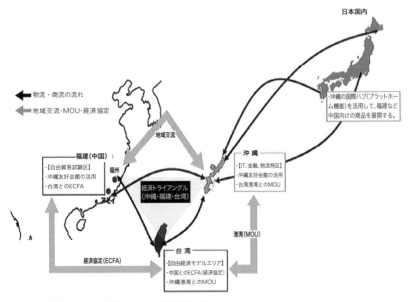

出所：沖縄県商工労働部アジア経済戦略課

### ④　中華変換機能

　日本のブランドが大中華圏市場に参入する際のバリューチェーンの中で、台湾市場を経由することで日本の商品・サービスを中華圏のニーズにあったものへ中華変換（Chinalization）することが可能となる。また中国と台湾が2010年6月に締結した経済協力に関する枠組み協定である両岸経済協力枠組協議ECFA（Economic Cooperation Framework Agreement）を活用することで税の減免による有利な条件が生まれる。2011年1月から第一弾関税引き下げリスト（アーリーハーベスト）に記載された物品の関税引き下げが開始され、2013年1月に同品目のゼロ関税化は完了した。

　実際、艾迴音樂（Avex）は台湾を中国語音楽のクリエイティブ・センターと位置付け、中華圏市場向けの音楽制作、マーケティング、管理

等の機能を提供している。摩斯漢堡(モスバーガー)は対象国の嗜好に合わせ、台湾で第２位のファーストフードチェーンにまで成長し、台湾から中国、オーストラリアへと海外展開している。[10]

　沖縄への外国人観光客は約269万２千人(2017年度)に達しており、スマートフォンを通して、ビッグデータが構築可能である。その利活用により、国・地域別の嗜好・消費行動が掴め、それぞれの需要に応じたマーケティングや販売が可能となる。沖縄で相手国の仕様に合わせた商品開発をして輸出が可能となる。

　これまで示した経済特区、Made in Japanの使用、覚書(MOU)、自由貿易協定(FTA)・経済連携協定(EPA)、両岸経済協力枠組協議(ECFA)、厦門発欧州の鉄道ライン、さらに沖縄を訪れる外国人観光客へのスマホを利用したビッグデータ収集等によるマーケットリサーチ等のビジネス要素を吟味して、新規マーケットの開発、効率的なロジスティクスを研究すれば、物流、商流の経済圏が出現する可能性があると思われる。

**経済連携の具体的事例**

① "Made in Japan"を付したビジネス展開

　台湾の自動車部品会社がうるま市に立地し、製造、加工、組み付け後、"Made in Japan"を付し、日本の自由貿易協定(FTA)加盟国数か国へ輸出をしている。その際の関税の減免は５-20％である。

② 厦門―欧州の鉄道ラインの活用

2016年にCIFIT：The China International Fair for Investment and Tr-adeに参加する機会があった。CIFITは中国の国家レベルの投資、貿易

---

10　経済特区沖縄 セミナー＆商談会 in 台湾【県内企業向け説明資料】沖縄県 商工労働部企業立地推進課、2016年６月23日

図2-2-4　中華転換のイメージ

出所：経済特区沖縄　セミナー＆商談会 in 台湾【県内企業向け説明資料】沖縄県商工労働部企業立地推進課、2016年6月23日

関連の展示会であり、投商会展覧ブースは、アモイ国際会展センター展館（A号館、B号館とC号館）、約6000個の国際スタンダードブースが設置されていた。

　会場には亜熱帯資源研究所、オリオンビール株式会社、有限会社AIH、沖縄薬草村・みどりの駅、DIRECT CHINA等の企業展示もあった。反応は総じて好評とのことであったが、物流、ブランド、販路等の課題を抱えているのとのことだった。中国の健康志向を反映して、健康・長寿をキーワードにした賞品が好評であった。

　厦門―ヨーロッパは鉄軌道で繋がっている。軽量貨物は航空機、重量は船舶が定石であるが、鉄軌道はその中間で、時間と費用を組み合わせて効率的な輸送ができ、西アジアやヨーロッパへの輸送が効率的に展開できる。これは中国の「一帯一路」政策とも関連しているが、沖縄を起点にした場合、厦門止まりではなく、ヨーロッパ等への広域展開ができ

る可能性にもつながると思われる。

　列車は中央アジアを経由して欧州までの路線となっている。沖縄から厦門港まで県産品及び本土の原料・商品を持ち込めば、中央アジアや欧州に陸路で輸送でき、成熟した欧州、これから発展する中央アジアへとマーケットが拡大する可能性がある。輸送の選択が空路、海路しかない現在のロジスティクスの課題が解決できるかもしれない。

　「アジアでは、まだまだ安心してユーザーが中古車を購入することができない状況だ。販売されている中古車には価格が表示されていないし、走行距離や過去の自動車修復履歴なども明示されていない。このような状況から、アジア中古車流通に残されている課題は中古車流通の健全化であるといえる。」[11]との指摘があり、沖縄のレンタカー上がりの上質な中古車を厦門まで海路、その後鉄道で中央アジアに運び販売することも検討に値するのではないか思われる。


　中央アジアは、ユーラシア大陸中央の内陸地域で、それぞれ旧ソ連の構成国だったウズベキスタン、カザフスタン、キルギス、タジキスタン、トルクメニスタンの5つの国で構成されている。この地域は、古くからシルクロードを介して文化交流, 物資の往来が盛んであった。現在もロシア、中国、アフガニスタン、イランなどと国境を接し、欧州とアジア、中東地域を結ぶ十字路として地政学的に重要な地域と考えられている。[12]

　これらの国々はソ連崩壊後、独立を果たして四半世紀が経っている。市場経済化を進めてきたが、資源を持つ国と持たざる国、宗教や民族問題を抱えているかどうかで経済発展状況に差が生じている。日本にとっ

---

11　LAPITA　レポート・コラム　川崎　大輔「アジア中古車流通の課題と展望」
http://www.lapita.jp/2015/08/kawasaki-clmn01.html
12　外務省　HP　http://www.mofa.go.jp/mofaj/press/pr/wakaru/topics/vol94/

て中央アジア諸国は石油、天然ガス、ウランなどのエネルギー資源、レアメタルなどの鉱物資源供給国となっている。

　資源国においては、資源による国家収入増を背景に国内産業の強化に務めているが、農業に依存した経済からの脱却が完全に出来ているわけではない。ウズベキスタンは豊富な石油や天然ガス、鉱物資源を有することや、外資との合弁会社設立による自動車産業の強化等を背景に工業化を推進してきてはいるものの、依然、経済の主体は農業に依存している状況が続いている。

　これらの国は共通して日本製品に対する信頼があり、日本企業のビジネスはカザフスタンとウズベキスタンが中心となっているが、これにトルクメニスタンが加わってきた。人口ではウズベキスタンが約100万人で最大であり、1人当たりのGDPではカザフスタンが突出し、1万ドルを超えている。

　ウズベキスタンとカザフスタンでは中間層が拡大しており、日本の優

図2-2-5　中央アジア諸国

れた製品のほか、都市開発、環境、高齢化に向けたサービスなどにビジネスチャンスがあると思われる。

### ③ 厦門港発のクルーズ船

沖縄に寄港するクルーズ船が急増している。厦門発のクルーズ船は那覇港だけでなく、すでに石垣港、中城港、宮古島港、本部港にも入っている。しかし、現在、接岸のバース、バス・タクシー等の二次交通が対応できず、せっかくの寄港をお断りする状況があり、県として対応に全力を挙げているところである。

厦門港クルーズ・ターミナルを視察したところ、フロアーは客で埋め尽くされ、活況を呈していた。航路は厦門を起点にして韓国、フィリピン、福岡等に就航しているが、沖縄が最も人気があるとのことであった。料金も沖縄クルーズは7万円程度あるとのことで、今後、富裕層だけでなく、中間層の拡大が見込まれ、現行のバースを3倍にする計画があり、近々に工事が行われるとのことでした。

図2-2-6　厦門クルーズ船ターミナルと今後の拡張予定地（筆者撮影）

これは厦門からのクルーズ船が３倍になることを意味し、沖縄県の港にさらなる増加が見込まれる。中国政府も最近、地方間の友好と経済連携を推進しており、福建省と1997年に友好県省を締結し、2017年に20周年の節目を迎えた沖縄県は、友好を基に経済連携を強化し経済発展につなげるチャンスだと思われる。

### ④　台湾企業のホテル等への投資

　台湾から沖縄への投資が相次いでいる。台湾大手セメント会社の嘉新水泥（台北市）は那覇市・国際通りの国映館跡地を取得、ホテルを建設し、また豊見城市豊崎で、大型ホテルやショッピング施設などの複合型商業施設の建設を展開している。[13]台湾国内外でホテル運営などを手掛ける和昇休間開発は石垣市にある宿泊施設を取得し、運営するという。同社は傘下の海都假期旅行会社を通して、台湾の観光客を石垣島の宿泊施設へ送り込んでいる。同社社長は「沖縄は台湾に近く、団体旅行の費用も日本の他地域より安い」と進出の理由を語る。今後の展開については「施設が足りなければ、さらなる施設の購入を検討する」と述べた。

　一方、Ｗｅｂサイト「易飛網（ｅｚｆｌｙ）」を運営する台湾大手旅行会社の易飛網国際旅行社（台北市）は県内ホテル買収に加え、団体客用の大型バスの購入も視野に入れる。同社社長は「沖縄は台湾にとって最も近い日本だ。リゾート型観光地でもあり、ゴルツアーに最適な旅行地だ」と沖縄の魅力を語った。[14]

---

13　沖縄タイムスデジタル版　2015年４月12日
14　琉球新報　2014年10月28日
https://ryukyushimpo.jp/news/prentry-233776.html

## 3. アジアと沖縄の食品産業連携の可能性
### ―コールドチェーンとセントラルキッチン―

沖縄がアジアのビジネスと連携する要素としてコールドチェーンとセントラルキッチンが浮上している。中国をはじめ、アジア諸国で冷凍食品・冷蔵食材等の需要が高まり、レストランや販売店等の業務用だけでなく、宅配サービスの需要も高まっているためである。

### アジアの食品需要

大和総研の報告書[15]によると、アジア市場における加工食品は2003年の237億2300万ドルから2018年には1069億8900万ドルへと約4.5倍に増加

表2-3-1　アジア地域の加工食品市場規模と年成長率（100万ドル、％）

|  | 2003 | 2008 | 2013 | 2018(E) | 2003-2008 年率成長率 | 2008-2013 年率成長率 | 2013-2018 年率成長率 |
|---|---|---|---|---|---|---|---|
| 加工食品 | 23,723 | 42,338 | 71,007 | 106,989 | 12.3 | 10.9 | 8.5 |
| 常温保存加工食品 | 4,229 | 8,586 | 15,304 | 23,627 | 15.2 | 12.3 | 9.1 |
| 乳製品 | 4,024 | 6,906 | 11,473 | 17,121 | 11.4 | 10.7 | 8.3 |
| パン類 | 3,689 | 5,930 | 9,457 | 13,715 | 10.0 | 9.8 | 7.7 |
| 乳幼児向け加工食品 | 1,760 | 3,656 | 6,332 | 9,691 | 15.8 | 11.6 | 8.9 |
| 油類 | 2,112 | 3,819 | 6,239 | 9,310 | 12.6 | 10.3 | 8.3 |
| 麺類 | 1,913 | 3,280 | 5,467 | 8,584 | 11.4 | 10.8 | 9.4 |
| 菓子類 | 1,824 | 3,055 | 4,672 | 6,543 | 10.9 | 8.9 | 7.0 |
| 調味料 | 1,835 | 2,922 | 4,614 | 6,803 | 9.7 | 9.6 | 8.1 |
| スナック菓子類 | 1,586 | 2,677 | 4,433 | 6,727 | 11.0 | 10.6 | 8.7 |
| 缶詰等保存食品 | 778 | 1,401 | 2,487 | 3,797 | 12.5 | 12.2 | 8.8 |
| 冷凍保存加工食品 | 666 | 1,339 | 2,440 | 3,900 | 15.0 | 12.8 | 9.8 |
| アイスクリーム | 588 | 918 | 1,475 | 2,383 | 9.3 | 10.0 | 10.1 |

出所：株式会社大和総研「平成25年度食品産業グローバル革新支援事業　我が国食品関連企業のアジア諸国における事業展開事例等調査報告書」平成26年3月

---

15　株式会社大和総研「平成25年度食品産業グローバル革新支援事業　我が国食品関連企業のアジア諸国における事業展開事例等調査報告書」平成26年3月　http://www.maff.go.jp/j/shokusan/kaigai/pdf/h25_houkoku_daiwa_all.pdf

し、2013年から2018年の年率成長率も8.5%になると推測されている。冷凍保存食品は2003年の6億6600万ドルから2018年には39億ドルと約5.8倍に増加し、2013年から2018年の年率成長率は8.8%になると予想されている。

　冷凍保存加工食品市場は、2003年から2013年までの年率成長率が10%を超え、成長著しい市場であるが、2018年にかけても9％を超える年率成長率を維持する見込みである。

　アジア地域では冷凍輸送の浸透も遅れており、冷凍加工食品業を営むためには、食品加工技術と併せて販路と流通網、輸送手段を確保する必要がある。[16]

### Food Japan 2016

　Food Japanは、Food Japan実行委員会（OJ Events Pte Ltd）が主催でASEAN市場最大の日本の食に特化した見本市で2016年はシンガポー

図2－3－1　Food Japanの様子（筆者撮影）

---

16　同上

ルで開催された。出展対象は、農林水産品、加工食品・飲料、食器・伝統工芸品、調理器具、食品機械、店舗設備、食品素材、アグリイノベーション、ほかサービスであり、ASEAN市場の商品開発者（食品メーカー）、食品・飲料仕入れ責任者（レストランオーナー、ホテル、スーパー・小売、商社・卸）との商談の場となっている。また一般消費者へのダイレクトなマーケティングの場、販売の場としても機能している。[17]

　日本の食材・食品はアジアでは人気が高く、展示会は賑わっていた。県内からは、物産公社、新垣通商が出展し、会場は人と人の肩が擦れ合い、通行も困難なほど盛況であった。

**コールドチェーン**
　コールドチェーンとは冷凍・冷蔵によって低温を保ちつつ、生鮮食料品を生産者から消費者まで一貫して流通させる低温流通体系のことである。[18]コールドチェーンは以下の効果がある。[19]

① 　質・鮮度保持
- 呼吸量と呼吸熱の上昇を抑えあるいは低下させて、体内水分の蒸散と成分の消耗等を防ぐ（青果物、花き）
- 酵素による自己消化の進行を抑え、あるいは停止させる（水産物、畜産物）
- 冷却によって硬度を高め、衝撃や摩擦による品質低下を防ぐ(青果物、水産物、畜産物、花き）

---

17　Food Japan HP http://www.oishii-world.com/jp/about
18　Weblio辞書　http://www.weblio.jp/content/%E3%82%B3%E3%83%BC%E3%83%AB%E3%83%89%E3%83%81%E3%82%A7%E3%83%BC%E3%83%B3
19　平成23・24年度農林水産省補助事業　卸売市場コールドチェーン導入の手引　初版：平成24年3月㈱流通システム研究センター、第2版：平成25年3月　食品チェーン研究協議会

② 熟度・開花・成長の進行の抑制
- 成熟（老化促進）ホルモンであるエチレンの発生を抑える、またエチレンへの感受性を低下させる（青果物、花き）

③ 微生物や病害虫の増殖防止
- 人間に害のある微生物や病原菌の増殖を防ぎ、あるいは死滅させる（青果物、水産物、畜産物）
- 農畜水産物の品質を劣化させる微生物の増殖を防ぎ、あるいは死滅させる（青果物、水産物、畜産物）
- 青果物や花きが、保有している病害虫（人間には害はない）の増殖を防ぎ、あるいは死滅させる（青果物、花き）

これらの効果は、商品としての価値を維持できるだけでなく、品質の劣化に伴う商品ロスや販売機会ロスの削減につながる。また食品安全上のリスクの削減や、取引先からの信頼確保にも寄与する。

コールドチェーンのイメージは、例えば、農産物等の収穫を予冷庫に入れ、保冷車で輸送し、市場等の低温保管倉庫で取引を行い、保冷車で小売店に搬送し、さらに消費者まで届ける仕組みである。

**国内外で市場が拡大傾向**

中食需要の拡大やコンビニエンスストア、チェーンストアのPB商品などの強化により、低温物流市場は拡大トレンドを示している。特に、コンビニエンスストア大手が弁当や総菜などの生産・販売にチルド温度帯の活用を増加していることも市場を牽引している。[20]それに加えて、アジア向け市場が動き出している。

---

20　SPEEDA「好調な低温物流、アジア市場への期待」国内外で市場が拡大傾向
https://www.uzabase.com/speeda/analysis/archive/50/

### 潜在需要が大きいアジアの冷凍食品

世界の1人当たりの冷凍食品消費量の比較をみると、アジア圏の国々は、欧米諸国に比べて少量にとどまっている。日本は両者のちょうど中間に位置している。欧米とアジアとの差には、調理法の違いに加えて、外食の頻度や慣習の違いも含めた食文化の違いが大きいと想定される。また、欧米諸国間においては、食品流通に係る事業環境も影響していると思われる。今後は、アジア諸国の所得の向上に伴い消費の拡大が予想される。[21]

ASEAN諸国の所得の向上や中間層の増大に伴う食生活の多様化により、冷凍・冷蔵食品等への需要が高まっており、生産段階から消費段階まで所定の低温に保ちながら流通させる仕組み（コールドチェーン）の整備が求められており、日本の農産品輸出促進の観点からも、輸出環境

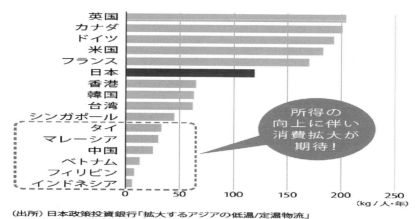

図2-3-2　冷凍冷蔵食品一人当たり消費量

出所：日本政策投資銀行「拡大するアジアの低温／定温物流」

---

21　同上

の整備は重要となっている。

「日本再興戦略」改訂2014（2014年6月閣議決定）には「グローバル・フードバリューチェーン戦略に基づき、産学官が連携し、有望市場であるアジアなどの新興国を中心に、経済協力を戦略的に活用しつつ、我が国食産業の海外展開等によるコールドチェーン、流通販売網などの輸出環境の整備とマーケットイン型の輸出体制の構築を推進する。」とあり、アジア展開を政府が支援している。

コールドチェーン普及に当たっての課題としては、冷蔵施設等の大規模な初期投資やランニングコスト、脆弱な電力インフラ、制度的課題（外資出資規制、運送業と倉庫業の兼業禁止）等がある。[22]

図2-3-3
主な日系物流事業者のコールドチェーン進出状況（事例）

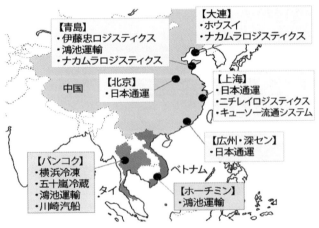

(出所) 国土交通省総合政策局国際物流課作成資料

出所：国土交通省総合政策局国際物流課作成資料

---

22　国土交通省「我が国物流システムの海外展開戦略を考える」物流審議官　平成27年3月

日系の物流業者は既に、アジア各国に進出・立地し拡大するアジアの冷凍食品市場に対応している。また、中国の企業間電子商取引（B2B）のオンライン・マーケット（www.alibaba.com、china.alibaba.com、www.alibaba.co.jp）を運営するアリババは子会社を通じて、24時間以内に生鮮食品の配送を始めるそうである。同社のコールドチェーン配送サービスは現在、北京、上海、蘇州、南京、杭州、深センなど18都市への配送をカバーしているが、配送エリアを50都市へと拡大する計画である。また、新設する3拠点を活用して夜間配達や日時指定などのオンデマンド配送サービスをサポートするという。[23]

### シンガポール　チャンギ空港保冷倉庫施設
　国際ハブ空港であるチャンギ空港の保冷倉庫施設を視察した。2－8度に温度に設定されたヤード、冷凍施設、さらにハラール認定の施設等で食材、医薬品等が保管され、直接トラックの積載・搭載ができるトラックドックが完備され、コールドチェーンのアジアの拠点として、随一の施設であるという説明を受けた。しかし、流通加工の設備はなく、保管のみとのことであった。

### セントラルキッチン
　セントラルキッチンとは食材を集中的に調理・製造・加工する工場のことである。例えば、外食・中食業のフランチャイズチェーンでは、食材を半製品の状態に集中加工し加盟店へ回送し、店舗では解凍、加熱、アッセンブル、盛り付けをするだけでメニューが出来上がるシステムを作り上げている。このシステムの採用は、食材の調達費用や製造加工の

---

[23] 24時間以内に生鮮食品を配送　アリババ物流子会社、3大都市に生鮮食品流通センター　2015年6月19日　http://www.logi-today.com/169374

コストダウン、製造・加工技術ノウハウの漏洩防止、品質の維持、デリバリーコストの削減、店舗サイドの労務費削減等を可能にする。[24]

　コールドチェーンを基にしたセントラルキッチンは物流において、重要な意味を持つため、沖縄県も国際物流拠点の要素として推進している。

　本土の大手物流会社は札幌、小松、大阪、福岡等から那覇空港に運び、翌早朝にアジア各都市に輸送できる、リードタイムの優位性を活かしたコールドチェーン等の展開に意欲を見せている。中国への入り口としての香港の役割は重要であり、Made in Japan の全国の食品の素材や商品を沖縄の航空貨物ハブを経由して入れ、中国やアジア諸国に配送したいとのことであった。セントラルキッチンが現実化してきている。[25]

　次世代凍結技術の一つで独自の凍結技術を使い食品加工やレストラン事業を手掛ける企業はうるま市に立地し、全国から集めた新鮮食材を調理、冷凍加工するセントラルキッチンを設置して、上海、香港、仁川、バンコック等のアジア各国への輸出を計画しているそうである。[26]

　シンガポールの"Food Japan 2016"の視察の際、日本の大手物流会社のシンガポール法人を視察・訪問し、沖縄が経済的にシンガポールとかかわるヒントを示唆していただいた。シンガポール経済、物流の概要の説明を受けたのち、沖縄はシンガポールと距離的に遠隔であるなかで、どのような経済連携、戦略をとればよいか尋ねたところ、次のようなアドバイスを受けた。

　シンガポールはアジアのコールドチェーンのハブであり、増大する需

---

[24] Weblio 辞書
http://www.weblio.jp/content/%E3%82%BB%E3%83%B3%E3%83%88%E3%83%A9%E3%83%AB%E3%82%AD%E3%83%83%E3%83%81%E3%83%B3
[25] Okinawa 経済ニュース　No.3
[26] 沖縄タイムス　2015年1月5日「沖縄に新技術冷凍食品工場　アジアへ出荷拠点」
http://www.okinawatimes.co.jp/articles/-/47738

要に対応する拠点となっている。沖縄がかかわるための要素として次の二点が重要である。

**① セントラルキッチン**

チャンギ空港には冷凍・冷蔵の機能しかなく、セントラルキッチン機能がなく、沖縄がMade in Japanの食材の調理・加工の機能を果たせば、チャンスはあるとのことであった。

**② 迅速な通関**

他にない、迅速な通関機能があれば、遠距離、直行便がない等の不利性を克服できる可能性があるとのことであった。

沖縄県アジア経済戦略構想には【重点戦略 Ⅰ】「アジアをつなぐ、国際競争力ある物流拠点の形成〜スピードと品質を追求し、独自性のあるアジア・リージョナルハブの地位確立〜」が記されている。また臨空・臨港型産業の集積促進するために「優れた物流機能を活用し、国内を含めたアジア全体と市場とするパーツセンターやリペアセンター、セントラルキッチン等の臨空・臨港型産業の集積に向け、上記のインフラ整備と併せて積極的な誘致活動を展開する。」ことも示されている。

現在、那覇空港には沖縄グローバルロジスティクスセンター「サザンゲート」が設置され、稼働している。保税スペースでの在庫マネジメント、製造、機器修理・メンテナンスの機能がある。今後セントラルキッチン機能拡充について検討していかなければならない。

また迅速な通関のために、既にあるシンガポールの電子通関システム Trade Net[27]や日本の輸出入・港湾関連情報処理システム（NACCS：Nippon Automated Cargo and port Consolidated System）等よりも進んだ先

---

27 http://www.customs.gov.sg/about-us/national-single-window/tradenet/tradenet-front-end-solution-providers

端の電子通関システムを沖縄で開発するのも一考に値すると思われる。

**沖縄の事例**

　商流の構築は国際物流ハブの推進に不可欠の要素である。商流とは「商的流通」や「取引流通」とも呼ばれ、売買などによって、商品の所有権が移転していく流れをいう。これは、生産物（商品）が生産者から消費者に流通する過程における所有権・金銭・情報などの流れのことを指す。[28]

　物流を含めた商流の拡大につながりそうな事例を紹介したい。香港のFood Expoを視察した際、日本の大手物流会社の香港法人を訪ねて意見交換をした。当該企業は札幌、小松、大阪、福岡等から那覇空港に運び、

図2-3-4　沖縄ハブを利用した物流の例

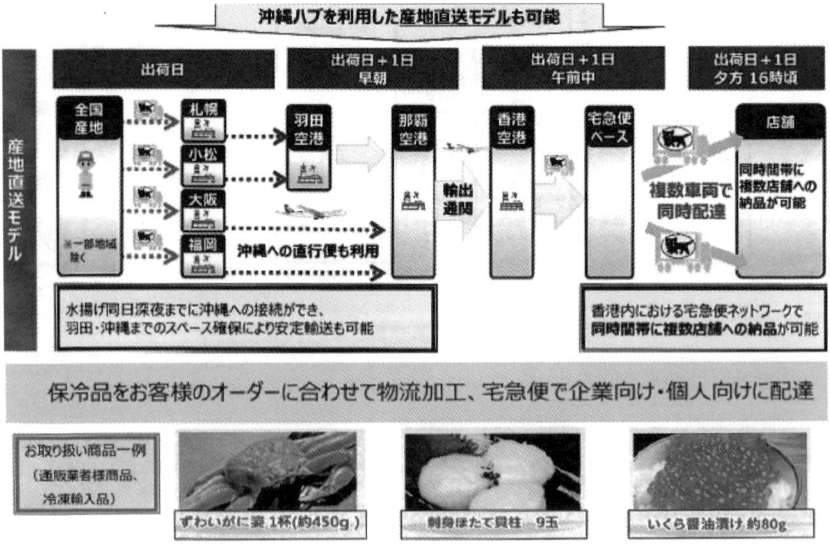

出所：大手物流会社による

---

28　I Finance http://www.ifinance.ne.jp/glossary/business/bus050.html

翌早朝にアジア各都市に輸送できる、リードタイムの優位性を活かしたコールドチェーン等の展開に意欲を見せていた。中国への入り口としての香港の役割は重要であり、Made in Japanの全国の素材や商品を沖縄の航空貨物ハブを経由して入れ、中国やアジア諸国に配送したいとのことであった。構想にある「セントラルキッチン」が現実化してきている。[29]

**沖縄大交易会**

沖縄は地理的優位性を生かし、国際物流貨物ネットワーク（沖縄国際航空物流ハブ）の構築を目指している。このネットワークを活用し、全国の特産品等の海外販路拡大につなげていくことを目的に毎年開催されるのが沖縄交易会である。日本では最大規模の「食」をテーマにした国

図2-3-5　沖縄国際物流ハブの強み

出所：沖縄大交易会実行委員会事務局　http://gotf.jp/app/?module=product&action=Search&isPublic=1

---

[29] セントラル・キッチンはもともと、チェーン展開をしている飲食店、レストラン、コーヒー・ショップなどが、各店舗には調理機能をもたず、一か所で集中的に調理することを指す。ここでは那覇空港の沖縄グローバルロジスティクスセンター等で素材・商品の冷凍保存、流通加工等ができる、集中調理機能を有した物流を指す。

際食品商談会であり、毎年規模、成約額が拡大している。

　2017年は参加サプライヤー数が147社、外国の参加バイヤー数が133社、国内が270社、個別面談、フリー商談も行われた。[30]

## 4．情報通信産業

　アジア経済戦略構想でも五つの重点戦略の一つとして、「アジア有数の国際情報通信拠点"スマートハブ"の形成」が示されている。

　また、海底光ケーブルの沖縄への陸揚げ、クラウドデータセンターの設立等、情報通信のハード、ソフトのインフラが拡充されるとともに、

図2-4-1　沖縄へ立地した情報関連産業の推移

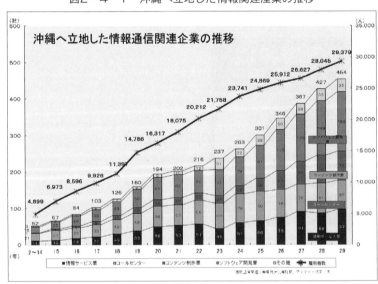

出所：沖縄県商工労働部情報産業振興課

---

30　沖縄大交易会2017開催結果報告

他国とのプロバイダー同士やネットワーク管理組織の間を結ぶインターネット上の国際的な相互接続拠点のGIX：Global Internet Exchangeが構築されそれを生かしたビジネスの創出・発展に大きな期待が寄せられている。

　2002年までは新規立地企業数52社、その企業での雇用数が4,899人であったのに対し、2017年には454社へと8.7倍以上に増加し、雇用数も29,379人へと約6倍にまで拡大発展している。業種で見るとソフトウェア開発業が16社から163社へ、コールセンターも21社から80社へ、コンテンツ制作業も1社から79社へと増加し、右肩上がりの拡大を遂げている。

　売上額は2011年の3482億円から2016年には4283億円と拡大している。これは観光収入の6602億9400万円（2016年）に次ぐ数値であり、沖縄の情報通信関連産業は着実に第二の沖縄経済のリーディングセクターになりつつある。

図2−4−2　沖縄県情報通信関連産業　売上高

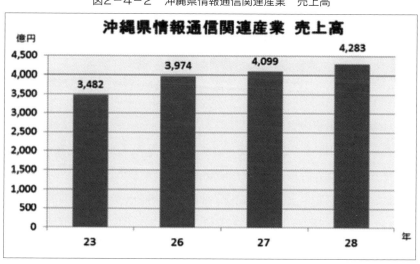

出所：沖縄県商工労働部情報産業振興課

**台湾とのIT産業の連携**

台湾のSEMICON TAIWAN2016は世界から700の展示と1600に及ぶブースが存在し、43,000人が参加する半導体の展示会であり、最新の制御装置等を利用したIT関連の展示が主であった。

沖縄県に立地している２社もブースを構え、広報・営業を展開した。１社は、米アップルの新型スマホの受注をしてスマホの頭脳などになる高性能品で世界シェアは８割に達している台湾積体電路製造（ＴＳＭＣ）と連携しており、今後の成長が期待できる。他の１社は高度な技術による製薬の流量計を生産しており、今後、アジア展開をさらに進めたいとのことであった。

図２-４-３　SEMICON TAIWAN 2016の会場（筆者撮影）

**ベトナムIT企業の立地**

２億3000万USドル（2016年度）と従業員１万人（2016年現在）を誇るベトナム通信・IT分野最大手FPT Holdingsの日本法人FPTジャパン（FPT Japan）はこのほど、沖縄県にFPT沖縄研究開発センターを開設した。同センターは、東京、大阪、名古屋、福岡に次いで５か所目のFPT日本拠点となる。

同センターは、日本とベトナムをつなぐニアショア拠点というだけでなく、人工知能（AI）やIoT（Internet of Things＝モノのインターネッ

ト)、ビッグデータなどの最先端技術の研究開発を行い、創造的なアイデアを製品やサービスに活かすという。同社は2020年までに同センターの従業員数を500人に増やす予定である。[31]

　2017年9月15日、ベトナムを代表するIT企業「FPTコーポレーション」のチュオン・ザー・ビン会長が、県内での開発拠点設立記念式典にあわせて来県した。

　同社の開発拠点として、ベトナム、フィリピン、ミャンマー、スロバキアに次いで5番目となる「FPT沖縄R&D株式会社」を設立したビン会長は、「沖縄は日本だけでなく世界へのゲートウェーとして考えている」と設立の経緯を説明し、翁長沖縄知事は「ベトナムと日本の架け橋として沖縄を選んでもらって嬉しく思う」と歓迎した。[32]

図2-4-4　ベトナム企業の県内支店設立

出所：沖縄県商工労働部

---

31　ベトナム総合情報サイトVIETJO
http://www.viet-jo.com/news/economy/171003154907.html
32　沖縄県HPhttp://www.pref.okinawa.lg.jp/site/chiji/gallery/back/h2805/20170915.html

## 5．航空機整備事業（MRO）
### MROの事業内容

　MRO:maintenance, repair, overhaul産業とは航空機の整備・修理に関わる諸産業のことを言う。ビジネスとしての意義は、航空機製造分野と比較して、利益率を安定的に確保できる点にある。[33] 航空機製造は、新興国等とコスト競争にさらされることが多いが、MROは整備技術に立脚しているためである。また航空機は製品が売れた時のみ売上が発生するのに対し、MROは修理点検等の需要が定期的に発生するわけであり、航空機産業の有力分野である。

　沖縄の立地優位性は、アジアの経済は発展に伴い、LCCも含めて沖縄とアジア各地との航空路線が拡大していることや、国産ジェットの就航等により需要拡大が見込まれることである。

　一般的に、MROの事業内容は以下の通りである。[34]

　① 航空整備

　航空機の異常を診断・是正して航空機の点検・修理を行うことであり、労働集約的な仕事である。

　② コンポーネント整備

　車輪、ブレーキ、内装品等のコンポーネントを修理するもので、顧客は、コンポーネント、ロジスティクス及びエンジニアリングを組み合わせたPBTH:Power By The Hour保守契約に基づく、コンポーネント・アクセス・サービスを求めている。

　③ エンジン整備

　航空機用エンジンの分解、検査、組み立て、およびテスト等であり、

---

33　株式会社日本政策投資銀行・株式会社十六銀行「航空機産業の課題と将来戦略」平成23年9月
34　同上

MRO最大のセグメントである。

④ 重整備

構造体の変更、着陸装置の修理、および定期検査である。

**MRO Japan**

沖縄県アジア経済戦略構想で「航空関連産業クラスターの形成〜増大するアジアの航空需要を取り込む航空機整備を中心とする産業の展開〜」が示されているが、2015年に沖縄で航空機整備事業会社MRO JapanがANAホールディングス株式会社、株式会社ジャムコ、三菱重工業株式会社を中心に地元大手企業も参画して設立された。航空機や航空機整備に関する高度なスキルやノウハウをベースに、東アジアの中心に位置する那覇空港の地理的優位性と地域のサポートを活かしながら、アジアの航空市場の成長に伴い拡大が見込まれる航空機整備需要を取り込むことにより、日本を代表し世界に羽ばたく航空機整備専門会社として、沖縄振興と日本の経済発展に貢献する企業となることを目指している。

図2−5−1　航空機整備クラスターのイメージ

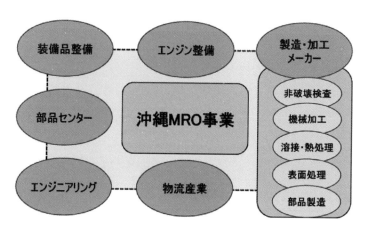

出所：ANAホールディングス株式会社「沖縄航空機整備事業について」2015年5月19日

長年の航空機整備で培ったANAとしての航空機整備のナレッジを活用し、地理的優位性のある沖縄で海外エアラインも顧客とするMROビジネスを確立するとともに、それをきっかけに、日本国内初の航空機整備産業クラスターを構築することを目指している。[35]

その内容は
① アジアの成長を取り込み国内外のエアラインからの整備を受託【外部収入の獲得】
② MRJの重整備拠点およびAOG[36]センター機能を保有【国家プロジェクトをサポート】
③ 高専・工業系高校との連携により航空整備産業を担う人財を育成
等である。

　沖縄MRO事業を核とした、沖縄県での航空機整備・航空機技術クラスターを形成し、航空機整備事業の集積による、航空機技術者としての更なる雇用創出と関連投資の誘発することにより沖縄MROとその波及効果（潜在的ビジネスチャンス）としてさらなる雇用を創出し航空機整備クラスターを形成していくという。[37]

　沖縄の優位性として以下のことを挙げている。[38]
①地理的な優位性（東アジアの拠点、東南アジアに近い）
②羽田に次ぐ国内第2位の航空ネットワーク
③拡大するアジアの航空市場
④那覇空港機能強化（国際線ターミナル、2本目滑走路）

---

35　ANAホールディングス株式会社「沖縄航空機整備事業について」2015年5月19日
36　AOGとは「Aircraft On Ground」の略で、"航空機が飛べずに地上にいる時今すぐに飛ばしたい"という緊急の要望を指す。そして、AOGの発生時には、即座に必要な部品を届けるといった対応が求められる。
37　ANAホールディングス株式会社、前掲書
38　同上

第2章　アジアビジネスの展開

⑤パーツ・ディストリビューション・センターに適したサブプライムチェーン
⑥航空機整備に適した温暖な気候
⑦航空機整備産業クラスターを支える沖縄のIT産業
⑧日本の品質、信頼性の高さ
⑨中核となる高評価の国内キープレイヤの存在
⑩豊富な若年労働者数
⑪人材育成の拠点となるリソース
⑫バイオ燃料等、相互波及が期待される産業を有する。

　日本の航空機整備の現状は国内市場に限られ、ガラパゴス化しており、アジアの成長を取り込むためには新しい拠点が必要である。地理的優位性、豊富な航空・物流ネットワークを活用して、他の国内およびアジアの航空産業クラスターと連携することで、より強固なクラスターの形成が可能となる。特に国内では、アジアNo.1航空宇宙産業クラスター形成特区を設定している中部や航空機の整備、航空機産業の拠点として誘致活動に取り組んでいる北九州の飛行試験や駐機として活用等と連携し、国内の航空産業の発展にも寄与できる。[39]

**市場予測**

　日本航空機開発協会（JADC：Japan Aircraft Development Corporation）は、2017年から2036年までの20年間について、航空旅客、航空貨物および機材（ジェット旅客機、ターボプロップ旅客機およびジェット貨物機）ならびに航空エンジンについての需要予測を行った。[40]

---

39　同上
40　一般財団法人　日本航空機開発協会「民間航空機に関する市場予測2017−2036」2017年3月

予測期間における世界の経済成長は、GDPベースで年平均2.8%を前提に予測した。

① 航空旅客需要は、有償旅客キロメートル（RPK）ベースで、2016年の7兆1,190億人キロメートルから2036年には17兆4,267億人キロメートルと2.4倍になり、その間の年平均伸び率は4.6%である。その中で、アジア太平洋地域は年平均5.5%の伸びを示し、そのシェアは2016年の31%から2036年には37%に増加する。

② ジェット旅客機の運航機数は、2016年末の21,597機から2036年末には38,866機に増加する。今後20年間の新規納入機数は33,296機で、販売額は5兆80億ドル（2016年カタログ価格）となる。新規納入機数が最も多いのは、120－169席クラスの13,242機である。地域的には、欧州（22%）、中国（20%）、北米（18%）が多く、世界の60%を占める。また、アジア／太平洋地域としては12,887機（39%）となる。

③ ターボプロップ旅客機[41]の運航機数は、2016年の3,376機から2036年には2,874機に減少する。新規納入機数は2,239機で、販売額は489

表2－5－1　需要予測

|  | 2016年 | 2036年 |
|---|---|---|
| 旅客需要（億人　キロメートル） | 71,190 | 174,267 |
| ジェット旅客機の運行機数 | 21,597 | 38,866 |
| ターボプロップ旅客機の運行機数 | 3,376 | 2,874 |
| ジェット貨物機の運行機数 | 1,819 | 2,582 |

出所：一般財団法人　日本航空機開発協会「民間航空機に関する市場予測2017－2036」2017年3月より抜粋。

---

41　ターボプロップエンジン（Turboprop Engine）とはガスタービンエンジンの1形態で、そのエネルギー出力の大部分をプロペラを回転させる力として取り出す機構を備えたエンジンである。

億ドル（2016年カタログ価格）となる。60-79席クラスの新規納入機数が最も多く1,504機である。地域的には突出して多い地域はなく、多くの地域であまねく使われる傾向がある。アジア／太平洋地域としては681機（30％）の新規納入がある。

航空貨物需要は、2016年の2223億トンキロメートルから2036年には4960億トンキロメートルと2.2倍となり、その間の年平均伸び率は4.1％である。

アジア太平洋地域は4.5％の伸びを示し、そのシェアを2016年の38％から2036年には41％に拡大し、旅客と同様に世界最大の市場となる。

④　ジェット貨物機の運航機数は、2016年の1819機から2036年には2582機に増加する。新製機需要は2157機（この内、旅客機からの改造機は1193機、貨物機としての新造機は964機）で、販売額は3160億ドル（2016年カタログ価格）である。その内、大型機需要が最も多く959機である。地域的には、アジア／太平洋地域と北米の需要が多い。

⑤　世界のエンジン需要（スペア用を含む）は、83,167基、1兆2,020億ドル（2016年市場価格）である。その内、ジェットエンジンが78,218基、販売額1兆1912億ドル、ターボプロップエンジンが4,949基、販売額108億ドルである。

2017-2036年のエンジンの販売基数は、ジェット旅客機およびジェット貨物機用のジェットエンジンが78,218基、ターボプロップ旅客機用のターボプロップエンジンが4949基で、合計83,167基となる。販売総額（2016年市場価格）は、ジェットエンジンが1兆1894億ドル、ターボプロップエンジンが108億ドルの合計1兆2,020億ドルである。[42]

---

42　同上

表2-5-2 2017-2036年の予想販売機・販売額（単位:基、億ドル）

| 世界のエンジン需要　納入機数 | 83,167 |
|---|---|
| 世界のエンジン需要　販売額 | 12,020 |

出所：一般財団法人 日本航空機開発協会「民間航空機に関する市場予測2017-2036」2017年3月より抜粋。

地域別では、機体需要が最も多いアジア／太平洋地域が最大の市場であり、販売機数31,271基で販売基数シェア38%、販売額4,911億ドルと販売額シェアで41%を占める。次いで、欧州が16,954基でシェア20%、2,244億ドルでシェア19%、北米の14,772基でシェア18%、2041億ドルで販売額シェア17%となる。中東は、販売基数は6,308基と欧米の5分の2程度であるが、広胴機需要が大きいことから、販売額は1388億ドルと欧米の3分の2程度になる。[43]

**経済効果等**

波及効果：沖縄県に航空機整備産業クラスターを形成することによる効果は以下の通りである。[44]

① 経済（産業）波及効果：10年で291億円、20年で621億円となる。
② 雇用創出効果：10年で1,970人、20年で4,131人となる。
③ 技術波及効果：3つの技術波及分野で10年で約230億円、20年で約559億円となる。
④ 既存産業の拡大・付加価値増：IT・ソフトウェア産業、金属加工業等
⑤ 新規産業の創生：航空機部品製造業、MICE、MRO関連の会議開催等

---

43　同上
44　同上

第2章　アジアビジネスの展開

⑥　観光（ツーリズム）の拡大：航空機整備を通し、航空輸送産業を拡大、観光に寄与
⑦　質の高い人材（人財）育成：エンジニア、アジアにも輩出
⑧　研究開発・技術開発能力の拡大：新素材、エネルギー等
⑨　産業のグローバル化の進展：外資企業とのJV、アジア向け事業拡大等
⑩　アジア、世界におけるステータスの向上：航空を通して知名度向上

　アジア各国におけるMRO拠点は中国はじめ香港、シンガポール等に立地している。人件費の安いアジア諸国を中心に機体整備等を商業ビジネスとして行うMROが国際拠点港やメーカー等の拠点空港に立地し、

図2－5－2　アジア各国における航空機整備拠点

出所：沖縄県

自国だけでなく、米国、欧州等の認証を得て幅広く事業を実施している。

　沖縄は、航空需要の増加が想定されている東アジアの中心に位置しており、航空運送事業の主要ハブとなるポテンシャルを有していると同時に、航空機整備事業においても魅力的な位置にある。今後アジアにおける航空需要の増加が見込まれている中、那覇空港での航空整備機能の強化は、沖縄への就航を志向する国内外航空会社の就航を容易にするだけではなく、航空機整備事業として周辺産業への波及効果を生み出し、航空産業クラスターの形成を通じて沖縄振興へ貢献できる可能性がある。

## 6．再生医療

　再生医療は、病気やけが、障がいによって失われたり、損傷したりした人体組織の修復促進及び補綴(ほてつ)を目的として行われる医療行為である。1970年代に治療法が確立された白血病に対する骨髄移植や輸血療法などの、機能を失った細胞を補充する細胞治療も再生医療の一部といえる。[45]

　再生医療に用いられる細胞ソースには、ES細胞、iPS細胞や骨髄、脂肪組織や皮膚組織など生体の様々な組織に含まれている体性幹細胞がある。これらを原料として細胞培養技術や細胞加工技術、分化・精製技術を総動員し、製品を作り上げる。再生医療技術の実用化領域としては、①疾患や障害の治療、②創薬プロセスの効率化、③治療と創薬プロセス効率化を支えるバンクビジネスの3つが想定される。[46]

　国内の治療を目的とした再生医療ビジネス化は国内では再生医療ベンチャー企業を中心に疾患や障がいの治療及び創薬プロセスの効率化を目

---

45　株式会社NTTデータ経営研究所「再生医療のビジネス化動向」事業戦略コンサルティングユニット産業戦略チーム
46　同上

指した研究開発が進められている。[47]2014年11月に施行された医薬品医療機器等法（改正薬事法）により、早期承認制度が導入され、日本は世界で最も再生医療製品の開発が行いやすい国となった。[48]

表2－6－1

| | | 利用目的 | 市場規模（予測） |
|---|---|---|---|
| ① | 治療目的 | ES細胞/iPS細胞/体性幹細胞の移植（細胞補充、組織再建）<br>細胞・組織加工製品の移植（細胞補充、組織再建）<br>がん細胞免疫療法 | ■ 2020年に950億円（国内）<br>■ 2030年に1兆円（国内） |
| ② | 創薬プロセス<br>（幹細胞利用） | 薬効評価（化合物ライブラリーを用いたHTSスクリーニング）<br>毒性評価（医薬品候補の副作用評価）<br>疾患研究（難治性疾患のメカニズム研究） | ■ 1000～2000億円（国内） |
| ③ | 幹細胞バンク | 上記の①治療目的、②創薬プロセスでの活用を視野に入れて、ES細胞/iPS細胞/体性幹細胞（間葉系幹細胞、歯髄幹細胞）をバンキングする | ■ － |

出所：株式会社NTTデータ経営研究所「再生医療のビジネス化動向」事業戦略コンサルティングユニット産業戦略チーム

**沖縄県の取組み**

政府は、2013年6月14日に、「健康・医療戦略」を閣議決定し、世界に先駆けて超高齢化社会を迎えつつある我が国において、世界最先端の医療技術・サービスを実現し、健康長寿世界一を達成すると同時に、健康・医療分野に係る産業を戦略産業として育成し、我が国経済の成長に寄与することにより、我が国を課題解決先進国として、超高齢化社会を乗り越えるモデルを世界に拡げていくことを目指している。

新たな治療方法として期待されている再生医療については、2013年5月10日に「再生医療推進法」が公布、2013年11月27日に「再生医療等安全性確保法」及び改正薬事法である「医薬品医療機器等法」が公布され、日本政府は、再生医療の実用化・産業化を推進しているところである。また、経済産業省が2013年2月に示した再生医療産業の市場予測は、

---

47 同上
48 同上

2030年の国内市場規模1.0兆円（世界市場12兆円）、2050年の国内市場規模2.5兆円（世界市場38兆円）となっており、今後我が国にとって大きな経済効果が期待される。

　沖縄県は、沖縄21世紀ビジョンにおいては、沖縄における新たなリーディング産業を育成することがうたわれており、再生医療等の医療・健康分野の最先端科学技術を応用した新たな産業創出を図ることとしている。[49]

**基本方針**

　再生医療については、今まで根治が困難であった糖尿病、脊髄損傷、がん等へ活路を見いだすものとして期待されている。国においては、「健康・医療戦略」の閣議決定や法整備などによる再生医療の産業化に向けた制度作りや、再生医療製品に活用する細胞の加工システムの開発等を行うことにより、当分野における我が国産業の国際競争力を高める取り組みを行っている。新たなリーディング産業の創出として再生医療産業の基盤を整備し、再生医療産業クラスターの形成を推進し、沖縄の強みを生かし他地域との差別化を図ることにより産業競争力を高め、県経済はもちろん、アジアにおける経済振興の牽引役となることを目指している。

　基本方針として、
① アジアにおける再生医療産業クラスターの形成を目指す。
② 県外からの再生医療関連企業の集積及びバイオベンチャーをはじめとする県内企業の成長を推進する。
② 県民及びアジアの人々の健康・長寿へ貢献する。
を挙げている。[50]

---

[49] 沖縄県商工労働部ものづくり振興課「沖縄県再生医療産業競争力強化戦略」
[50] 同上p. 2

沖縄県はバイオ産業の振興のため、以下のような施設や拠点整備を展開している。

- 沖縄健康バイオテクノロジー研究開発センター

バイオベンチャーの研究開発を支援する施設として沖縄健康バイオテクノロジー研究開発センターがある。主に健康食品、医薬品関連のベンチャーが入居し2017年10月時点で入居率100％となっている

- バイオ産業振興センター

主に研究開発を終えたスタートアップのポスト・インキュベート施設としての役割を持つ。先端医療産業開発拠点形成事業（再生医療の実現に向けた産業技術開発）で開発した技術を集約した研究施設を開設した。

**再生医療関連企業の育成・誘致等**

アジアにおける再生医療産業クラスターの形成にあたっては、関連企業やベンチャー企業の誘致及び育成を強力に推進することが必要である。「再生医療等安全性確保法」においては、従来は認められていなかった治療に活用する細胞の外部機関への委託が認められるようになった。当制度改正により、細胞加工の受託サービスが産業として登場し、さらに再生医療の周辺産業の活性化も見込まれる。現在日本政府においては、再生医療の産業化に向けた法整備や研究開発が各省連携により進められ、我が国の国際競争力を高める取り組みが進められているところであるので、沖縄でもこれを追い風として取り組むべきである。

沖縄県においては、他地域との差別化を図るためにも、沖縄国際航空物流ハブを活用した再生医療製品等のアジアへの輸出など、地理的な特性を活かしたアジアへの進出や、アジア周辺のニーズ等を取り込める形の再生医療産業クラスターの形成を促進する必要がある。そのためには、県内研究拠点の成果等の活用や、沖縄ならではのシーズ等を活用し

た、戦略的な企業育成・誘致等が重要である。
　具体的には、次のような取り組みが必要である。
　① 研究拠点による沖縄ならではのユニークな研究成果の創出
　　　一般的に産業競争力の強化には、他地域とは異なるアイデアを基盤として成果を出し、差別化を図ることが必要である。また、県外企業に沖縄進出を促すには、他地域とはちがう成果等のシーズの存在が必要である。そのため、沖縄の研究拠点ならではの成果を早期に出すために適した環境の整備を行う。
　② 細胞等の受託製造を行う事業者の育成・誘致等
　　　再生医療等安全性確保法において治療に活用する細胞の外部機関への委託が認められるようになり、細胞加工の受託サービスが産業として登場する。県内で当受託サービスを行う企業等の育成・誘致等を推進する。
　③ アジア市場への進出を意識した企業等の戦略的誘致活動
　　　沖縄の再生医療産業クラスターが、アジアにおける再生医療産業の拠点となるために、アジア市場への進出を強く意識している企業を積極的に誘致する。そのためには、沖縄県に設置されているインキュベーション施設（沖縄健康バイオテクノロジー研究開発センター、沖縄バイオ産業振興センター、沖縄ライフサイエンス研究センター）を積極的に活用し、沖縄へ進出しやすい環境を整えることが必要である。また、沖縄県内での研究成果等を、学会やマスコミ等に積極的に発信することなども重要である。[51]

**先端医療（再生医療、遺伝子医療）関連産業**
沖縄県においては、県の強みを活かし他地域との差別化を図ることにより産業競争力を高め、県経済はもちろん、アジアにおける経済振興の

---

51　同上

牽引役となることを目指し、再生医療産業や先端バイオ研究の基盤を整備し、再生医療産業クラスターやゲノム解析等を中心とした知的クラスターの形成を推進する等、多くの取組が実施されている。[52]

研究段階の技術を産業に結びつけるために、県内外の企業や大学、医療機関との提携等の仕組みを構築する必要がある。また、アカデミアで育成した専門性の高い人材を県内に定着させる仕組みを構築する必要もある。[53]

アジアとの距離の近さ、航空物流ハブ機能、健康医療情報の集積等、沖縄県の特長を活かして、沖縄県ならではの拠点の魅力を構築できる可能性がある。

国内で再生医療の集積を図る地域・拠点としては、神奈川県（川崎市

図2-6-1　先端医療のアジア展開

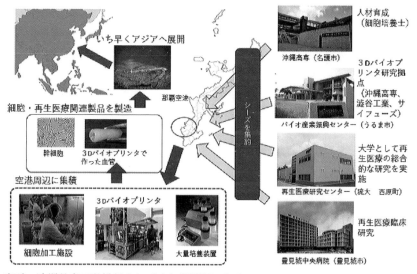

出所：沖縄県商工労働部ものづくり振興課による。

---

52　同上
53　同上

等)、神戸医療産業都市、女子医科大学を中心とした拠点、京都大学を中心とした拠点等がある。沖縄県で再生医療の集積拠点を形成する際には、体性幹細胞中でも特に国内で先行している他家の脂肪幹細胞の活用に特化する等の工夫が必要となる。

那覇空港にはANA沖縄貨物ハブがあり、アジア向けの細胞培養・搬送の面で有利になると考えられる。神奈川県でも羽田空港を利用した細胞培養から製品化まで一気通貫のモノづくりの拠点化が進行しているため、24時間通関体制を活かしていち早く拠点化することが望まれる。

再生医療には治験を経て製品化するアプローチと、臨床研究を経て医療技術として利用するアプローチがあるが、沖縄県では後者のアプローチとして、医療機関や外部の細胞培養受託企業での細胞培養・細胞治療技術の発展が期待できると考えられる。[54]

**バイオ創薬に関する取組状況**

これまでの県の取組によるバイオベンチャーの企業誘致により、先端的な技術力を持ったバイオベンチャー企業が存在している。また、中国、台湾、韓国、東南アジアへの距離が近く、他県と比較して物流センターによる輸送時間の短縮化が可能である。

一方で、研究補助や補助金期間が終了すると撤退してしまう傾向がある等、定着度には課題がある。その他の課題としては、研究開発シーズのライセンスアウト、製品化等の出口戦略に乏しく、県内のスタートアップ受入れ拠点に長期で入居している企業が多いこと、バイオ創薬関連企業向けの施設(賃貸工場、レンタルラボ等)の使い勝手が悪く、整備が必要であるという声が挙がっている。生物資源由来の創薬を行うためには、

---

54　株式会社三菱総合研究所「沖縄県健康・医療産業活性化戦略策定調査報告書」2016年3月・P.26

沖縄県由来の生物資源だけでは多様性の面で弱いこと等が挙げられる。[55]

・空港付近の再生医療産業拠点

設置費用については、県が事業者に補助し、用地については事業者が地権者から賃貸を想定している。細胞培養受託サービスの他、再生医療関連企業を集積させ、近隣の医療機関との共同研究を促進し、再生医療産業拠点の形成を目指す。さらに、那覇空港から細胞等を迅速に搬送し、アジア市場への展開を目指す。

図2-6-2　空港付近の再生医療産業拠点

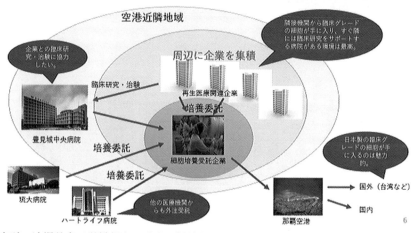

出所：沖縄県商工労働部ものづくり振興課

---

55　同上、p.109

## 7．農水産物の輸出

　沖縄県アジア経済戦略構想の観光や物流等だけでなく、足下の地場産業の輸出も展開すべしとの考えで産業成長戦略では農林水畜産業も沖縄国際物流ハブの活用により、アジア主要地域への高スピード・高品質な農林水畜産物の輸出拡大を目指すために、国際航空貨物ハブとしてのサザンゲートを拡充しつつ、以下の戦略を展開することが示されている。

- 県産農林水畜産物の輸出力強化に向けたプロモーション活動の推進
- 県産食品のブランド化と国内外流通強化に向けた体制整備
- 食肉処理・加工処理施設の輸出体制構築
- 水産物及び加工品の国内外の流通強化
- 鮮度保持に向けた技術の確立

図2-7-1　沖縄からの輸出額の推移

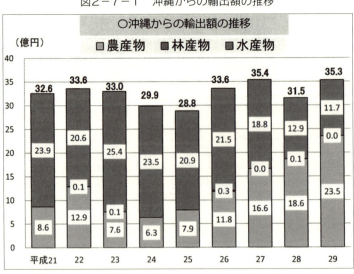

出所：内閣府沖縄総合事務局農林水産部「沖縄からの農林水産部・食品の輸出の状況と取り組みについて(速報版)」平成30年3月

2017年の沖縄からの農林水産物・食品の輸出額は、35.3億円となっており、農産物が順調に増加している。このうち、9億円を占めるグアム及びフィリピン向けの輸出額は、水産物（主にマグロ）を海外で直接水揚げしたことで輸出扱いとなる額であり、これを除いた輸出額「実際に沖縄から輸出されたと想定される輸出額」は、26.2億円である。[56]

　輸出の国・地域別の構成を見ると、香港向けが8.5億円（32.3％）、次いで台湾向けが5.3億円（20.0％）となり、以下ベトナム、アメリカ、シンガポール等の順となっている。品目別内訳は、加工食品が10.6億円（40.4％）、畜産品が8.5億円（32.6％）、調製品を除いた水産物が2.4億円（9.1％）、野菜・果実が1.4億円（5.2％）となっている。[57]

　品目では牛肉、豚肉、うこん、ビールが伸びている。肉類は中国等の輸

図2-7-2　アジア向け輸出の概要

出所：内閣府沖縄総合事務局農林水産部「沖縄からの農林水産部・食品の輸出の状況と取り組みについて(速報版)」平成30年3月

---

56　内閣府沖縄総合事務局農林水産部「沖縄からの農林水産部・食品の輸出の状況と取り組みについて（速報版）」平成30年3月
57　同上

図2－7－3　品質別輸出

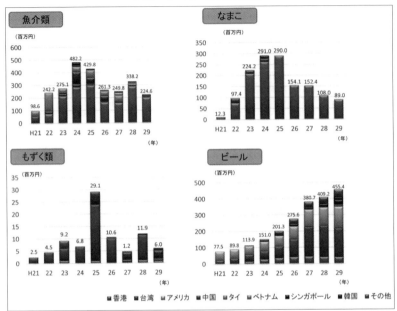

出所：内閣府沖縄総合事務局農林水産部「沖縄からの農林水産部・食品の輸出の状況と取り組みについて(速報版)」平成30年3月

入規制が厳しく、食品の中に潜む危害要因を科学的に分析し、それが除去あるいは安全な範囲まで低減できる工程を常時管理し記録する方法の要件を満たした処理施設、HACCP（Hazard Analysis and Critical Control Point）が不可欠であり、沖縄県ではその整備を急がねばならない。

　県産ビールはメイド・イン・ジャパンを強みに、日本国内と変わらない品質と味を提供し、現地のディストリビューターを活用することで、他社との競合を避けた販売戦略を展開している。現在、台湾、米国、香港、豪州、シンガポール、ニュージーランド、ロシア、中国等に輸出をしている。輸出への取組が本格始動した2009年度から、輸出販売量は約4倍に（台湾は約5倍、香港は約24倍）、輸出先は倍増の12カ国・地域へ拡大している。沖縄の自社工場への海外見学者も年々増加し、沖縄の

知名度向上に貢献している。現地でのイベント開催や、沖縄への招聘等による販促活動を通して、沖縄観光と一体となったファンづくり・知名度向上を目指している。

**上海向け沖縄鮮魚輸出**

2009年に沖縄国際物流ハブが構築されたが、中国への飲食料品輸出は横ばい状態である。香港やシンガポールは、鮮魚や肉類といった高額商品をはじめ、青果などが輸出可能となっており、近年、輸出額を引き上げている。しかし、日本から中国への輸出はとてもハードルが高いのが現状である。肉類は牛海綿上脳症（BSE）等の関係の課題があり、中国側で輸入不可となっており、鮮魚は、一部自治体（長崎、愛媛等）のみ輸出ができているものの、日本国内でも、限られている。中国には黒糖関係や青汁などの健康食品、酒類が県産品輸出の中心であり、沖縄貨物ハブの持つ高速物流を活かすことができず、輸出額が伸びていない。[58]

中国向けに沖縄から鮮魚を輸出するためには以下の条件を満たさなければならない。

① 中国からも認められた施設で加工しなければならない。[59]
② 放射能検査を実施しなければならない。
③ 輸出に必要な各種書類を早急に揃える必要がある。
（放射能検査証明書、産地証明書、衛生証明書）

沖縄県アジア経済戦略課、県上海事務所が企画して企業・関係機関の協力と連携の下で実際に鮮魚を複数回輸出し、体制を整備した。

---

58 沖縄県アジア経済戦略課「上海向け沖縄鮮魚輸出体制構築について」平成30年3月28日
59 同上

- 輸出者　三高水産株式会社
- 放射能検査（一財）沖縄県環境科学センター（即日実施）
- 放射能検査証明書・産地証明書

2016年から始まった農水省の電子申請を活用し、申請は水産庁に行った上で各証明書の受け取りは沖縄総合事務局農林水産部食料産業課にて実施した。

- 衛生証明書

南部保健所にて、1週間前の事前申請を受け付けることで、輸出当日に発行する体制を整備した。

2015年8月から始まった農水省の電子申請システムも活用し、沖縄総合事務局で証明書を受ける等、即日発行の体制を整えた。2017年2月からは三高水産を通じて、ビンチョウマグロの輸出実験を5回実施し、上海市内の高級日本料理店で試食会を開催し、好評を得たという。馬詰三

図2-7-4　上海向け沖縄鮮魚輸出体制

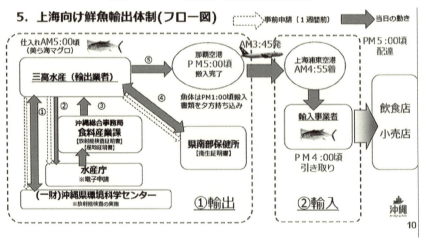

出所：沖縄県アジア経済戦略課「上海向け沖縄鮮魚輸出体制構築について」平成30年3月

高水産社長は「300キロを輸出した。日本料理店以外でも富裕層を中心に需要がある。沖縄県産マグロのブランド力を高めたい。」と述べた。[60]

**豚肉の輸出**

県産豚肉の輸出先は、台湾向けがあった2011年を除き、すべてが香港向けとなっている。輸出量は初年（2005年度）は香港に663kgを輸出して以来、2013年度まで増加傾向であったが、2014年度の3万9637kg（前年度比0.4％増）をピークに、2015年度は3万6765kg（前年同期比1.4％減）とわずかながら減少している。[61]

図2-7-5　豚肉の輸出

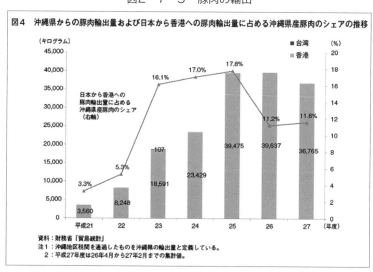

出所：独立行政法人農畜産業振興機構「沖縄県産豚肉の競争力強化の取り組み～ブランド豚肉「あぐー」の生産と輸出を中心に～」月報「畜産の情報」2016年5月

---

60　沖縄タイムス　2017年11月23日
61　独立行政法人農畜産業振興機構「沖縄県産豚肉の競争力強化の取り組み～ブランド豚肉「あぐー」の生産と輸出を中心に～」月報「畜産の情報」2016年5月

一事業者が単独で海外市場で営業することは、輸送費などの負担が重かったため、24年12月に沖縄県食肉輸出促進協議会を発足させ、加入団体を募り、25年に香港に協議会の現地事務所を開設した。現在の協議会は7団体で構成されており、現地事務所は、常駐の香港人職員1名の他、県内から2名の職員が交互に派遣される体制となっている。

　現地事務所の開設と同時に、沖縄県の県産食肉ブランド国内外流通対策強化事業の一括交付金を利用し、物流拠点として県産食肉を保管できる保冷倉庫も現地に設置した。この保冷倉庫が稼働してからは、一度に大量に輸出することが可能となり、香港市場からの注文に対して、即時かつ柔軟な対応が可能となった。現在の輸出方法は空輸のみであるが、今後は船舶での輸出も考えられる。なお、この保冷倉庫は協議会に加入すれば県内のどの企業も使用できる。[62]

### ブランド豚肉「あぐー」

　あぐーは、その品質の良さから、テレビ番組などでの報道で知名度が高まり、現在は国内外を問わず人気の豚肉となっており、香港への輸出でも県産豚肉のブランドイメージを向上させる役割を担っている。

　あぐーの生産は、1992年度に旧沖縄県経済農業協同組合連合会（現JAおきなわ）畜産部が養豚事業活性化のため、琉球在来種アグーに着目したことから始まる。戦前までは一般的に飼養され食べられていたアグーだが、産子数が少なく、小柄で食肉の生産効率が悪いという理由から、戦後は西洋種の導入によりその数が激減していた。そのため、まずは県内全域からアグーを集めて旧経済連畜産実験農場で集中管理し、維持増殖の交配が試みられた。[63]

　あぐーがブランド豚肉として国内で認知されただけでなく、香港への

---

62　同上
63　同上

輸出にも成功したことは県内の養豚関係者全体にとって明るい話題となっている。もともと日本産の畜産物への評価は高いものがあったが、沖縄という地名が浸透することで、あぐーのみならず、県産の一般豚であっても現地ではさらなる付加価値がつくようになった。[64]輸出の際、Made in Okinawaのブランドは極めて重要である。ブランド保護のため、2006年にJAおきなわ銘柄豚推進協議会が設立された。推進協議会は、あぐーの定義を明確化し、ブランド管理のルールの下で適切に生産・販売を行う業者と使用許諾契約を結び、認定証を交付している。[65]

## 8．MOU（覚書）

MOU:memorandum of understanding とは了解覚書のことであり、沖縄の行政機関や団体等が積極的にアジアとの経済連携に関するMOUの締結を展開している。

中国福建省と沖縄県は2016年12月に経済連携に関する覚書（MOU）を締結した。双方は、福建省の自由貿易試験区と沖縄の国際物流など各経済特区を活用し、貿易、投資、企業立地などの経済交流に役立てていくことになっている。東京都内での覚書調印式には、中国の高燕商務次官と翁長雄志沖縄県知事らが出席し、翁長氏は高氏との会談で「福建省の自由貿易試験区を積極的に活用したい」と挨拶した。覚書によると、双方は窓口機関を指定し、通関簡素化などを協議するほか、介護、医療、漁業、食品加工などの分野で産業連携を強化し、ビジネス拡大を図るとしている。[66]

---

64　同上
65　同上
66　毎日新聞2016年12月28日　https://mainichi.jp/articles/20161229/k00/00m/030/076000c

那覇港管理組合は台湾の主要港を統括管理する台湾港務（張志清会長）とパートナーシップ港の覚書（MOU:Memorandum of Understanding）を締結した。県内船社が台湾に航路を開設・延伸する中、物流基盤を強化し、民間ビジネスを後押している。クルーズ振興でも連携していく方針である。

　県産業振興公社と台湾の金属工業研究発展センターの間で、半導体や医療機器産業の貿易拡大のための覚書（MOU）も締結されている。

図2-8-1　沖縄県と福建省のMOU締結式

写真：琉球新報社

表2-8-1　沖縄県のMOU締結事例

| No. | 締結年月 | 相手側 | 内容 | 備考 |
|---|---|---|---|---|
| 1 | 2018年1月 | 台湾貿易センター（TAITR） | 貿易、MICE分野等の連携等 | |
| 2 | 2016年12月 | 福建省商務庁 | 経済特区を活用した貿易や投資促進、ビジネス拡大 | 商工労働部が締結 |
| 3 | 2014年8月 | 香港貿易発展局 | 経済連携全般 | |
| 4 | 2014年3月 | チャンギ空港（シンガポール） | シンガポール―沖縄直行便の誘致活動、観光誘客、航空物流促進 | |
| 5 | 2010年6月 | ハワイ州、エネルギー省（米国） | クリーンエネルギー分野の協力 | 日本側は、沖縄県と経済産業省 |

出所：沖縄県商工労働部

# 第3章
## アジア経済戦略

沖縄県が展開しているアジア経済戦略構想を概観しつつ、それに関連する那覇空港新滑走路の拡張、ハブ空港への展開、東洋のカリブ海構想、大型MICE施設、鉄軌道、沖縄ITイノベーション戦略センター、海洋政策等の施策を紹介したい。

## 1. 沖縄県アジア経済戦略構想

　沖縄県は沸騰するアジアのダイナミズムを取り込み、沖縄経済にビルトインするために「沖縄県アジア経済戦略構想」を2015年9月に策定した。その内容を見てみよう。[1]

### (1) なぜアジア経済戦略構想が必要か（目的）

　人口が減少に転じた日本経済は、国内市場に依存していたのでは縮小を余儀なくされ、成長著しいアジアを始め海外に市場を求めて展開せざるを得ない状況にあり、もはや経済、社会の枠組みが「アジアや世界の規模」でなければ成り立たなくなっている。また、沖縄もいずれ到来する人口減少に対応せねばならず、アジアをはじめとする海外への展開・

---

1　沖縄県アジア経済戦略構想

交流、ネットワークの構築等、アジアのダイナミズムの取り込み、沖縄の自立、発展につなげることが喫緊の課題となっている。

沖縄はアジアの中心に位置し「アジアの橋頭堡」としての地理的優位性、さらに歴史、風土、文化によって人を引き付ける「ソフトパワー」という比較優位がある。

中国をはじめアジア諸国の経済は急速に成長・発展しており、アジア規模でビジネス・産業の創出と発展を実現するためには、沖縄県は「スピード感とスケール感」を持って対応することが求められている。

沖縄21世紀ビジョン関連施策を補完・強化、促進し、比較優位・発展可能性を高めつつアジアのダイナミズムを取り込み、沖縄の発展を加速させる具体的な戦略を示すことが構想策定の目的である。

### アジアのダイナミズム

アジアでは幾重にも重なる成長が見られる。一国ではなく、低賃金の他の国へと伝播して発展の波が幾重にも重なって展開されているのがアジアの成長の土台となっている。この発展の高まりと拡大が「アジアのダイナミズム」と呼ばれている。アジアは国により課題は抱えているが、総体としてみると、成長・発展が今後も見込まれ、中間層の拡大や富裕層の出現も見られる。

アジア開発銀行（Asian Development Bank）の予測によると、アジア全体のGDPは、2050年には174兆ドルになると予測され、一人当たりGDPも40,800ドルになるという。世界のGDP比率は52％に増大すると予測され、文字通り大半をアジアが占めることになり、「アジアの世紀」が到来するという。

### 雁行形態

雁行形態とは後発国の産業発展のパターンで、輸入→国内生産（輸入代

替)→輸出という長期的過程が、順々に雁の群が飛ぶように現れることをいう。

　発展パターンの最初は輸入を国内生産に代替することから始まる。資本が少なく技術水準が低い国は労働集約的産業からスタートする。経済特区等を設置して、外国ら資本と技術を入れて自国の低賃金と組み合わせ、良質で低価格という比較優位の商品をつくり、輸出が展開する。しかし、やがて賃金が上昇し、外国企業は更なる低賃金国へシフトする。これが発展の飛び火である。

　日本をはじめとするアジア各国の場合、産業の中心が繊維から、化学、鉄鋼、自動車、電子・電機へとシフトしていくという順番がよく見られる。

　例としては、アジア地域における繊維産業の中心が、発展段階の順番に従って、日本からNIEsへ、そして、ASEAN、中国へとシフトしていくことが挙げられる。[2]

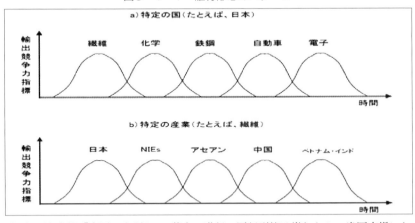

図3-1-1　雁行形態のパターン

出所：関 志雄「中国の台頭とIT革命の進行で雁行形態は崩れたか－米国市場における中国製品の競争力による検証－」RIETI　独立行政法人経済産業研究所による

---

2　出所:関志雄「中国の台頭とIT革命の進行で雁行形態は崩れたか―米国市場における中国製品の競争力による検証―」経済産業研究所

雁行形態の特徴として以下のことがあげられる。
1．輸入代替
ある商品が　輸入⇒生産⇒輸出のパターンが時間的ラグをもって展開する。
2．低賃金　（スタート時セルモーターの役割）
スタートは低賃金をベースにした労働集約的産業である。
3．経済特区
経済特区を制定し関税免除、優遇税制、港湾、空港の整備そして工業団地の整備等の国の外資導入政策がみられる。
4．輸出
はじめは主に米国への輸出、そして世界各地への輸出と展開し、輸出による成長牽引が見られる。
5．経済成長の「飛び火」
ある商品の生産はA国から始まり、B国へ移転し、さらにC国へと移転する。先進国、準先進国、中進国、後発国へと経済成長が「飛び火」する。アジアでは幾重にも重なる成長が今後も見込まれる。この現象が発展のスピードを加速させている。

## (2) 構想の位置づけ

沖縄県は沖縄21世紀ビジョンを策定し、それを基に振興10年計画である沖縄21世紀ビジョン基本計画が策定され、計画を実施する沖縄21世紀ビジョン実施計画が遂行されている。本構想の役割はそれらの政策を補完、強化し促進することである。

### スピード感とスケール感

まず、「スピード感とスケール感」を持って対応することが求められている。従前の政策やシステムを前提にしては、急速に進化発展するア

ジア経済には追いつけず、蜃気楼を追うことになりかねない。従前の殻から脱して、臨機応変に対応することが求められている。

### ネットワークの構築

　アジアの橋頭堡の機能において、ネットワーク拠点の構築は不可欠である。アジア規模でビジネス、産業を創出、促進するためには、それらの国々においてネットワークを構築してビジネスのプラットフォームを設置することが重要である。ジェトロ、現地の沖縄県事務所と有機的に連携し、詳細な現地情報を収集し、人脈の構築や交流を促進するとともに沖縄の情報を発信し、インバウンド、アウトバウンドのビジネスを促進する必要がある。

### コア・コンピタンス（独自の比較優位）の構築

　壮大なアジア市場のビジネスとの連携において、大企業間のビジネスに参画することは困難である。アジアへの近隣性とソフトパワーを土台にした「人を魅了し引きつける力」のある独自の比較優位（コア・コンピタンス）のある企業を育成し、ブランド力を高め、ニッチのビジネスを育成・涵養する政策が求められている。

### グローバルな人材育成

　アジア経済が急速に拡大発展を遂げている中、チャンスをつかみ、対応するために県内のグローバルな人材の育成は急務である。技術者の育成はむろんのこと、中堅幹部や若年層のリフレッシュが課題である。それらを支援、育成する産官学連携を実現する横断的組織「グローバル人材育成推進室（仮称）」の設置は、優先度高として取り組むべきである。

### 先見性のあるインフラ整備

　過去の踏襲による従前の発想を脱し、スケール感を持ったインフラ整備

が求められている。これまでの県のインフラ整備において、有効に機能しているものもあるが、ややもすると、経済のスピード、スケールの進行に追いつけず、後から継接ぎの整備も見受けられる。アジアの未来をしかと見据え、時代に追い抜かれず、有効に機能するインフラ整備が求められている。ソフトインフラについても、人材の育成等が急務となっている。

**規制緩和への取り組み**

政府の推進する成長戦略において規制緩和は重要な項目になっている。この規制緩和の追い風を受けて、潜在成長力が高いといわれる本県はどの規制を緩和すればビジネスが開花し経済が発展するか吟味して、規制緩和の具体策を示し経済活性化につなげる必要がある。

(3) **構想が目指す沖縄の姿**

構想が目指す沖縄の姿は「モノ・情報・サービスが集まる沖縄」、「国内外から企業が集う沖縄」、「国内外からひとが集う沖縄」の三つである。その最大の狙いは県民所得の向上にある。海外の経済成長を地元経済に取り込む仕組みを構築すれば沖縄は成長モデルとなる。

**モノ・情報・サービスが集まる沖縄**

国内外のモノ、情報を沖縄に集め、県産品とともに優位性のあるものを組み合わせ、付加価値を付けて世界市場へ届けられる体制を構築する。

AIやIOT等の情報通信技術を駆使して企業活動に必要なあらゆる情報を集め、経営の高度化、研究開発（R&D）、起業、新産業創出に適したビジネス環境を提供する。

さらに豊かな自然、歴史・文化など沖縄の強みと、ちむぐくる、健康長寿など琉球の伝統を活かし、世界トップレベルのサービスを世界中の人々に提供する。

**国内外から企業が集う沖縄**

日本でありながら地理的にアジア諸国と近く、モノ・情報・サービスが集まれば、多くの国内外企業が沖縄のビジネス環境に魅力を感じる。沖縄とアジア太平洋地域のビジネス関係の深化は沖縄の魅力をさらに高め、アジアのビジネス拠点としての活用にもつながる。

**国内外から人が集う沖縄**

モノ・情報・サービスが集まれば企業が集まる。企業が集まれば人の往来も増える。日本は確実に少子高齢化が進み、人口は減少する。国内市場の縮小への対応は輸出ドライブしかない。沖縄をアジア各国から人が行きかい、ビジネスのジャンプ台となることを目指す。

**人材育成・確保**

グローバリズムの時代に対応した人材の育成・確保は全産業に共通する喫緊の課題である。産業の垣根を越え産官学が連携して取り組む。

### (4) 重点戦略

今後の沖縄経済をけん引する基軸となる五つの重点戦略、アジア市場を取込むことで新たな成長を推進する四つの産業成長戦略を展開するとともに、諸施策の実現に向けた推進機能を整備する。これにより、アジア市場等を取り込む新たな基幹産業の創出及び既存産業の更なる発展を実現し、力強い産業構造の構築及び県民所得の向上を図るとともに、我が国及びアジアの発展に貢献できる国際ビジネス都市としての発展を目指す。

# 第3章 アジア経済戦略

## 五つの重点戦略

**【重点戦略　Ⅰ】アジアをつなぐ、国際競争力ある物流拠点の形成
～スピードと品質を追求し、独自性のあるアジア・リージョナルハブの地位確立～** [3]

　沖縄周辺の東アジア・東南アジア地域は、世界の製造、消費、流通の一大拠点として成長を続け膨大な物流ニーズが発生しており、香港、シンガポール、上海、台湾、韓国等で多くのグローバルなハブ空港・港湾が成長を競い合っている。

　巨大な国際物流拠点の間にあって沖縄が新たな拠点として成功するため、これらと競合するのではなく、沖縄の強みを活かし、これらの拠点をはじめとするアジアの主要都市を結ぶリージョナルハブとして有機的に共に発展する。

　これにより、沖縄が優れた機能を持つ物流拠点として機能することで、臨空・臨港型産業を展開し、県内のみならず日本全体及びアジアの経済・産業の成長に貢献する。

### 今後の施策展開

(1) 那覇空港の物流機能のさらなる強化
(2) 臨空・臨港型産業の集積促進
(3) 那覇軍港、自衛隊駐屯地及び那覇港エリア等の活用による国際物流機能の拡充
(4) 那覇港・中城湾港の機能強化

---

3　沖縄県アジア経済戦略構想

(5) 見本市・展示会ビジネスの推進
(6) 商社機能の拡充
(7) ビジネスの情報収集と編集機能のサポート

## 【重点戦略 Ⅱ】世界水準の観光リゾート地の実現
～観光関連産業を新たな成長ステージへ～

　成長著しいアジアのダイナミズムを捉えて、東アジア及び東南アジア市場を取り込む。また、欧米等の長期滞在型のリゾート需要を取り込み、市場の多様化と滞在日数の延伸を図るとともに、海外富裕層をターゲットとして明確に位置づける。

　さらに沖縄の豊かな自然環境、特色有る島々、独自の歴史・文化など、国内外の多くの観光客を魅了するソフトパワーを活用し、競合する他の観光リゾート地との差別化を図り、国際的な競争力を備えた、質の高い世界水準の観光リゾート地を形成する。

　観光客の増加が著しく、観光客数の目標が早期に達成される可能性がある。そのため対応が遅れることがないように、スピード感、スケール感を持って対応する。

**今後の施策展開**
(1) インバウンド促進のための情報通信環境整備
(2) アジアを中心とする海外富裕層の獲得を目指した戦略の構築
(3) 沖縄観光グローバルブランディングの推進
(4) 沖縄を国際観光地へと発展させる新たな誘客施設の整備・誘致
(5) LCC等の新規航空会社の参入促進と未開拓需要の取り込み
(6) 拡大するクルーズ市場への対応
(7) 外国人観光客に対応できる観光人材の育成

(8) 医療ツーリズム・ヘルスツーリズムの推進

**【重点戦略 Ⅲ】航空関連産業クラスターの形成**
**～増大するアジアの航空需要を取り込む航空機整備を中心とする産業の展開～**

アジアの航空需要は拡大し、航空機整備市場も増大することが予想されている。また、那覇空港は、国内第2位の航空ネットワークを有するとともに、国際線やLCCの就航が急増しており、国内外の航空機整備需要を取り込むのに最適な条件を備えている。

航空機整備業は高付加価値の労働集約型産業であり、質・量の両面で大きな雇用効果が見込まれる。

那覇空港に航空機整備拠点を構築するとともに、これを核として国内及び海外の航空産業クラスターとの連携を図りながら、近隣地域に周辺産業を誘致し、伸長するアジアの航空市場をも取り込む航空関連産業クラスターを形成する。

**今後の施策展開**
(1) 那覇空港の航空機整備拠点施設の早期整備
(2) 那覇空港に隣接する産業用地の確保
(3) 積極的な周辺産業の誘致活動
(4) 教育機関との連携による人材育成
(5) エアポート・セールスの展開

## 【重点戦略 Ⅳ】アジア有数の国際情報通信拠点"スマートハブ"の形成
～情報通信産業を戦略的に活用し、他産業の新たな価値創造に貢献～

　情報通信産業が他産業の新たな価値創造に貢献し、「アジア有数の国際情報通信ハブ(Smart Hub)」を形成することを目指す。アジアのスマートハブになることにより、内外の国際水準の情報通信産業を誘致する。
　国際的な情報通信関連産業のハブとしての位置を確立するため、国内及びアジア市場に対し、沖縄の認知度や誘引力を向上させていく。
　情報通信産業の更なる集積や戦略的な情報通信技術の活用などを促進していくことで、他地域にはない特性をもつスマートな産業に成長させていく。

### 今後の施策展開
(1) 産学官一体となった「沖縄IT産業戦略センター（仮称）」の設置
(2) 情報通信産業と他産業連携の促進
(3) アジアと日本のITビジネスを結びつけるブリッジ人材の育成
(4) アジア企業と県内企業の連携開発拠点の形成
(5) 国際海底ケーブル等の利活用促進による情報通信基盤の拡充

## 【重点戦略 Ⅴ】沖縄からアジアへとつながる新たなものづくり産業の推進
～人材を育て付加価値を生みアジアに展開する新たなものづくり産業の確立～

　沖縄の地理的優位性や国際物流拠点産業集積地域における製造業の集積や若年技術者のスキルアップ、独自に蓄積された技術を梃に、高付加価値の源泉となるものづくり産業の振興を目指す。

### 今後の施策展開

(1) ものづくり振興センター（仮称）の構築
(2) EV開発拠点を整備
(3) 継続的な人材育成機能の構築
(4) 県内ものづくり産業の高度化
(5) 戦略的な企業誘致・連携の促進

## 四つの産業成長戦略

### 【産業成長戦略　ア】農林水畜産業

　沖縄国際物流ハブの活用により、アジア主要地域への高スピード・高品質な農林水畜産物の輸出拡大を目指す。

　県産農林水畜産物の販路拡大と高付加価値化を推進し、おきなわブランドの確立を図る。きらりと光る比較優位を持ち、世界に通用する農林水畜産物の生産を促進する。そのため、以下の施策を展開する。

(1) 県産農林水畜産物の輸出力強化に向けたプロモーション活動の推進
(2) 「沖縄大交易会」ブランド力の向上
(3) 県産食品のブランド化と国内外流通強化に向けた体制整備
(4) 食肉処理・加工処理施設の輸出体制構築
(5) 水産物及び加工品の国内外の流通強化
(6) 鮮度保持に向けた技術の確立
(7) OISTの研究成果、県内研究施設・企業と連携した研究成果を産業化する仕組みの構築

### 【産業成長戦略　イ】先端医療・健康・バイオ産業

　我が国は超高齢社会を向かえつつあるが、沖縄県もいずれ同じことになる。超高齢社会に対応した、高付加価値産業の一つである健康医療分

野を育成し、日本に遅れて超高齢社会を向かえるといわれている中国等アジア諸国への課題解決型モデルの確立を目指す。

琉球大学医学部及び同付属病院の移設など、高度な医療機能の導入をはじめとする国際医療拠点の形成に向け、西普天間住宅地区跡地における国際医療拠点構想を推進し、世界最先端の高度医療機能の導入を推進する。

施策として以下を展開する。

(1) 国際医療拠点の形成
(2) 医療産業における産業クラスターの構築
(3) 他国・他県との差別化要素となり得る高度医療施設の整備
(4) 再生医療の実現に向けた産業技術の開発
(5) がん免疫療法、肝硬変再生医療等によるアジアの患者受入
(6) 感染症研究拠点の形成
(7) 県内・県外に対する周知・受け入れ環境の整備
(8) 創薬イノベーション体制の構築
(9) 医療機器開発体制の構築
(10) 地域資源を活用した健康食品等の開発
(11) OISTの研究成果の地元での産業化への取り組み


【産業成長戦略　ウ】環境・エネルギー産業

アジアでは高度成長に伴う環境破壊が深刻な問題となっており、環境対策関連の需要が増大している。今後環境対策の技術や製品に対するニーズが高まる。

エネルギー需要は今後も増大するため、グリーンエネルギー等の非枯渇性のエネルギーである自然エネルギーや再生可能エネルギーへの期待が高まっている。この分野の開発をすることにより、アジアへ技術移転および輸出することができる。

アジアの島しょ国を中心とした無電化地域及び発電コスト高の地域へ、太陽光発電設備等の再生可能エネルギー関連技術を輸出する。

また、発電と水不足問題を同時に解決するシステムの実用化により、アジア市場を見据えたパッケージ商品を開発する。

**今後の施策展開**

(1) クリーンエネルギーの推進
(2) 沖縄・ハワイクリーンエネルギー協力の継続
(3) 県内企業の海外への展開
(4) アイランド・スマートグリッドに関する研究の推進

**【産業成長戦略　エ】地場産業・地域基盤産業**

沖縄には風土、歴史、文化に根差したソフトパワーがあり、世界で通用する地場産業の製品、システムが存在する。これら比較優位を持つ地場産業を促進する。また、地域の土台となっている建設、鉱業、卸・小売業、金融・保険・不動産等の地域基盤産業のアジア展開についても支援・振興していく。

海外市場向けのマーケティングやブランド力の強化、物流・貿易の支援など事業者の海外展開を支援することにより、泡盛、黒糖、塩等の加工食品、海ぶどう、ヤイトハタ（ミーバイ）、もずく、マンゴー等の野菜や果物、牛肉、豚肉などの農水産物、琉球漆器、陶器、琉球ガラス、織物等の工芸品といった、沖縄の文化や気候風土などの特性を生かした魅力ある地場産業の振興を図る。

**今後の施策展開**

(1) 県内貿易コンシェルジュの設置
(2) プロモーションの展開

(3) 安定供給・安定需要型の県産品開発
(4) 地域基盤産業の海外展開支援
(5) 沖縄独自文化の産業化推進


## 五つの推進機能

【推進機　Ａ】アジアにおけるビジネス・ネットワーク拠点「プラットフォーム沖縄」の構築～アジア現地における拠点設置により企業等の海外展開を積極的にサポート～

- 沖縄を拠点とする企業等のアジア展開を促進するため、現地での情報収集や情報発信、人脈の形成等をサポートする拠点となる機能を構築する。とりわけ、アジアのビジネスは人脈を基点としており、ヒューマンネットワークの構築と現地の実情等の生の情報を収集し、ビジネスに資する。また、現地での沖縄の情報発信も行う。
- 沖縄県海外事務所やジェトロ等の関係機関、民間企業などと有機的に連携した、効果的なサポート体制の構築を図る。
- 短期留学や企業のOJT等の研修を現地専門学校・大学等に斡旋し、沖縄への研修等についても情報を提供し斡旋する。

### 今後の施策展開
(1) 県内企業のアジア現地における情報収集・発信、人脈形成を実現する「プラットフォーム沖縄」を構築する。
(2) 沖縄県海外事務所の機能強化及び関係機関・民間企業との連携による企業進出を推進する。
(3) 「ビジネス・コンシェルジュ沖縄」とのシームレスな情報連携を実現する。

## 【推進機能　B】ビジネス・コンシェルジュ沖縄の構築
### ～アジアと沖縄を繋げる情報の窓口機能の整備～

　高まるアジアのビジネス投資、観光ニーズを確実に取り込み、ビジネスとして結実させるため、"ビジネスコンシェルジュ"としての情報窓口機能や、一元的に沖縄からの情報発信を担うワンストップ情報提供機能の整備を早急に推進していく。
　情報ワンストップ機能を構築することにより、観光需要の創出や企業誘致、投資促進を図るとともに、機会損失の低減を目指す。

**今後の施策展開**
(1)　沖縄県の情報を一元化したワンストップ、Ｗｅｂサイトを整備する。
(2)　外資企業の立地や投資に必要な情報の提供や相談を一括して行うビジネスコンシェルジュ機能を整備する。
(3)　県内企業が海外企業との取引などについて相談できる貿易相談窓口を設置する。

## 【推進機能　C】アジアを見据えたグローバル人材育成
### ～沖縄県の産業振興を牽引する専門人材と中堅・中間層の底上げ～

　沖縄県のアジア地域との近接性や長い交流の歴史、合計特殊出生率全国１位を誇る豊富な若年層人材の存在などの優位性を活用することにより、日本のアジア展開を牽引する日本最先端のグローバル人材育成体制を、全国に先駆けいち早く構築する。

**今後の施策展開**
(1) 産官学連携を実現する横断的組織「グローバル人材育成推進室(仮称)」を設置する。
(2) 実践的学習機会の拡充に向けた給付型支援を強化する。
(3) 教育機関と他府県・アジア企業との連携によるインターンシップの産学官連携による送り出し・受入れ体制を見直し・改善する。
(4) 実践的な職業教育を行う新たな高等教育機関の制度化に向けた調査・検討を実施する。
(5) 海外の研修生の受け入れを促進する。

## 【推進機能　D】アジアのダイナムズムを取り込むための規制緩和、制度改革
～産業の競争力強化及びアジアにおけるビジネス拠点を目指して～

　規制改革の推進により、ヒト・モノ・カネ・情報が成長に向かって動き出すような状況を整備していくことが重要な課題となっている。
　県内産業の競争力を強化するとともに、アジアにおけるビジネス拠点の地位を確立し、アジアのダイナミズムを取り込むため、関係機関等との連携のもと、規制緩和や制度改革に取り組むこととする。

**今後の施策展開**
(1) 観光振興に向けた規制緩和・制度改革を検討する。
(2) 物流産業振興に向けた規制緩和・制度改革を検討する。
(3) 国家戦略特区と関連した外国人労働力の受け入れを検討する。

第3章　アジア経済戦略

**【推進機能　E】アジアのシームレスな海、空、陸の交通体系への連携**
**（空港、港湾、陸上交通の拡充・連携・強化）**
〜人流、物流、各種産業の発展を促すスピーディーかつ利便性の高い交通体系の実現〜

アジアのダイナミズムを取り込み発展していくためには、海、空、陸の各交通機能拡充及びそれらの連絡性の強化は極めて重要な要素である。

空港、港湾、陸上交通の機能を拡充するとともに、各交通機能の連結性の向上及び県内・国内交通と国際交通のシームレスな結合を促進することでスピーディーかつ利便性の高い交通体系を実現する。

**今後の施策展開**
(1) 那覇空港の国際線―国内線の連絡機能を強化する。
(2) 航空燃料備蓄環境の拡充・安定供給体制を拡充する。
(3) 航空路、海路と陸上交通の連絡体制を改善する。
(4) 那覇港における新たなクルーズターミナルの整備及び陸上交通との連結強化を図る。
(5) 航空・港湾の国際路線ネットワークの拡充を推進する。
(6) 那覇―名護間の鉄軌道敷設を推進する。
(7) 各種交通案内・観光案内等の多言語表記を推進する。


## 2．那覇空港滑走路の拡張
### 那覇空港の現状

アジア経済戦略構想の重点戦略である「アジアをつなぐ国際物流拠点」「世界水準の観光リゾート」「航空関連産業クラスターの形成」「アジア有数の国際情報通信拠点スマートハブの形成」「沖縄からアジアへ

とつながるものづくり産業の推進」等において、最も重要な要素の一つは那覇空港の滑走路2本目の増設である。

現在の那覇空港は拠点空港（国管理空港）で、面積が約330ha、滑走路は長さ3,000m×幅45mで、旅客ターミナルビルは国内線ビル約8.6万㎡、国際線ビル約2.4万㎡となっている。那覇空港の機能として、アジア太平洋地域における国際交流拠点、海洋リゾートのゲートウェイ、県民生活の高質化、安定化を支える交流拠点、企業の物流効率化を支える交流拠点が示されている。

那覇空港は、沖縄県のリーディング産業である観光・リゾート産業をはじめとして、様々な経済活動や県民生活を支える重要な社会基盤である。空港は、滑走路1本の空港としては国内で2番目に利用度が高く、国内の主要空港と比較すると、旅客数は5位、貨物取扱量は4位（国際貨物取扱量では3位）である。

### 那覇空港の拡張（滑走路2本）

このため、将来の需要に適切に対応するとともに、沖縄県の持続的振興発展に寄与するため、また、将来にわたり国内外航空ネットワークにおける拠点性を発揮しうるよう、那覇空港の沖合に2本目の滑走路を増設することが決められた。[4]

具体的な増設理由として以下のことがあげられている。[5]

① 年始などには、航空便の予約が取りにくくなっている。
② 昼間特定の時間帯に便が集中する特性がある。
③ 出発と到着の航空機が渋滞し、出発や到着遅れが発生している。

---

4 沖縄総合事務局「那覇空港滑走路増設事業の概要」
5 国土交通省 航空局「那覇空港滑走路増設事業における新規事業採択時評価について」平成25年1月

④　滑走路が1本であるため、さまざまな制約がある。
⑤　現国際線旅客ターミナルビルの利便性の向上には限界がある
⑥　貨物施設は現ターミナル地区内での機能向上は困難である。

**需要予測**

当初、需要予測について国土交通省は以下のように推測していた。[6] 2020年の旅行客は国内線が1536万人、国際線が70.8万人、合計1606万人、2030年には国内線が1567万人、国際線が97.9万人、合計1665万人と予測され、発着回数は2020年に国内線が11.1万回、国際線が0.7万回、合計11.8万回、2030年には国内線11.2万回、国際線が0.9万回、合計12.1万回と予測されている。しかし、この推計は2013年になされたものであり、近年の急激

表3-2-1　那覇空港の需要予測結果

|  | 旅客数（万人／年） | | | 発着回数（万回／年） | | |
| --- | --- | --- | --- | --- | --- | --- |
|  | 国内 | 国際 | 合計 | 国内 | 国際 | 合計 |
| 2020年度 | 1,536 | 70.8 | 1,606 | 11.1 | 0.7 | 11.8 |
| 2030年度 | 1,567 | 97.9 | 1,665 | 11.2 | 0.9 | 12.1 |

注）上段が中位（基本）ケース、下段が下位ケース～上位ケース。
出所：国土交通省　航空局「那覇空港滑走路増設事業における新規事業採択時評価について」平成25年1月

表3-2-2　那覇空港の輸送実績（回）

|  |  | 2012 | 2013 | 2014 | 2015 | 2016 |
| --- | --- | --- | --- | --- | --- | --- |
| 着陸回数(回) | 国際 | 4,268 | 4,956 | 6,990 | 9,280 | 10,732 |
|  | 国内 | 69,037 | 69,285 | 70,317 | 69,405 | 72,457 |
|  | 合計 | 73,305 | 74,241 | 77,307 | 78,685 | 83,189 |

出所：国土交通省「那覇空港」http://www.mlit.go.jp/common/001100430.pdfによる。

---

6　国土交通省 航空局「那覇空港滑走路増設事業における新規事業採択時評価について」平成25年1月

な伸びにより実績は既に推計を上回っている。2016年の着陸回数は国内線7.2467万回、国際線1.0732万回、合計8.3189万回となっている。発着回数は着陸回数の約2倍であるから[7]、16.6378万回ということになり、既に2030年の予測を超えている。

予測の再検証するため、旅行先としての沖縄県の魅力度の変化を第3次従業者数等の全国シェアとの相関関係を用いて新たに集客力指標モデルを構築し、将来の地域別集客力指標の変化を予測に反映するとしている。[8]

**完成図**

完成予定が2020年の那覇空港滑走路の増設は第二滑走路が2700メートル×60メートルとなっており、完成後はアジアのダイナミズムを取り組む観光や物流の拠点として、大いに期待されている。2016年11月29日の沖縄県アジア経済戦略推進・検討委員会の知事提言において「那覇軍港国有地部分をはじめとする那覇空港に隣接する国際物流特区の機能強化

図3-2-1　那覇空港

出所：内閣府沖縄総合事務局　開発建設部 那覇空港プロジェクト室（空港整備課）
http://www.dc.ogb.go.jp/Kyoku2/information/nahakuukou/zousetugaiyou%20.htmli9
による。

---

7　国土交通省「那覇空港」http://www.mlit.go.jp/common/001100430.pdf
8　同上

第3章　アジア経済戦略

```
〈現在の那覇空港〉                    〈第2滑走路計画概要〉
○所 在 地：沖縄県那覇市              ○滑 走 路：長さ2,700m×幅60m
○滑 走 路：長さ3,000m×幅45m                  （現滑走路の1,310m沖合）
○空港面積：約330ha                   ○埋立面積：約160ha
○種    別：拠点空港（国管理空港）    ○発着回数：年間約5万回増加
○運用時間：24時間                              （13.5万回／年→18.5万回／年）
○乗降客数：国内1,695万人、国際308万人          ※ヘリコプター及び深夜離発着機は含まず
          （2016年度現在、過去最高）  ○工事着手：2014年（平成26年）1月
                                     ○供用開始：2020年（平成32年）3月末予定
```

出所：内閣府　沖縄総合事務局　開発建設部　那覇空港プロジェクト室（空港整備課）
http://www.dc.ogb.go.jp/Kyoku2/information/nahakuukou/index.htm

及び産業用地の拡張」や「那覇空港の第二滑走路実現に伴う課題の整理を行う。またアジアの経済拡大に耐えうる拡張性も踏まえた臨港都市の形成をトータルに推進するため、現時点の課題を抽出し、検討すること」等が提言された。2020年の供用開始の前に本体は無論、ハード・ソフトの付帯設備を含めて、沖縄経済発展の土台になるように整備しなければならない。

**課題**

　現在の課題として、以下のことがあげられる。観光客や航空貨物需要が拡大する中、その需要拡大に対応する那覇空港は課題を抱えている。まず、国内線旅客は堅調に、国際線旅客は急激に伸びており、駐機スポット不足や旅客ターミナルの狭隘化などが想定され、ターミナルの拡張が必要である。
　バス、タクシー、レンタカー等の二次交通対策が遅れ、送迎車の接車帯で交通渋滞が発生している。

**滑走路拡張に伴う課題**

　拡張完成後の課題が浮上した。沖縄総合事務局の事業評価監視委員会で、貨物機や自衛隊機を除いた旅客機のみの2030年の発着回数が2016年

度比1.22倍の15万8千回となるとの試算を公表した[9]。

　要因として、沖縄総合事務局は、滑走路北側の空域で嘉手納基地を使用する米軍機と進入経路が重なるため、飛行の順番を調整する必要があると説明している。第2滑走路を使用する航空機が横切る際に、第1滑走路の運用を一時停止せざる得ないことも制約要因となる。増加が続く自衛隊機の緊急発進（スクランブル）も妨げとなる可能性がある。[10]

　また、大阪交通局は08年によると、滑走路を2本にした場合の那覇空港の処理容量を試算は1時間当たりの最大発着可能回数は42回、1日当たりで509回、年間では約18万5千回との算定結果となり、現状の1.17倍にしか増えないという。[11]

　航空需要は予測を上回って伸びており、今後も、第2滑走路の供用に伴い需要の増大が見込まれ、先を見通した対応が求められる。


### 那覇空港の拡充

　那覇空港拡張整備促進連盟は発着便数を増やし、旅客サービスの向上を図るために「那覇空港中長期構想」の中で現在の滑走路と新設の滑走路の間を埋めて、ターミナルビルを建てて、対応し、二次交通との連携やホテル、コンベンション施設、人口ビーチを設置し、空港の付加価値を高める案を提示している。この案は示唆に富むが、那覇空港の拡充はアジアのダイナミズムを取り組む臨空・臨港産業としてのあるべき空港として総合的に検討すべきであろう。

---

9　沖縄タイムスデジタル版2017年7月25日　http://www.okinawatimes.co.jp/articles/-/118057による。
10　同上
11　琉球新報デジタル版2017年7月2日https://ryukyushimpo.jp/news/entry-525771.html

## 第3章　アジア経済戦略

**臨空産業・臨港産業としての空港**

　2020年供用予定の那覇空港拡張に対する発着便数が期待された程増えないことが指摘されている。大事な視点は、アジアの需要を正確に予想し、それを取り込む臨空・臨港都市として、機能、エリアの拡張性も含めて総合的・科学的に対応する必要がある。後手後手のつぎはぎ対応は避けねばならない。

　アジアのダイナミズムの取り組み口としての臨空・臨港産業の視点から機能、エリア拡大等も含めて総合的に検討すべきであろう。

　沖縄21世紀ビジョンでは目指すべく将来像の「希望と活力にあふれる豊かな島を目指して」の中で、「日本と世界の架け橋となる強くしなやかな自立型経済を構築するため、リーディング産業である観光リゾート産業や情報通信関連産業の更なる発展を図るとともに、新たなリーディング産業を創出するため、本県が比較優位を発揮できる臨空・臨港型産業を重点的に育成する。」とある。

　沖縄県アジア経済戦略構想では以下のように位置づけられている。

　①　那覇空港の物流機能のさらなる強化

　今、ANAの貨物ハブ事業では、国内外12都市を結ぶ65の輸送ルート（2015年９月当時）の貨物の仕分・積替を数時間で行っている。現在のスピードと品質を確保しつつネットワークを拡大して行くには、駐機スポットの確保が必要となる。

　②　臨空・臨港型産業の集積促進

　優れた物流機能を活用し、国内を含めたアジア全体を市場とするパーツセンターやリペアセンター、セントラルキッチン等の臨空・臨港型産業の集積に向け、インフラ整備と併せて積極的な誘致活動を展開する。

　国土交通省成長戦略ではこれまでの「国土の均衡ある発展」の下、長らく需給調整規制を根幹とする免許制が維持される等、効率的な航空システムを構築することが先送りされてきたことにより、人口減少、低成

長化の中、さらには、国家財政の更なる逼迫状況下、このパラダイムの継続のもたらす課題は看過できず、変革がもはや避けられないとしている。[12]

その対応を示す成長戦略ビジョンの戦略の中に「日本の空を世界へ、アジアへ開く（徹底的なオープンスカイの推進）」が示されている。


## ３．ハブ空港への展開

ハブ空港とは、車輪の中心部を「ハブ」、放射状に展開する部分を「スポーク」ということに例えた言葉で、周囲の空港に放射状に伸びる航空ネットワークを形成していて拠点となる空港のことである。ハブ空港では、便数の増加によって大きな空港だけでなく小さな空港の利用者も恩恵を受けることができる。[13]

ハブ・アンド・スポーク・システムの利点は、直行輸送システムと比較すると明快に理解できる。いま六つの空港があるとしよう。ある航空会社が直行輸送システムによって旅客を輸送する場合、各空港を結ぶには15路線を運航する必要がある。さらに、一対の空港間では、その空港ペア以上の需要は期待できない。

一方、ハブ・アンド・スポーク・システムの場合、ハブ空港を経由することにより、6路線のみで六つの空港を結ぶことができる。これにより、航空会社は所有する航空機を効率的に運用できる。また、ハブ空港と地方空港間で空港ペア以上の需要を期待でき、それにより座席利用率を高め、単位旅客あたりの輸送費用を削減できるのである。旅客にとっ

---

[12] 斎藤　貢一「新たな航空政策の展開〜国土交通省成長戦略から見えてくるもの〜」立法と調査　2010.11　No.310
[13] 小田恭・川口望・佐藤一博「DEAによる国際空港分析〜ハブ空港としての展望と政策提言〜」

ても、ハブ空港での乗り換えにより、数多くの都市へ移動できるようになる。[14]

図3-3-1　ハブ空港のイメージ

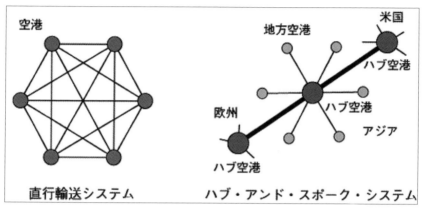

出所：花岡伸也「いま変わりつつある社会　アジアの国際ハブ空港」

**国際貨物ハブ**

　那覇空港を国際物流ハブに位置付け、国内外の各都市とネットワークを構築することは臨空・臨港都市の重要な視点である。まず、地理的優位性がある。那覇空港から国内、アジアの主要都市は、約4時間以内であり、アジア向けにスピーディーに航空貨物を輸送できる時間短縮のメリットを持つのである。

　第二に、アジア域内輸送での強みを発揮できるためである。アジアへの航空貨物輸送は、本土の大規模空港を経由している現状にあるが、国内、アジアの主要都市を行き交う貨物輸送の拠点を沖縄に置くことで、リードタイム、コストなどの面で強みを発揮して日本・アジア間のみな

---

14　花岡伸也「いま変わりつつある社会　アジアの国際ハブ空港」

らずアジア・アジア間の域内輸送にも直行便が就航したがごとく対応できるのである。

　第三に、那覇空港の24時間運用体制である。騒音等による影響により夜間運用が制約されている空港に比べ24時間運用の那覇空港では、自由度の高い航空ダイヤの設定ができるばかりでなく、貨物量が飛躍的に増加しているアジア域内の各都市を出発した貨物と国内の貨物とを深夜までに集め、短時間で効率的に那覇空港を拠点とした就航路線と各地までの所要時間地別に積み替えて、翌早朝の時間帯までに各都市に再び配送できる「最遅集荷」、「最速配達」を可能にしたのである。

　第四に、那覇空港の滑走路増設計画である。沖縄はアジア太平洋地域への玄関口として大きな潜在力を秘めている。物流ハブとしてのこうした利点を活かして、沖縄のもつ潜在力を十分に引き出すことでアジアへの貿易が拡大し日本経済を牽引することが期待される。沖縄貨物ハブでは現在、国内の4地点（成田、羽田、関西、中部）およびアジア8地点（ソウル、青島、上海、台北、香港、バンコク、広州、シンガポール）を結ぶネットワークを構築している。

　沖縄貨物ハブは深夜便・早朝便を中心としているところに特徴があり、通関を含めた24時間運用体制によって、飽和状態となっている成田空港と比較してより効率的でスピーディーな貨物輸送を実現している。効率的な輸送体制による時間短縮は沖縄貨物ハブの最大の利点であり、沖縄を中継地点とする新たなアジア向け輸送経路の誕生によって我が国の輸出増にも貢献することが期待される。[15]

---

15　伊藤匡（アジア経済研究所）／岩橋培樹（琉球大学）／石川良文（南山大学）「アジアへの輸送玄関　那覇ハブ空港の可能性」RIETI Discussion Paper Series 15-036　2015/07/08
https://www.rieti.go.jp/jp/publications/summary/15070005.html

### 三国間空輸

沖縄の物流拠点の強みは、日本国内からアジア各国への迅速な配送を可能にしている点である。財の需要量は、その価格が最も重要な決定要因であるが、それに加えてJust-in-time方式の生産や生鮮品の輸送、消費者の迅速配送への選好などにより、輸送時間も財需要量の決定要因として近年とみにその重要性を増してきているものと考えられる。

日本本土から那覇経由の貨物輸送につき分析してきたが、アジアから那覇経由日本本土へのBack cargoも重要性を増してきている。サプライチェーンが深化する中、アジアからの中間財の迅速な日本への輸送は、日本での生産効率性を更に高め、次の段階の中間財もしくは最終製品の輸出にも繋がるであろう。また、現在の年間14～15万トンの扱いの内、30～35%は三国間空輸であり、今後もその重要性は増していく。三国間空輸の内の多くが日本企業を中心とする多国籍企業による中間財輸送であると考えられるため、三国間空輸によるサプライチェーンの深化が、日本経済に好影響を与えることも考えられる。[16]

### 経済効果

伊藤匡等の沖縄貨物ハブの産業連関分析を用いた経済効果[17]によると、沖縄貨物ハブの運輸サービスが沖縄県にもたらす経済効果は総計で84.1億円であるという。県産品輸出がもたらす経済効果については貨物ハブの運用以降県産品の輸出額は年々増加傾向にあるものの、その額は10億円に満たない。しかし、那覇空港を経由する国際貨物量は東京、関西に次ぐ第三の規模となっており、アジアへの最短輸送を可能にする新たな物流経路として十分なポテンシャルを有するという。[18]

---

16　同上
17　同上
18　同上

以上みたように、那覇空港は臨空・臨港産業の視点からその役割は重要である。滑走路の拡張に伴う課題も存在しており、拡大するアジアの需要を的確に把握し、それを自立経済につなげる装置として位置づけ、ソフト・ハードの整備を行わなければならない。

**国際旅客ハブ**

沖縄県は、これまで沖縄観光ブランド「Be.Okinawa（ビーオキナワ）」を策定し、「美しい自然と温かい人たちに囲まれて、本来の自分を取り戻せる島」というコンセプトで、世界に向けて積極的なマーケティングを展開してきた。加えて、官民一体となった観光プロモーションを国内外の各市場において実施してきた。

その結果、沖縄は日本を代表する観光リゾート地として、日本国内トップクラスの国内航空路線網を有し、さらに海外からも北京、上海、台湾、香港、バンコク、シンガポールなどから週205便という豊富な航空路線を有し、沖縄への入域観光客数は2017年、世界一流の観光地であるハワイを凌駕した。今後も沖縄は那覇空港際内連結ターミナルや第二滑走路の完成による空港基盤の拡充が図られ、更なる航空路線の増加が見込まれる。今後、更に国内外の路線を拡充し、経由便を活用した欧米等からのトランジット客の誘致を強化する。

沖縄県は国内外の多くの観光客が訪問、集積、トランジットする「国際旅客ハブ形成に向けた将来ビジョン」を発表した。東京などの国内はもちろん、台湾や香港などの海外の観光地との連携も図り、アジア・日本での新しい旅のスタイルとして、沖縄を組み込んだ旅の楽しみ方を提案することができる。

沖縄県は、アジアはもちろん欧米や豪州からの誘客を強化しているが、現在、国内の羽田空港経由はもとより、欧州から沖縄を訪れる観光客の5割程度が、上海浦東国際空港、仁川国際空港等のアジアの代表的な空

港を経由しており、この点からも、既に沖縄がアジアの拠点空港と広く結節しており、欧米等からの誘客に大きな可能性を秘めている。

　欧米等からの旅行者にこのような利便性の高い環境を提供し、沖縄を「アジア・日本の旅」の拠点として加えることで、東京、大阪、また北海道、静岡、広島などの日本の都市はもちろん、台湾、香港、ソウル、上海等のアジアの魅力的な都市と組み合わせて、新しい発見に満ちた、多様なアジアに出会う旅を楽しんでもらえる。また、あわせて日本人観光客の本土発沖縄経由での海外旅行も促進していく。[19]

　海外向けには

　　欧・豪州⇒東京⇒沖縄⇒東京⇒欧・豪州

　　欧・豪州⇒大阪⇒広島⇒沖縄⇒東京⇒欧・豪州

　　台湾、香港⇒沖縄⇒北海道⇒東京⇒台湾、香港

の路線を拡充し、日本人向けには沖縄ハブ機能を活用し、東京⇒沖縄⇒タイ・シンガポール⇒東京等の観光周遊のための経由便を活性化させる。

　そのために、東京、広島、静岡、北海道等の自治体との連携し、沖縄のビーチリゾート＋（東京のシティーステイ、広島の宮島・原爆資料館、静岡の富士山、北海道の雪祭り）双方の魅力を生かした相乗効果を生み出す。

### 国際旅客ハブの効果

　効果として、沖縄が自ら「国際旅客ハブ」という高い将来ビジョンを提示することにより、沖縄の意気込み、意欲を世界中に発信でき、世界中の多くの航空会社、ホテル業者、観光開発事業者などからの沖縄への関心を喚起できる。沖縄の潜在的な魅力（自然、文化、地理的優位性、

---

19　沖縄県「沖縄の「国際旅客ハブ」形成に向けた将来ビジョン」平成30年3月15日

図3-3-2 那覇空港将来イメージ図

出所：沖縄県文化観光スポーツ部「国際旅客ハブ」形成について（説明用）2018年3月

人口増加地域）から、多くの投資を呼び込み、我が国の南のゲートウェイ機能・ハブ機能の実現を促進できる。「世界水準の観光リゾート地」としての地位の確立、世界的な認知度の向上し、観光リゾート産業＋物流産業＋情報通信産業＋航空機整備産業との更なる相乗効果を発揮できる。[20]

**国際旅客ハブ化の取組みのステップ**

具体的には、3つのステップで「国際旅客ハブ」としての展開を進めていく。まず、最初に「Japan Triple Destinations」の取り組みを2018

---

20　同上

年度からスタートする。これは、日本周遊ルート上の魅力的な観光拠点として沖縄が「欧州からの日本の周遊ルートの拠点」となることを目指す。ラグビーワールドカップ、2020年の東京五輪と国内では大型スポーツイベントが控えており、県は観戦ツアーなどに付随する観光需要も取り込んでいく。例としては、フランクフルト→東京→沖縄→新千歳→東京→フランクフルトの様なルートとなる

　次にセカンドステップとしてAsia Three Charming Citiesの取り組みを2019年度から進めていく。これは、アジア・日本の都市の訪問を楽しみ、その周遊ルート上の日本を代表する観光拠点の1つとして沖縄が「欧州からのアジア・日本のゲートウェイ＆ハブ」となる。例としては、フランクフルト→東京→沖縄→ソウル→フランクフルト、フランクフルト→香港→沖縄→上海→フランクフルトの様なルートがある。

　最後にGateway to Asia, Japanとして2020年度には、アジア、日本周遊のための最初の起点として沖縄が「欧州からの直行便路線の『就航地（ファーストストーン）』」となることを目指す。例としては、フランクフルト→沖縄→東京→新千歳→沖縄→フランクフルト、フランクフルト→沖縄→仁川→台北→沖縄→フランクフルトの様なルートかある。[21]

## 4．東洋のカリブ構想

　沖縄へのクルーズ船寄港が拡大して、活況を呈し、県内寄港地は対応に追われている。背景には世界のクルーズ船市場の拡大、とりわけアジアが大きく成長していることが上げられる。沖縄県は2016年度に取りまとめた「沖縄クルーズ戦略策定事業報告書」での分析結果を受けて、沖

---

21　同上

縄のクルーズ振興に資するため、中長期的な視点に基づいた包括的な構想として「東洋のカリブ構想」を打ち出した。
　そのイメージは以下の通りである。
① 官民連携による国際クルーズ拠点及び県内港湾の着実な整備等による寄港地開発の推進
② 南西諸島周遊クルーズの誘致・推進
③ 国内外との豊富な航空路線活用したフライ＆クルーズの推進
④ 国内外クルーズ船の発着港、拠点港、母港化への推進
⑤ シートレード・クルーズなどのクルーズ商談会の沖縄での開催（誘致）によるクルーズ拠点としての認知度向上

図3-4-1　東洋のカリブ海のイメージ

出所：沖縄県「平成28年度沖縄クルーズ戦略策定事業報告書」平成29年3月

## 世界のクルーズ市場の動向

　世界のクルーズ旅客数は2016年には2,420万人に達している。今後、世界のクルーズ市場はさらに拡大を続け、2019年には2,500万人に達すると予測されている。アジア市場は急成長を遂げ、2016年の対前年の地域別の供用可能な船舶の占有率の（キャパシティシェア）増加率は世界一位（32.9%）である。また、アジアの地域別の配船キャパシティシェアは2016年に9.2%と、欧州（地中海を除く）に次ぐ世界第4位に成長している。[22]

## アジアのクルーズ市場の動向

　アジアのクルーズ船の運航日数及び輸送容量は急速に増加を続け、2013年の4,307日運航・151万人から、2017年には10,196日運航・424万人に達している。クルーズ日数は拡大傾向にあり、2013年には2～3泊が

図3－4－2　アジアのクルーズ人口の見通し

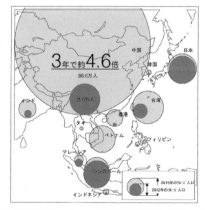

出所：沖縄県「平成28年度沖縄クルーズ戦略策定事業報告書」平成29年3月

---

22　沖縄県「平成28年度沖縄クルーズ戦略策定事業報告書」平成29年3月

約半数であったが、2016年には4～6泊が約半数を占めるようになっている。

2016年の寄港回数が最も多い国・地域は日本である。アジアで第6位に位置している。

CLIA（Cruise Lines International Association）の「ASIA CRUISE TRENDS 2016 EDITION」によると、アジアのクルーズ市場は拡大基調となっており、2015年の中国のクルーズ人口は2012年の約4.6倍、台湾は2.2倍となっている。主要な船社幹部によれば、2020年の中国のクルーズ人口は400～500万人まで拡大すると言われている。

また、クルーズ市場が厦門や深圳、香港、広州、三亜、海口へと南下しており、南方の寄港地は限られているため、沖縄の地理的ポテンシャルが上昇することが想定される。[23]

### 沖縄県への寄港

沖縄県へのクルーズ船の寄港は、2017年に寄港は515回（速報値）となり、2016年（387回）から前年比33％増と過去最多を記録した。港別では、那覇港224回（16％増）、石垣港132回（39％増）、平良港130回（51％増）、中城湾港15回（88％増）となっている。一方、2018年も過去最多662回（対前年比29％増）の寄港となる見込みである。内訳は那覇港292回（30％増）、石垣港158回（20％増）、平良港154回（18％増）、中城湾港52回（247％増）といずれも過去最多を見込んでいる。[24] 沖縄県や関係業界は急激な伸びに対し、二次交通や中長期的なバースの整備等、ソフト、ハードの対応に追われている。

---

23　同上
24　沖縄総合事務局〜美ら島の未来を拓く〜「沖縄県内に寄港したクルーズ船の2017年の実績及び2018年の見込みについて」平成30年1月15日

## 第3章 アジア経済戦略

図3-4-3 沖縄県内のクルーズ船寄港回数の推移

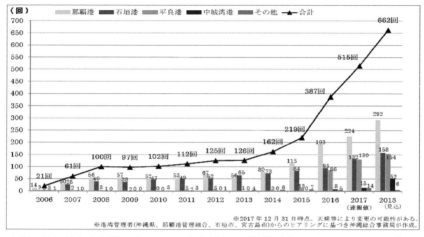

出所：沖縄総合事務局〜美ら島の未来を拓く〜「沖縄県内に寄港したクルーズ船の2017年の実績及び2018年の見込みについて」平成30年1月15日

### クルーズ船舶に係る経済効果

2021年度におけるクルーズ乗船者数（乗客＋乗組員）の目標値は200万人、直接経済効果（観光収入）の目標値は約560億円とする。入港料や岸壁使用料といったクルーズ船舶に係る直接経済効果は、約17.7億円と見込まれる。[25]

これを踏まえて、クルーズ船寄港に係る2021年度の沖縄県への経済直接効果は、「乗船者による直接経済効果＋クルーズ船舶による直接経済効果」により、約577.7億円となる。これを基に、筆者が産業連関分析により、経済効果を推計したところ、生産誘発効果が1020億円、付加価値誘発効果が531億円となった。

---

25 沖縄県「平成28年度沖縄クルーズ戦略策定事業報告書」平成29年3月、p209

**東洋のカリブ海構想**

　沖縄県は「東洋のカリブ海」になるための施策のロードーマップを示した。[26]

　まず、Phase 1 ではクルーズ商談会でのプレゼンテーション実施、セッションへ参加し、誘致活動の強化をする。県内クルーズ関係者との情報共有・連携強化を促進する。（ネットワーク構築）また、クルーズ船を受入可能なバース及び専用ターミナルを整備する。

　Phase 2 では、フライ＆クルーズを促進し、シートレード・クルーズ・アジアパシフィック[27]の沖縄開催を検討する。（2020年〜）南西諸島周遊クルーズを誘致し、沖縄でのクルーズ客の乗下船を実現する。

　Phase 3 では、那覇港第2クルーズバースの整備し、平良港と下地島空港を活用した宮古圏域での国際リゾート地を形成する。クルーズセンター（ターミナル、ショッピングセンター、ホテル、プールなどの複合施設）の立地、ホテルシップの誘致など民間投資を促進する。クルーズ船社の沖縄支社・支店の立地、船舶関連産業の集積や、海路による入域外国人観光客数200万人達成を目指す。（2021年度）

　「東洋のカリブ海」実現の取り組みとして、情報発信、イメージ戦略として、沖縄の「東洋のカリブ構想」を国内外に強力かつ持続的に発信し、クルーズ振興における沖縄の将来ビジョンを提示していく。シートレード・クルーズ・アジアパシフィックなどのクルーズ商談会を積極的に誘致し、世界中に東アジアのクルーズ拠点としての認知度の向上を図っていく。

---

26　沖縄県「東洋のカリブ構想　Concept of "Caribbean of the Asia"〜東アジアのクルーズ拠点形成を目指して〜」2018年2月
27　シートレード・クルーズとは、英国に本社があるUBM社が実施しているクルーズ業界最大級の見本市・商談会である。沖縄県では2021年度に外国人クルーズ客を200万人とする目標を立て、沖縄が今後クルーズのターンアラウンド港（船客の乗下船・入替が行われる拠点港）として発展していくための足がかりの一つとして、シートレード・クルーズ・アジアパシフィックの沖縄開催を検討している。

図3-4-4　東洋のカリブ海に向けたロードマップ

```
Phase1（2018年～）
 ● クルーズ商談会でのプレゼンテーション実施、セッションへの参加
 ● 誘致活動強化（クルーズ船社訪問、FAMツアーの実施）
 ● 県内クルーズ関係者との情報共有・連携強化（ネットワーク構築）
 ● クルーズ船を受入可能なバース及び専用ターミナルの整備（国・各港湾管理者等）
```

```
Phase2（2019年～）
 ● フライ＆クルーズの促進
 ● シートレード・クルーズ・アジアパシフィックの沖縄開催の検討（2020年～）
 ● 南西諸島周遊クルーズの誘致（チャータークルーズor船社による自主クルーズ）
 ● 沖縄でのクルーズ客の乗下船（入れ替え）の実現（ターンアラウンド港化）
```

```
Phase3（2021年～）
 ● 那覇港第2クルーズバースの整備
 ● 平良港と下地島空港を活用した宮古圏域での国際リゾート地の形成
 ● クルーズセンター（ターミナル、ショッピングセンター、ホテル、プールなどの複合施設）の立地、ホテルシップの誘致など民間投資の促進
 ● クルーズ船社の沖縄支社・支店の立地、船舶関連産業の集積
 ● 海路による入域外国人観光客数200万人達成（2021年度）
```

出所：沖縄県「東洋のカリブ構想　Concept of "Caribbean of the Asia"〜東アジアのクルーズ拠点形成を目指して〜」2018年2月

　クルーズバース・専用ターミナルの整備、促進及び誘致の取組みとして、那覇港については、新港ふ頭9号・10号岸壁のドルフィン整備完了に伴う22万トンクラスの誘致及び若狭バース（泊8号岸壁）の15万トンクラス受入検討結果を踏まえた誘致に取り組む。また、第2クルーズバース及び専用ターミナルの整備を促進していく。

　中城湾港については、航行の安全性の検討結果を踏まえて、西ふ頭への16万トンクラスの誘致を図っていく。石垣港については、今後の2018年の7万トンクラス対応のバースの暫定供用、2020年の20万トンクラス対応バースの暫定供用、2021年の完成を念頭に置いた、受入容量段階に応じたトンクラス毎のクルーズの誘致に取り組んでいく。官民連携によ

る国際クルーズ拠点整備に指定された本部港及び平良港については、それぞれ、20万トンクラス、14万トンクラスに対応したバースを着実に整備していくとともに、ゲンティン香港及びカーニバル・コーポレーションが整備するターミナルについて、連携して取り組む。

また、平良港については、併せて漲水地区への11万トンクラスのバースを整備する。クルーズバースが整備されていない地域や小規模離島へのクルーズ船の誘致を図るため、テンダーボートで上陸可能な港湾・漁港等及び上陸箇所の観光スポット等の情報を整理し、各クルーズ船社へPRしていく。[28]

国の進める「お断りゼロ」を目指し、県内各湾港の連携を深めるとともに、乗客の個人旅行客割合や国籍情報など様々な情報の共有を図る。継続的にクルーズ商談会へ参加し、クルーズ関連の最新情報の収集に努

図3-4-5　東洋のカリブ海のイメージ

出所：沖縄県「東洋のカリブ構想　Concept of "Caribbean of the Asia" ～東アジアのクルーズ拠点形成を目指して～」2018年2月

---

28　同上

めるとともに、得られた情報については、県内各港湾のクルーズ促進協議会等へ情報を共有する。また、積極的に各船社・旅行社等のキーパーソンとの面談の時間を設定する。定期的に船社、船社代理店、旅行社等を訪問し、沖縄県の最新の港湾の状況、観光コース等をPRする

　寄港地の決定権を持つキーパーソン等の招聘を行うとともに、異なる魅力を有する沖縄の島々を周遊するアイランドホッピング型のクルーズ振興に取り組む。

　沖縄のエメラルドグリーン、コバルトブルーの海、亜熱帯の山々を持つ魅力的な離島をテンダーボートで移動するクルーズスタイル、小規模離島などに上陸するエクスプローラー型のクルーズ船の誘致に取り組む。基隆、上海、厦門、済州、博多などの港湾管理者や自治体との観光プロモーションに関する連携を深めるとともに、多様なクルーズ航路を構築する。既存のMOU（覚書）を活用した共同誘致や、新たな締結に向けた取組みを行う。

　クルーズ船客の満足度の向上を図るとともに、全県にクルーズの経済効果をもたらすため、ランドオペレーターとも連携し、県内の様々な地域、観光資源を周遊するコースの造成に努める。

　沖縄への認知度の向上、渡航意欲を喚起するため、発地側における沖縄観光プロモーションを実施する。受入体制を整備するため、バスツアー等に添乗する通訳ガイドの養成に努める。クルー（乗組員）の満足度を高め、再寄港を促進するため、寄港地での飲食店情報等を提供するとともに、陸地におけるクルーの休憩所等でのフリーWiFi環境の整備に取り組む。[29]

---

29　同上

## 5．大型MICE施設

### MICEとは

　MICEとは、ミーティング、インセンティブ、コンベンション、エキジビジョン・イベントを総称した用語である。[30]沖縄県の大型MICEについては、与那原町、西原町にまたがる「中城湾港マリンタウン地区」に建設することが決定され、当初2020年の供用予定であったが、少し遅れる見込みである。完成の暁には沖縄経済の大きな推進力になることが期待されている。

### MICEの意義・効果

　大型MICEの経済的意義として次のことがあげられる。

（1）　高い経済効果

　MICE開催を通じた主催者、参加者等の消費支出は、開催地域を中心に大きな経済波及効果を生み出す。観光庁（JNTO）や神戸市の大型MICEの経済波及効果調査でそれぞれ監修を務める渡辺厚氏によると、MICEの参加者1人当たりの経済効果は、一般の観光の7倍になると述べている。[31]

（2）　ビジネス機会やイノベーションの創出

　MICE開催は、ビジネスや研究分野の海外参加者と国内参加者の人的ネットワーク形成や知識・情報の共有に大きな効果がある。これらを通じて、新たなビジネス機会を生み出し、科学技術の発展・イノベーションの創出に大きく役立つ。

（3）　都市の競争力・ブランド力向上

---

30　MICE国際競争力強化委員会「MICEの意義及びマーケットの動向」平成24年11月28日（水）平成24年11月28日（水）、観光庁
31　DIAMOND plus online「MICEの底力」http://diamond.jp/articles/-/15128

第3章　アジア経済戦略

図3-5-1　MICEの概念

出所：MICE国際競争力強化委員会「世界MICEマーケットの動向」平成24年11月28日（水）をもとに作成。

MICEを通じた人的交流、情報流通、ネットワーク構築の容易さなどは、都市の競争力、ブランド力向上に寄与する。本県においても、MICEを都市のブランド力を高めるツールとして今後は戦略的に活用していくことが求められる。

(4) 経済のソフトインフラ

MICEは新たな価値の創造を行う場を提供する経済のソフトインフラととらえられている。

MICEのコアを中心に産業、起業家、アカデミア、NPO、都市等とのネットワークを有機的に繋げ、ビジネスの創造、拡大させ、産業の発展、都市のグレードアップ、文化の向上を促す意義がある。つまりMICEは価値創造のソフトインフラとしての意義がある。

MICEの開催は、ネットワークの構築、知識や情報の共有等を通じて、ビジネス機会やイノベーションを創出し、都市の競争力・ブランド力向

| 発行所名 | 琉球新報社 | 発売所 | (有)琉球プロジェクト |
|---|---|---|---|

書名・著書名: アジアのダイナミズムと沖縄の発展

定価:本体 1,500円+税

注文割です返品のないようにお願い

流通センター 取扱店: 

補充注文カード 地方小出版 (帖合) 貴店名: 

地

ISBN978-4-89742-235-0　C0033　¥1500E

## 第3章 アジア経済戦略

図3-5-1 MICEの概念

| Meeting | Incentive(Travel) |
|---|---|
| 企業等のミーティング等。<br><br>例：海外投資家向け金融セミナー　グループ企業の役員会議　等 | 企業が従業員やその代理店等の表彰や研修などの目的で実施する旅行のこと。企業情報・研修旅行とも呼ばれる。<br><br>例：営業成績の優秀者に対し、本社役員によるレセプション、表彰式等を行う。 |
| Convention | Exhibition/Event |
| 国際団体、学会、協会が主催する総会、学術会議　等。<br><br>例：九州・沖縄サミット、世界水フォーラム、国際サンゴ礁シンポジウム、国際解剖学学会、アジア心身医学会　等 | 文化・スポーツイベント、展示会・見本市。<br><br>例：東京国際映画祭、世界陸上競技選手権大会、アジアバスケットボールリーグ、東京モーターショー、国際宝飾展　等 |

出所：MICE国際競争力強化委員会「MICEの意義及びマーケットの動向」平成24年11月28日（水）平成24年11月28日（水）、観光庁による。

　MICEを通じた人や情報の交流・流通、ネットワーク構築の容易さなどは、都市の競争力・ブランド力向上に寄与する。本県においても、MICEを都市のブランド力を高めるツールとして今後は戦略的に活用していくことが求められる。

(4) 経済のソフトインフラ

　MICEは新たな価値の創造を行う場を提供する経済のソフトインフラととらえられている。

　MICEのコアを中心に産業、起業家、アカデミア、NPO、都市等とのネットワークを有機的に繋げ、ビジネスの創造、拡大させ、産業の発展、都市のグレードアップ、文化の向上を促す意義がある。つまりMICEは価値創造のソフトインフラとしての意義がある。

　MICEの開催は、ネットワークの構築、知識や情報の共有等を通じて、ビジネス機会やイノベーションを創出し、都市の競争力・ブランド力向

上に寄与するとともに、地域経済に大きな経済効果を与えるものである。MICEは、新たな価値を生み出す場を提供するビジネスであり、経済成長を支えるソフトインフラの機能を有する。[32]

### 大型MICE施設の計画

2017年の沖縄21世紀ビジョン基本計画の後期改訂で「大型MICE施設を核とした戦略的なMICEの振興」が打ち出された。[33]世界水準の観光リゾート地の形成するために、大型MICE施設を核とした戦略的なMICEを振興するとある。[34]

成長著しいアジア諸国においてMICE開催需要が高まり、国際的な誘致活動が激化している中、我が国では、2013年6月に閣議決定された「日本再興戦略」において、「2030年にはアジアNo1の国際会議開催国として不動の地位を築く」という目標が掲げられ、同年、観光立国推進閣僚会議で決定された「観光立国実現に向けたアクションプログラム」において、観光立国の実現に向けた主要な柱の1つとしてMICEが位置づけられた。[35]

特に展示会ビジネスについては、国内産業が成熟期を迎える中、我が国の経済が成長するためには、成長著しいアジア圏を中心として海外需要を積極的に取り込み、国内外の企業間取引を活発にする必要があり、そのために我が国展示会産業の国際化に焦点をあてて活性化を推進する

---

[32] 観光庁　ＭＩＣＥ国際競争力強化委員会「ＭＩＣＥの意義及びマーケットの動向」、平成２４年１１月２８日（水）
[33] 「沖縄21世紀ビジョン実施計画（後期：平成29年度～平成33年度）」
http://www.pref.okinawa.jp/site/kikaku/chosei/kikaku/h29-koukijiishikeikaku.html
[34] 同上
[35] 観光立国推進閣僚会議「観光立国実現に向けたアクション・プログラム2015－「2000万人時代」早期実現への備えと地方創生への貢献、観光を日本の基幹産業へ－」平成27年6月　http://www.mlit.go.jp/kankocho/topics02_000103.html

ことが重要とされている。[36]

　沖縄県は大型MICE施設について、調査事業を踏まえ、2013年度より５つの候補地（中城湾港マリンタウン地区、宜野湾海浜公園、浦添埠頭地区第２ステージ、那覇港湾施設、豊崎臨空港型産業用地）について、①整備可能時期、②用地面積、③空港等とのアクセス、④MICEエリアとしての成立可能性（まちづくり）等を評価項目等に設定し検討を行い、中城湾港マリンタウン地区に決定した。MICE関連施設であるホテル、商業施設の用地の確保ができることや、今後、那覇空港自動車道小禄道路や国道329号南風原・与那原バイパスなどが整備されることにより、交通アクセスが大きく向上する等が認められたためである。

　施設は３万㎡の展示場は、現存する展示場と比較すると、東京ビッグサイト、千葉幕張メッセ、インテックス大阪、ポートメッセ名古屋に次ぐ大きさとなり、無柱（柱のない空間）の展示場としては、パシフィコ横浜の２万㎡をしのぐ国内最大の展示場となる。施設の概要は以下の通りである。

　大型MICE施設では、多目的ホールや20室～30室の中小会議室を使用することにより、大小様々な規模の会議、学会等が開催できまる。7,500㎡の多目的ホールでは、インセンティブトラベル等でニーズが高い着座スタイルのパーティーの場合、4,000人の規模まで対応できる。３万㎡の展示場では、展示ブース（３m×３m）を最大1,656区画設ける展示会が開催可能である。展示場の一部を使用し、これまで既存施設では開催できなかった人気アーティストの２万人規模の大型コンサートも開催できる。

　大型MICE施設は、斎場御嶽、中城城跡及び勝連城跡の３つの世界遺産を有する東海岸地域の軸上に位置し、沖縄独自の歴史資源とも調和したMICEエリアとして世界に発信できることに加え、中部地域のリゾー

---

36　経済産業省「展示会産業概論～　はじめて展示会に関わる人のための入門書～」平成26年３月

## 大型MICE施設の大きさ

- 敷地面積　　　　　　145,000㎡
- 延べ床面積　　　　　122,000㎡
  - 大型MICE施設　　72,000㎡
  - 立体駐車場　　　　50,000㎡

## 機能及び規模

| | |
|---|---|
| 多目的ホール<br>約7,500㎡ | ■M（ミーティング）、I（インセンティブトラベル）<br>⇒5,000人規模、分科会、併設展示会の同時開催が可能<br>⇒4,000人規模の着座スタイルのパーティーが可能 |
| 中小会議室<br>20室〜30室 | |
| 展示室<br>30,000㎡ | ■C（コンベンション）、E（エキシビション／イベント）<br>⇒アジアや国内外の大型化する学会に対応<br>⇒展示場と多目的ホール等を一体的に利用することにより、展示スペース約4万㎡をとることが可能<br>⇒約20,000人規模コンサートに対応 |
| 立体駐車場<br>2,000台 | |

図3-5-2　大型MICE施設のイメージ

出所：沖縄県「大型MICE施設　Q＆A」http://www.pref.okinawa.jp/site/bunka-sports/mice/seibi/h29mice_qanda1.htmlによる。

ト型大型ショッピングモールやクルーズ船が入港可能な中城湾港、さらには、てだこ浦西駅周辺開発地区等、中部東海岸の開発地域を結節する機能を発揮することにより、地域の観光振興、投資促進による東海岸地域の振興、ひいては県土の均衡ある発展に繋がるものである。

大型MICE施設は、観光リゾート産業の高付加価値化及び産業競争力や都市ブランド力の向上、さらには地域の振興に資することはもとより、その施設整備や運営事業及びホテル等の周辺施設整備により、県全体に高い経済効果をもたらすものであることから、沖縄の自立・経済発展に大きく寄与するものであり、沖縄振興特別推進交付金事業の目的に合致したものである。[37]

**収支予測**

大型MICE施設はソフトインフラであり、営利施設ではないが、収支を均衡させつつ運営することが望ましいことは言うまでも無い。沖縄県は大型MICE施設の需要・収支を以下のように推計している。[38]

大規模催事の誘致は約3～5年前に取り組み、毎年定例化して開催さ

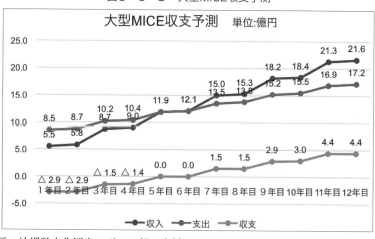

図3-5-3　大型MICE収支予測

出所：沖縄県文化観光スポーツ部の資料による。

---

37　沖縄県「大型MICE 施設整備事業について」平成29年7月
38　沖縄県「大型MICE 施設整備事業について」平成29年9月

れるイベントを成長させることにより、概ね5年目で黒字に転換する予定である。

実現のためには、県を挙げたMICE戦略の推進、官民連携体制で、開業時の催事誘致・新規催事の創出に努め、沖縄開催に関心の高い展示会主催者との連携で、大型展示会開催のプロモーションを推進しなければならない。

**交通アクセス**

大型MICE施設における催事毎の行動パターンについては、県外からの会議や奨励旅行、学会、展示会等の場合、参加者は前日入りすることが想定されている。この場合の大型MICE施設へのアクセスについては、3つのルートが想定され、複数の宿泊地及びアクセスルートの選択が可能であると考えられ、アクセスの分散化による交通渋滞の緩和も期待できる。

① 空港からのアクセス

当日入りする参加者は、那覇空港から那覇自動車道、与那原バイパスを経由して大型MICE施設へアクセスすることになる。

図3-5-4 アクセス交通網

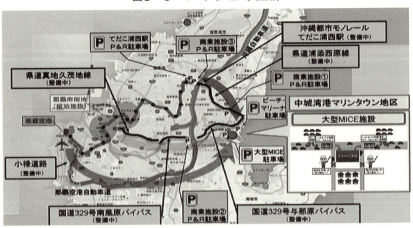

出所:沖縄県「大型MICE施設 Q&A」http://www.pref.okinawa.jp/site/bunka-sports/mice/seibi/h29mice_qanda1.htmlによる。

現在、約30分程度の時間を要するが、国で整備している那覇空港自動車道（小禄道路）が那覇空港に接続されると、さらに時間の短縮が可能となる。

② 那覇市街地からのアクセス

前日入りした参加者が那覇市街地の宿泊施設を利用した場合は、シャトルバス等により真地久茂地線（2019年度供用開始予定）から南風原バイパス・与那原バイパス（2018年度暫定2車線供用開始予定）を経由するルートの利用が想定される。

③ モノレール「てだこ浦西駅」からのアクセス

前日入りした参加者が、那覇市街地に宿泊しモノレールを利用した場合や中北部地域の宿泊し沖縄自動車道を利用した場合は、モノレールの終点となる「てだこ浦西駅」（2019年春供用予定）からシャトルバス等により現道の県道浦添西原線を経由して、アクセスすることが可能である。

新設の県道浦添西原線のうち、国道329号から与那原バイパスまでの区間（2019年度供用開始予定）が開通すると、さらに時間の短縮が可能となる。なお、新設の県道浦添西原線のうち、「てだこ浦西駅」から国道329号までの供用が開始されると、さらなる時間の短縮が見込れる。

**周辺環境の整備**

大型MICE施設周辺のホテル投資誘致については、中城湾港マリンタウン地区内にある公有地のうち5区画をホテル用地として確保する予定であるほか、西原町及び与那原町においてもマリンタウン地区外においてホテル用地を確保することとなっている。

県内の宿泊供給量が全体的に不足する見込みであることや、大型MICE施設の整備により一般観光の閑散期でもビジネス客の利用が見込まれる

こと等により、投資家の間で大型MICE周辺エリアへのホテル投資に関心が高まっており、大型MICE施設の運営にも貢献するようなホテルの立地を促進していく。

　会場周辺に飲食施設、娯楽施設、ショップ等が立地することにより、MICE参加者の利便性が高まるとともに、周辺エリアのまちづくりと連動して観光客と地元客との交流拠点となることで、大型MICE施設及び周辺地域の知名度向上やリピーターの増加につながり、地域全体へ恒常的な経済波及効果を生み出す。これらの施設は、世界のIR先進地に匹敵するようなハイクオリティな商業施設や飲食施設、世界水準のエンターテイメント施設の集積も視野に入れる。

　また、大型MICE施設の整備により、OISTを中心とした世界トップレベルの研究領域や、西普天間住宅地区跡地の高度医療機能との連携により、世界規模の国際学会や最先端の研究成果を実用化に結びつける商談会等の開催が可能となり、大きな相乗効果が期待できる。[39]

### 経済波及効果

　大型MICE施設に関連する公共・民間投資の経済波及効果については、大型MICE施設の建設投資で781億円、MICE周辺ホテル投資で720億円であり、関連する道路整備2,106億円も含めると、施設等建設時の経済波及効果は合計3,607億円と試算している。[40]

　大型MICE施設の運営による経済波及効果は581億円、MICE周辺ホテルの運営による経済波及効果は118億円であり、MICE施設やホテルの運営によってマリンタウン地区にもたらされる経済波及効果は、毎年、699億円と試算している。

---

39　同上
40　同上

表3-5-1　経済効果

【試算：大型MICE施設関連投資の経済効果】

| 項　目 | 建設時の効果 | 運営による効果 |
|---|---|---|
| 大型MICE施設 | 781億円 | 581億円／年 |
| MICE周辺ホテル | 720億円 | 118億円／年 |
| 小　計 | 1,501億円 | 699億円／年 |
| 関連道路整備 | 2,106億円 | ― |
| 合　計 | 3,607億円 | 699億円／年 |

※H29.6.28時点の試算値
出所：沖縄県「大型MICE施設　Q＆A」http://www.pref.okinawa.jp/site/bunka-sports/mice/seibi/h29mice_qanda1.htmlによる。

　このように大型MICE施設や周辺ホテル及び関連する道路整備の建設投資、また大型MICE施設や周辺ホテルの運営によって、大きな経済波及効果が期待される。

### 東海岸サンライズベルト構想

　沖縄経済の背骨は西海岸を中心に南北に伸びており、東海岸にもう一つ南北に伸びる経済の背骨を構築することにより、強固な経済基盤の形成が期待される。

　そのため、中城湾港マリンタウン地区においては、整備が予定されている大型MICE施設の利便性を高めるとともに、施設周辺に宿泊施設や複合商業施設、観光施設、公園等を配置し、緑と海辺のアメニティーを活用した賑わいのある豊かなまちづくりを目指していくことが重要である。

　さらに沖縄本島中南部の東海岸地域には、世界遺産に登録されている斎場御嶽・中城城跡・勝連城跡等の文化資源や海中道路・大型商業施設等の観光資源、スポーツコンベンションが展開されている各種スポーツ施設等がある。

　また、中城湾港泡瀬地区では、スポーツを中心とした商業や宿泊、マ

図3-5-5
東海岸サンライズベルトのイメージ

出所:筆者作成

リーナや人工ビーチによる海洋レジャーなどを展開するスポーツコンベンション拠点の形成を目指す中城湾港泡瀬地区開発事業が進められている。

　これらの東海岸地域の地域資源を活かしながら、大型MICE施設を核とした賑わいを東海岸一帯に連鎖させ、東海岸地域の活力と発展に繋げていくことが重要であり、広域的な観光展開や魅力ある観光まちづくり等の東海岸地域の活性化に向けた方向性について検討を行う必要がある。

## 6．鉄軌道
### 経　緯

　沖縄21世紀ビジョンにおいては、県民が望む将来の姿に「沖縄本島内には、南北を縦断する鉄軌道等の新たな公共交通システムが導入され、これを幹線として、路線バスやコミュニティバスが走っている」と示されている。また沖縄21世紀ビジョン基本計画においては、「アジアの主要都市に比肩する国際的な100万都市圏の形成を図るとともに、幹線道路網の整備や鉄軌道を含めた新たな公共交通システムの導入により、北部地域と中南部地域との交通アクセス向上を図り、沖縄の県土構造の骨格形成を推進します」とあり、「中南部都市圏・沖縄本島を縦断する鉄軌道を含む新たな公共交通システムの導入に向けた取組を推進しま

す。」と記されている。

これらを受けて、2010年度内閣府沖縄関係予算では、鉄軌道の可能性を含めた将来の公共交通システムの在り方について検討を行うために必要な沖縄振興総合調査費が計上された。

**課題の整理**

均衡ある県土を構築するため、北部の発展を支える公共交通サービスを確保する必要がある。また自動車の増加、とりわけレンタカー増加により慢性的な交通渋滞が起こるという自動車依存社会は、移動利便性、観光推進、低酸素社会の足かせになっている。さらに駐留軍用地跡地の有効利用の面でも交通アクセスは発展の重要な要素である。

これらの課題を解決するために、鉄軌道は重要な意味を持つ。

図3－6－1　課題

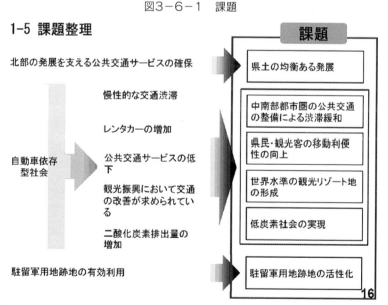

沖縄県「第１回沖縄鉄軌道計画検討委員会資料　資料－３「陸上交通の現状・課題及び対策について」平成２７年４月６日

表3-6-1 新たな公共交通システムの意義、必要性

| 項目 | | 意義・必要性 |
|---|---|---|
| ①県土構造 | 1）均衡ある県土構造の構築 | ●3次生活圏の核として広域交流拠点を有する那覇と2次生活圏の圏域中心都市との移動時間を1時間とする圏域構造の構築 |
| | 2）北部振興 | ●中南部圏の高次都市機能を享受できる環境整備による北部定住圏の確立、地域間格差の是正 |
| | 3）拠点形成への寄与 | ●県土構造再編を索引する駐留軍用地返還跡地等の拠点へのアクセス利便性向上、魅力向上による拠点形成の促進寄与 |
| ②交通 | 1）都市間移動の所要時間短縮、定時性向上 | ●自動車の混雑状況に影響を受けず、都市間移動の速達性向上、定時性が向上 |
| | 2）中南部都市圏の総合交通体系の構築 | ●大規模な基地跡地の返還等のインパクトを活かしながら、基幹的な鉄道ネットワークの構築、バス路線網の再編、自動車・自転車との連携、交通結節機能強化等により、中南部都市圏の新たな総合交通体系の構築に寄与 |
| | 3）過度な自家用車依存からの脱却 | ●新たな通勤・通学手段の確保によるピーク時間帯の交通渋滞緩和への寄与<br>●様々な目的の交通行動における自家用車からの転機 |
| ③産業・経済 | 1）観光・交流の活性化 | ●分散する観光資源へのアクセス性向上<br>●外国人を含む観光客にとっての路線のわかりやすさや利用のしやすさ向上<br>●自動車の運転に頼らない移動手段が確立されることによる、新たな観光交通行動の発生等の期待等 |
| | 2）新しい産業の立地促進 | ●那覇空港からのアクセス向上、那覇等都心部とのアクセス向上による、土地の魅力向上・産業立地の魅力増大 |
| ④まちづくり | 1）千年悠久の人間に優しいまちづくりの実現 | ●高齢化社会と脱自動車社会に対応した移動環境と交通手段が確保され、日常生活が身近なところで可能となる自転車や歩行者中心のコンパクトな都市づくり、人間に優しいまちづくりの実現に寄与 |
| | 2）基地返還跡地のまちづくりの促進 | ●今後新たなまちづくりが期待される基地返還跡地において自動車に頼らない公共交通志向型のまちづくりが可能となり、地域の魅力の向上やまちづくりの促進に寄与 |

出所：沖縄県「平成24年度　鉄軌道を含む新たな公共交通システム導入促進検討業務報告書【概要版】」平成25年3月

### 必要性

沖縄県における南北骨格軸を形成する新たな公共交通システム整備は、交通課題への対応の観点からだけでなく、今後の沖縄振興という大きなミッションの下で、意義・必要性が高い。県土構造、交通、産業・経済、まちづくりの視点から表3－6－1のような必要性が示されている。[41]

### 機能

求められる機能として、那覇―沖縄―名護を連絡する都市軸は、沖縄本島における南北方向の骨格をなす軸であり、沖縄県が目指す県土構造においては、那覇～名護間を1時間で結ぶことを目標とする。それを実現するためには、表定速度70km/h、最高速度100km/h以上の高速性能、南北の格軸として必要な輸送力を確保できる公共交通システムが求められる。この南北骨格軸に基幹的な公共交通を導入するとともに、支線となる地域内のフィーダー交通との連携、交通結節点の整備等により、総合的な公共交通体系を構築することが重要である。[42]

### 整備効果

鉄軌道導入に伴う整備効果として、南北骨格軸を形成する新たな公共交通システム整備によって、表3－6－2のように、交通の利便性の向上、県民生活の質の向上、観光の活性化、まちづくり、均衡ある県土の構築等の面で効果が期待できる。なお、このような効果発現のためには、鉄軌道の整備にあわせて、総合交通体系の構築、関連するまちづくり、

---

[41] 沖縄県「平成24年度 鉄軌道を含む新たな公共交通システム導入促進検討業務報告書【概要版】」平成25年3月
[42] 同上

観光活性化等の施策との一体的な取組が必要である。[43]

## 構想段階における沖縄鉄軌道

計画案づくりは、沖縄県が2014年10月に開始し、「参加型プロセスの

表3-6-2　整備効果

| | | |
|---|---|---|
| 交通の利便性の向上 | 1. 都市間移動の大幅速達性の向上 | 那覇—名護間1時間以内移動可能 |
| | 2. 都市間移動の快適性向上 | 定時制の移動可能<br>渋滞がなく乗り心地快適 |
| | 3. 道路混雑の緩和 | 自動車、バス等の旅行速度の向上 |
| 県民生活の向上 | 1. 安心安全な生活の実現 | 交通事故の危険性減少 |
| | 2. 過度な自動車依存からの脱却 | 移動の選択肢拡大 |
| | 3. ライフスタイルの変化 | 那覇周辺に居住しなくても都市の利便性享受できる。 |
| | 4. 外出期間の増加 | 高齢者の外出期間の増加 |
| 観光の活性化 | 1. 観光客移動の利便性の向上 | 那覇空港からのアクセスが可能<br>過度なレンタカー依存の解消 |
| | 2. 沖縄観光の魅力向上 | アクセス可能範囲の拡大 |
| | 3. 観光産業の活性化 | 新たな観光地の開発<br>観光地の集客向上 |
| まちづくり | 1. 総合交通体系の構築 | 階層的な交通ネットワークの構築 |
| | 2. 新たな拠点形成の促進 | 駅を中心とした都市開発 |
| | 3. コンパクトシティの実現 | 車がなくても日常生活が可能なまちづくり |
| 振興 | 1. 均衡ある県土に寄与 | 那覇一極集中の解消 |
| | 2. 北部振興 | 北部定住圏の確率 |

出所：沖縄県「平成24年度　鉄軌道を含む新たな公共交通システム導入促進検討業務報告書【概要版】」平成25年3月

---

[43] 沖縄県「平成24年度　鉄軌道を含む新たな公共交通システム導入促進検討業務報告書【概要版】」平成25年3月

積極的導入」等を進め方に関する基本姿勢とする「沖縄鉄軌道の計画案検討プロセスと体制のあり方（2015年1月策定）」に基づき、県民や市町村、関係機関と情報共有を図りながら、5つのステップで段階的に検討を進めてきた。

第8回沖縄鉄軌道計画検討委員会において、将来の姿の実現等にあたっての課題や県民等から寄せられた意見を踏まえ、「推奨ルート案検討の視点」を整理の上、これに基づき、選定を行った。[44]

評価方法については、複数ある対策案の中から一番適したものを選ぶため、評価項目毎に対策の効果の程度を測るための「ものさし」（評価指標）を設定し、ステップ4以降、これを用いて複数案を比較評価し、より良い案を選定している。対策案は、骨格軸を柱に、フィーダー交通についても骨格軸の機能発揮に資する観点から検討を行うことから、評価はフィーダー交通による効用を踏まえ、骨格軸について行うものとしている。

なお、複数の対策案の評価にあたっては、県民と情報共有を図りながら、相対的な比較優位性を中心に確認を行なった。[45]

これらの手順を踏まえて、7案を検討した。A案（中部西・北部西）、B案（中部西・北部東）、B派生案（中部西・北部東　恩納経由）、C案（中部東・北部西）、C派生案（中部東　北谷経由）、D案（中部東・北部東）、D派生案（中部東　北谷経由・北部東）である。

比較評価結果については、評価結果を否定・疑問視する意見は見受け

---

[44] 沖縄県　第9回沖縄鉄軌道プロセス運営委員会資料　資料4「沖縄鉄軌道の構想段階における計画案検討プロセスのとりまとめ」平成30年1月29日
[45] 沖縄県第3回沖縄鉄軌道プロセス運営委員会資料　資料5「計画検討委員会検討資料（評価方法について）」平成27年12月18日

図3-6-2　ルート案

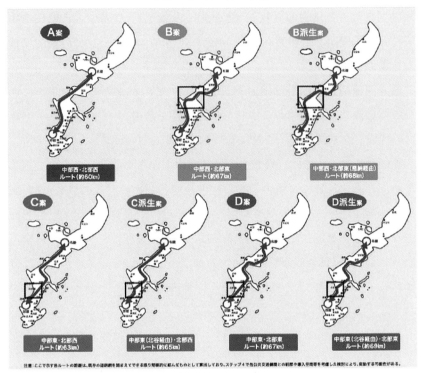

出所：沖縄県第6回沖縄鉄軌道プロセス運営委員会　参考資料2による。
http://oki-tetsukidou-pi.com/exploratory_committee/process_committee/#kaisaijyokyo1-8

られなかったこと、また、県民等から寄せられた質問・疑問、配慮・留意を求める意見等については、技術的観点から検討・整理を行い、これまでの検討内容について丁寧に説明するとともに、懸念事項等については、今後の検討方針を示すなど、対応を示したことから、ステップ5では、当該評価結果に基づき選定を行った。

　また、県民等からも選定にあたっては幅広い視点に基づく検討が求められたことから、ステップ5では、これらの県民等が期待する効果や求める配慮・留意事項等も踏まえ、様々な視点に基づき、よりよい案を選

定していくこととした。[46]

その結果、各ルートについて、評価指標毎に効果の程度等を把握の上、「推奨ルート案検討の視点」に基づき検討した結果、「C派生案」が推奨ルート案として選定された。[47]

### 需要予測

観光客1,200万人の場合の需要予測結果は入域観光客数を1,200万人(平成33年度の県目標値)と想定した場合の鉄軌道利用者数は、1,000万人を想定したケースに比べ、1〜2千人/日程度増加する。ゆいレール及びバスの利用者数は、2〜4千人/日程度増加する。[48]

公共交通利用者は、7ルート案で一日当たり23万から24万2千人と推計している。その内、鉄軌道利用者は6万5千人から7万7千人となり、その内県民利用者が5万7千人から7万人としており、観光客利用者は7千人から9千人程度としている。

### 施設整備の助成制度

鉄軌道整備に係る代表的な助成制度、整備新幹線の整備スキームは、都市鉄道利便増進事業費補助の場合、国1/3、地方公共団体1/3、事業者1/3となっている。社会資本整備総合交付金(モノレール建設)の場合、国52%、沖縄県7.3%、那覇市2.4%、沖縄都市モノレール(株)34.1%となっている。[49]

---

46 沖縄県　第9回沖縄鉄軌道プロセス運営委員会資料　資料3「推奨ルート案の選定結果について」平成30年1月29日
47 沖縄県　第9回沖縄鉄軌道プロセス運営委員会資料　資料3「推奨ルート案の選定結果について」平成30年1月29日
48 沖縄県　第6回沖縄鉄軌道計画検討委員会資料　資料5－2「【定量的評価について】需要予測について」平成29年8月18日
49 沖縄県　第6回沖縄鉄軌道計画検討委員会資料　資料5－3「【定量的評価について】採算性分析・費用便益分析」平成29年8月18日

沖縄県としては、整備新幹線整備スキームを想定しており、整備新幹線整備事業費補助、整備新幹線整備事業資金で、整備新幹線の建設（車両費は含まない）は貸付料等収入を除き、国2/3、地方公共団体1/3の助成制度を求めていく方針である。

　施設の整備・保有は公共が行い、鉄軌道事業者は車両を保有し、運行のみ実施するという鉄軌道事業者にとっては、建設にかかる初期投資の負担が小さくなる上下分離方式を想定している。これは鉄道や空港などの事業において、施設の整備・保有主体と運営主体を分離し、公的機関がインフラ整備に関与し、運行は民営化することで安全性と事業の効率・活性化を両立させることが出来る。

　上下分離方式の場合、C案およびC派生案では330号経由と58号経由のいずれの場合も、D案およびD派生案では330号経由の場合のみ、40年以内に累積資金収支が黒字転換するとの結果が得られた。[50]

**費用便益**

　表3-6-3の費用便益比（B/C）は、参考値として7案中の最小値と最大値を示めしている。費用および便益の現在価値を求める際に用い

表3-6-3　費用便益比（B/C）

| 社会的割引率 | 便益計算方法 | 費用便益比 最小～最大値 |
|---|---|---|
| 4% | 所得接近法 | 0.44 ～ 0.59 |
| | 選好接近法 | 0.33 ～ 0.44 |
| 1.5%（参考値） | 所得接近法 | 0.87 ～ 1.17 |
| | 選好接近法 | 0.65 ～ 0.88 |

---

50　同上

る社会的割引率は、国の指針(「公共事業評価の費用便益分析に関する技術指針」(平成16年2月　国土交通省))では、過去の国債利回りをもとに4％と設定しているが、最新の国債利回りは1.5%程度になることから、参考値として、社会的割引率を1.5％とした場合のB/Cについても示めしている。その場合1を上回る

　社会的割引率は、時間軸上の価値を補正するもので、同じ財の現在と将来の交換比率である。将来の費用（効果又は便益）と現在の費用（効果又は便益）は実質的な価値が異なり、現在の費用（効果又は便益）に比べ将来の費用（効果又は便益）の価値が低いものとし、その価値の低減度合いを示すものが社会的割引率である。

（考え方）

　現在の100円の価値と1年後の100円の価値は同じではないという経済学的な考え方による。例えば、銀行の年利4％で運用したとした場合、

表3-6-4　構想段階の鉄軌道

| 沖縄県の構想段階 | 推奨ルート〈C派生案〉330号ケース |
| --- | --- |
| | 経由地：那覇・浦添・宜野湾・北谷・沖縄・恩納・名護 |
| | 小型鉄道を想定 |
| 区間 | 那覇―名護 |
| 延長 | 69km |
| 事業スキーム（想定） | 上下分離式<br>通行事業者は車両のみを負担<br>整備新幹線法を参考とした特例制度を想定 |
| 利用者数 | 7.7万人／日 |
| 概算事業費 | 66,00億円 |
| 事業採算性　累積資金収支黒字転換年 | 開業1年目 |
| 事業採算性　開業40年後の黒字転換年 | 162億円 |
| 費用便益比率　B/C社会的割引率4％ | 0.59 |
| 費用便益比率　B/C社会的割引率1.5% | 1.17 |

出所：沖縄県企画部

1年後100円の価値は、現時点では96円（1＋0.04で割引）の価値と同値と見なすというものである。

### 内閣府調査

2010及び2011年度に内閣府で実施した「鉄軌道等導入可能性検討調査」では、新たな公共交通システムの導入に関し、定のモデルルートを設定し、需要予測するとともに、事業採算性や費用便益比（B／C）等の検討を実施したところ、累積赤字や概算事業費が多額になることやB／Cが1を大幅に下回ることなど、様々な課題があることが明らかとなった。

このため、平成24年度より鉄軌道をはじめとする新たな公共交通システムの導入課題の基礎調査を実施し、2012年度調査～2014年度調査では、コスト縮減方策の検討や県外来訪者需要予測モデルの見直しに取り組むとともに、事業採算性やB／Cの試算を行うことに加え、需要喚起方策の検討や鉄軌道導入効果の計測方法の検討を行った。また、平成27年度調査では、これまでの調査で抽出された課題を踏まえつつ、一層のB／Cの改善に向けて、県民の需要予測モデルの見直し等について引き続き検討を行い、さらなるコスト縮減方策の検討や、鉄軌道に関する制度等についての研究等を行った。[51]

2016年度調査では、過年度までの調査結果や沖縄県における検討状況等をふまえ、支線も含めたモデルルートの再検討や鉄軌道整備に伴う道路交通への影響把握を行うとともに、更なるコスト縮減方策等の検討や需要予測モデルの精緻化によるB／C等の検討を行っている。[52]

---

51 　内閣府「平成28年度「沖縄における鉄軌道をはじめとする新たな公共交通システム導入課題詳細調査」報告書について」
52 　同上

沖縄県の検討は、事業により期待される多種多様な便益のうち、貨幣換算の手法が比較的確立されている項目のみを対象に検討を行ったものであり、計画段階以降は、貨幣換算の手法が確立されていない便益の算出の可能性の検討等、今後、幅広く検討の深度化を図っていく必要がある。[53]

## 7．沖縄ＩＴイノベーション戦略センター

沖縄県はICTを活用した産業の成長戦略を提示し、産業全体の生産性と国際競争力を向上させるための司令塔として、2018年7月に官民共同で設立した。

ICTがもたらすイノベーションを、沖縄の強み・特色産業である観光業、物流、製造業、農業、金融など各産業分野へ応用し、産業全体の振興を図るとともに、実証事業や事業マッチングを通じて得た新ビジネス、新サービスの全国、全世界への展開を目指すのが目的であるる。[54]

沖縄県の情報関連産業の売上は4283億円（2016年）となっており、観光産業に次ぐ第二の沖縄経済の牽引力となっている。しかし、情報産業の技術進歩はスピードか早く、県内関連産業のグレードアップは喫緊の課題である。時空を超えるIT先端技術はアジアを始め世界各国に伝播し、競争が熾烈になっている。沖縄の情報産業の底上げや先端技術の導入を図らねば、一瞬にして外国の産業に代替、淘汰されてしまう。

一般財団法人沖縄ITイノベーション戦略センターは、沖縄県経済の振興の産業支援機関として、先進的な情報通信技術を国内外から導入す

---

[53] 沖縄県　第6回沖縄鉄軌道計画検討委員会資料　資料5－3「【定量的評価について】採算性分析・費用便益分析」平成29年8月18日
[54] 沖縄県商工労働部情報産業振興課「一般財団法人沖縄ITイノベーション戦略センターの設立について」

るとともに、その技術を活用し、沖縄県のIT産業を始めとした産業全体のグレードアップを図るため組織である。

IT産業の先端化とIT×産業を通して、フロンティアとしての沖縄を実現し、ビジネスチャンスの推進や底上げを図り、IT産業を沖縄経済の牽引力にする。同センターは事業活動を通じた成長戦略の実行により、沖縄におけるイノベーションを生み出す拠点として県内産業界の課題解決と新たな価値の創造を実現する。また、センターを産業成長の司令塔として機能させることで、東アジアの中心として地理的特性を有する沖縄が、IT活用の先進地として広く国内外からヒト、モノ、カネ、情報が集積する拠点となり、新たなビジネスや社会システムを創出する「ＩＴイノベーションアイランド」となることを目指す。[55]

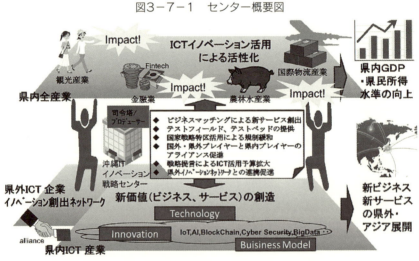

図3-7-1　センター概要図

出所：沖縄県商工労働部情報産業振興課「一般財団法人沖縄ITイノベーション戦略センターの設立について」

---

55　同上

センターにおいては、最新のテクノロジーやイノベーションの動向を調査・収集するとともにITイノベーションを活用した中長期的な産業成長戦略の提言を沖縄県や県内市町村、県産業界へ行う「シンクタンク・戦略提言機能」を実装する。

また、AI、IoTやサイバーセキュリティー分野等、特にフォーカスする技術・サービス領域に集中して技術やノウハウを導入するとともに、観光産業を始めとする主要産業とITとの連携を促進することで共創によるイノベーション創出の支援を行う「事業プロデュース機能」を実装する。

さらに、スタートアップのための環境づくりやIT産業人材やIT活用人材の育成支援を行う「スタートアップ・人材育成支援機能」を実装する。

そして、IT産業と各産業等が連携する拠点としての特性を活かしながら、これらの3つの機能の連携による相乗効果を発揮することで、民間企業・団体や学術機関、金融機関、行政機関等が集い、参加企業が持続的に成長する環境（エコシステム）を構築し、沖縄県の経済発展に貢献する。

沖縄県産業の将来像を見据えたITイノベーション活用戦略を提言するために、センターは常に最先端の技術動向を把握し、その導入のために必要なノウハウ、技術スキル等をオンデマンドで取り入れることができる体制が必要である。

そのために、理事長および執行機関への戦略的アドバイスを行う機能としてアドバイザリーボードを、執行機関へ技術的アドバイスを行う機能としてテクニカルアドバイザリーフェローを設置し、最新の技術動向に基づく業務運営を図るほか、国内外のイノベーション創出機関と積極的に業務提携・連携を行い、「最新イノベーション導入についてのオンデマンド体制」を確立する。

センターにおいては、理事長やITイノベーション戦略担当理事の有

する知識やノウハウに加え、アドバイザリーボードやテクニカルアドバイザリーフェローの知見等を活用し、国内外から最先端のテクノロジーやイノベーションを導入する機能が必要となる。

## インダストリー 4.0

ドイツでは、「第四次産業革命」が進んでいるといわれている。工業のデジタル化によって21世紀の製造業の様相を根本的に変え、製造コストを大幅に削減できる。インダストリー 4.0、つまり第四次の産業革命と呼ばれるこの巨大プロジェクトにドイツが成功すれば、高コスト国としての悩みは一挙に解消でき、ドイツ連邦政府、州政府、産業界、学界は今、総力を挙げてこのメガ・プロジェクトに取り組んでいる。

インダストリー 4.0は、生産工程のデジタル化・自動化・バーチャル化のレベルを大幅に高めることにより、コストの極小化を目指し、スマート工場つまり「自ら考える工場」を可能にする。その土台にあるのが「モノのインターネット」ＩｏＴ：Internet of Thingsである。

ＩｏＴとは、インターネットに、スマートフォンやゲーム機、TV、自動車等、あらゆるモノ（things）がつながり、モノによるコミュニケーションを可能にする技術の総称である。ＩｏＴのコンセプトは、自動車、家電、ロボット、施設などあらゆるモノがインターネットにつながり、情報のやり取りをすることで、モノのデータ化やそれに基づく自動化等が進展し、新たな付加価値を生み出すというものである。

これにより、製品の販売に留まらず、製品を使ってサービスを提供するいわゆるモノのサービス化の進展にも寄与する。あらゆる分野にわたってネットワーク接続機器が浸透していくことが予想されているように、ＩｏＴのコンセプトは、幅広い領域への適用が期待されており、社会インフラとして一層貢献すると考えられいる。ＩｏＴは、情報の収集・蓄積、解析、反映・応用のあらゆる面において革新をもたらすことから、

ビッグデータの活用を通じて各産業のビジネスや産業構造そのものを大きく変革する可能性を秘めている。IoTのさらに次のコンセプトとして、IoE:Internet of Everything（ヒト・モノ・データ・プロセスを結び付け、これまで以上に密接で価値あるつながりを生みだすもの）が登場している。

## Society 5.0

日本の場合はSociety 5.0を展開している。必要なもの・サービスを、必要な人に、必要な時に、必要なだけ提供し、社会の様々なニーズにきめ細かに対応でき、あらゆる人が質の高いサービスを受けられ、年齢、性別、地域、言語といった様々な違いを乗り越え、活き活きと快適に暮

図3-7-2　第4次産業革命技術によって実現されるニーズ

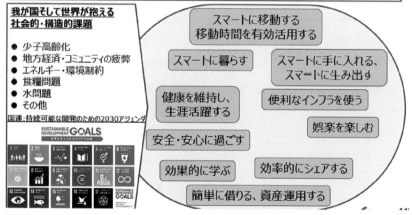

出所：産業構造審議会　新産業構造部会事務局「新産業構造ビジョン　一人ひとりの、世界の課題を解決する日本の未来」平成29年5月30日

らすことのできる社会のことである。[56]

　実社会のあらゆる事業・情報が、データ化・ネットワークを通じて自由にやりとり可能に（IoT）になり、集まった大量のデータを分析し、新たな価値を生む形で利用可能に（ビッグデータ）になり、機械が自ら学習し、人間を超える高度な判断（人工知能（AI））が可能になり、多様かつ複雑な作業についても自動化（ロボット）が可能になり、これまで実現不可能と思われていた社会の実現が可能になった。これに伴い、産業構造や就業構造が劇的に変わる可能性がある。[57]

　今までは対応しきれなかった「社会的・構造的課題＝顧客の真のニーズ」への対応が可能になり、新技術・データを活かし、世界の課題解決と日本の経済成長に繋げる。1人1人にとってより豊かな社会を実現することが可能になった。

　第3次産業革命から第4次産業革命に入った社会の重要なキーワードは情報社会である。様々なつながりによる新たな付加価値を創出し、従来、独立・対立関係にあったものが融合し、変化し、新たなビジネスモデルが誕生する。[58]

　もの、人間、機械、システム、企業、生産、消費等に×ITをすることにより、多様な協働が可能となり[59]、スマート社会を実現できる。

　Society 5.0・Connected Industriesを実現する「新産業構造ビジョン」では打ち破る壁として以下のことをあげている。[60]

---

56　産業構造審議会　新産業構造部会事務局「新産業構造ビジョン　一人ひとりの、世界の課題を解決する日本の未来」平成29年5月30日
57　同上
58　同上
59　同上
60　同上

① 不確実性の時代に合わない硬直的な規制
② 若者の活躍・世界の才能を阻む雇用・人材システム
③ 世界から取り残される科学技術・イノベーション力
④ 不足する未来に対する投資
⑤ データ×AIを使いにくい土壌/ガラパゴス化

これらを打ち破った先に見えてくる社会として以下のことがある。[61]
① 個々人の、日本の、世界の抱える課題にタブーなく、いち早く挑戦し、解決を目指す、それぞれの真のニーズに対応する社会
　　日本の目指すべき将来像、Society5.0を実現し、社会的、構造的課題を解決しつつ、それを経済成長に繋げていく。AI等の技術革新・データ利活用により、今までは対応しきれなかった、個人の真のニーズ（移動困難者や交通事故を減らす、病気になる人・要介護者を減らす等）に対応する。
② 変革期に必要な若者の情熱と才能を存分に解き放ち、それゆえ、人材が育ち、世界からも才能が集まる社会
　　仕事によって、能力が最大限発揮できる「ピーク年齢」は異なる。データ×AIの分野は、「ピーク年齢」が低く、若者の能力が突き抜けている。若者の力を解き放つことが必要である。人生100年時代、1人1人が能力を高め続けることで、何度も輝ける社会にすることができる。国内で人材が育てば、世界からも才能が集まってくる
③ 不確実性の時代だからこそ、多様性とチャレンジを一層許容し、アントレプレーナーシップ（起業家精神）に富む社会
　　年齢、性別、国籍、人種といった全ての面で多様であることが、

---

61　同上

「データ×AI」の均質化圧力の下で、より一層新たな価値を生む。進展する市場のグローバル化への対応としても多様性は必要である。指数関数的な時代、もはや個人、企業、社会全体がマインドセットを変えて、従来の規制の枠組み等にとらわれないアントレプレーナーシップ（起業家精神）に富む必要がある。

④ 新技術等をいち早く取込み、スピーディかつグローバルに展開・刷新することで、未来を変える期待感にあふれる社会

　日本の強みの１つは、先進技術をいち早く取り込み、モノをグローバルに展開・刷新していく力である。これまでも新たな技術を現実の世界に応用し、グローバルな課題を解決する。これからは、世界の課題を解決する等、未来を変える期待感こそが富を生み出す時代。後手後手に回らないよう、常に変化を生み出す側にいる必要がある。

⑤ 絶え間ないイノベーションにより、成長と格差是正の両立を実現する世界に類を見ない社会

第４次産業革命技術を、都市、大企業だけでなく、地域、中小企業、高齢者にも拡げることで、生産性向上、賃金上昇の好循環を日本に生み出す世界初の最適化モデルを目指す社会全体として、働き方も変わる中、生涯にわたって有意義で価値ある仕事と充実した暮らしを送れる社会にしていく必要がある。これに応じるセーフティネットを再構築していく。

産業構造審議会の「新産業構造ビジョン」[62]では中小企業に対するIT戦略を示しており、沖縄ITイノベーション戦略センターはこれに留意すべきである。

中小企業のIT化を促進するため、公的な枠組みとして、商工会・商

---

[62] 同上

工会議所や地銀等の中小企業支援機関とITベンダー、IT支援組織の連携関係を促進すること、ITベンダー、IT支援組織による中小企業の生産性向上の実績、事業の継続性、セキュリティ対策の見える化を進めること、ITベンダー、IT支援組織による中小企業の生産性向上の実績、事業の継続性、セキュリティ対策の見える化を進めること、ITベンダーには「Connected Industries」を実現するため、API[63]を含めたデータ連携を促進すること、企業間取引の効率化を図るため、EDI[64]を国連基準を用いて共通化を図り導入を推進すること等が示されている。

中小企業の生産性を向上させる上で必要となる、人材等の呼び込み・育成が必要である。そのため、中小企業における、データの利活用やIT等の知見を含めた、外部人材の確保を促進しなければならない。


ITを駆使した知の力は「小」が「大」を制すという。ニュージーランドはITを利用して、エンジンの燃焼室や噴射装置を3Dを活用し、チタン等の堅い金属でも、複雑な形状を低コストで作成した。人工衛星の製造コストを最大100分の1に下げたという。ルワンダも人工衛星の実用化を視野に入れるなど、小国が躍進する。開発に10年、1千億円の費用が掛かり、巨大メーカーしか取り組めなかった創薬でも、専門知識が無いIT技術者たちがAIを使い、脳内の血流や化合物の効果などを機械学習しながら、可能性のある治療法を見つけ出したという。一握りの大国が世界をリードする時代は過去のものとなるかもしれない。[65]

---

63 APIとは、あるコンピュータープログラム（ソフトウェア）の機能や管理するデータなどを、外部の他のプログラムから呼び出して利用するための手順やデータ形式などを定めた規約のこと。(IT用語辞典)
64 EDIとは、商取引に関する情報を基準的な形式に統一して、企業間で電子的に交換する仕組み。(IT用語辞典)
65 日本経済新聞 2018年4月24日「パンゲアの扉 つがる世界」

## 8．海洋政策

　海洋政策とは海洋に関する公共政策領域の総称であり、海洋に関連する政策領域を包括し、主に安全保障政策、通商政策、運輸政策、海難政策、治安政策、漁業政策、港湾政策、環境政策など極めて広い政策領域を有する。[66]

　2007年に海洋基本法が制定され、内閣総理大臣を長とする総合海洋政策本部を中心に海洋政策を統括する政府機構が整備され、海洋政策担当大臣も設置された。また、政府の海洋の総合管理の下に、縦割り行政の批判のあった海洋に関する各個別政策の連携・調整を進め、海洋立国に向けた体制を整えるなど、海洋政策に対する取り組みが推進されている。[67]

　要するに、海洋政策とは海洋基本計画（平成30年5月）で示されている以下の内容を網羅した政策である。

１．海洋の安全保障
２．海洋の産業利用の促進
３．海洋環境の維持・保全
４．海洋状況把握（MDA）の能力強化
５．海洋調査及び海洋科学技術に関する研究開発の推進等
６．離島の保全等及び排他的経済水域等の開発等の推進
７．北極政策の推進
８．国際的な連携の確保及び国際協力の推進
９．海洋人材の育成と国民の理解の増進

---

66　Weblio辞書　デジタル
https://www.weblio.jp/wkpja/content/%E6%B5%B7%E6%B4%8B%E6%94%BF%E7%AD%96_%E6%B5%B7%E6%B4%8B%E6%94%BF%E7%AD%96%E3%81%AE%E6%A6%82%E8%A6%81
67　同上

海洋基本計画（平成25年4月版）には、「我が国に富と繁栄をもたらすために、海洋の有する潜在力を最大限引き出すことを目指す。海洋環境の保全との調和を図りながら、我が国周辺海域の水産資源、エネルギー・鉱物資源等の海洋資源の開発等を進めるとともに、これらに関わる水産業や資源関連産業等も含む海洋産業の振興と創出や国際展開を図ることは、将来の我が国の成長による富の創出に大きく寄与する。未踏のフロンティアへの挑戦として、我が国が有する科学技術を最大限活用して、深海底を始め、海洋の未知なる領域の研究等による人類の知的資産の創造や、海洋環境や気候変動等の全地球的課題の解決に取り組む。これにより、海洋を通じて世界を主導し、また世界に貢献することを目指す」[68]とある。

　これまでに、海洋エネルギー・鉱物資源の開発を進めるため、「海洋エネルギー・鉱物資源開発計画」の策定、鉱業法の改正などに取り組んできた。しかしながら、近年、我が国へのレアアースの供給が不安定化する事態が生じるとともに、多くの原子力発電所が停止し、価格の高い天然ガスの需要が増大するなど、石油・天然ガスやレアメタルを始めとするエネルギー・鉱物資源の安定供給を確保することがますます重要となってきている。一方で、我が国周辺海域においては、石油・天然ガスに加え、メタンハイドレートや海底熱水鉱床等の資源の開発に関する調査・研究等が進むとともに、レアアースを含む海底堆積物が発見されるなど、我が国に「新たな可能性」をもたらすイノベーションを推進する観点からも、今後の資源開発の進展が期待されている。また、新興国等のエネルギー需要の高まりに伴い、世界の海洋資源開発市場は急成長しており、これらの需要を取り込むことによる我が国海洋産業の成長も期

---

68　海洋基本計画　平成25年4月、P1

待されている。[69]

　海洋資源の開発及び利用の推進として、広大な我が国管轄海域における海洋エネルギー・鉱物資源の賦存量・賦存状況把握のため、関係省庁連携の下、民間企業の協力を得つつ、海洋資源調査を加速する。

　石油・天然ガスやメタンハイドレート、海底熱水鉱床等の調査も示されている。レアアースを含む海底堆積物については、将来のレアアース資源としてのポテンシャルを検討するための基礎的な科学調査・研究を行う。また、2013年度以降3年間程度で、海底に賦存するとされるレアアースの概略資源量・賦存状況調査を行う。さらに、高粘度特性と大深水性を踏まえ、将来の開発・生産を念頭に広範な技術分野の調査・研究を実施するという。[70]

### 海洋政策の可能性

　わが国は6852の島から成る島嶼国家であるが、数ある離島についてはこれまでは人の住む有人離島を重視して管理してきた。1994年の海洋法条約の発効により、領海が12海里に拡大し、その外側に距岸200海里に及ぶEEZ・大陸棚の制度が導入された。1996年の同条約批准により、陸域面積38万平方キロの12倍の447万平方キロという世界で6番目に広い管轄海域（領海＋EEZ）を有することになった。[71]

　海洋政策において重要なのは海洋資源の開発である。鉱物資源については太平洋の1000m以深の海域にはコバルトリッチクラスト、マンガン団塊あるいは熱水鉱床が存在している。レアメタルや銅などの不足が懸

---

69　海洋基本計画　　平成25年4月
70　同上
71　寺島紘士（海洋政策研究財団常務理事）「21世紀の海洋政策」, p.6

念されている中で、これらは海水中に含まれる金属・ミネラルとともに貴重な資源である。また、昨今の石油資源の価格高騰や供給の限界の中で、その利用のための技術開発が注目を集めているメタンハイドレートが、日本周辺海域に豊富に存在する。これらは、わが国の重要な資源としてその利用の実現が期待される。[72]

次に、広大な海域の空間利用である。これまで空間利用についてはあまり検討が進んでいない。日本の海域、特に列島の南に広がる北西太平洋の変化に富んだ海底とその上の海洋空間は、大きなポテンシャルを秘めている。例えば、$CO_2$の深海貯留に適した水深3500m以深の海底はわが国海域には豊富に存在しており、海底下の帯水層や海溝部分の閉鎖性の強い空間などへの$CO_2$貯留が検討されている。貯留箇所を特定出来れば、環境問題を具体的に検討しやすい。$CO_2$問題の解決に海洋空間が重要な役割を果たす可能性は大きい。さらに、海面近くまで隆起している地形と深層水の湧昇を生物資源の生産に活用することも有力である。沿岸域での養殖が環境問題を起こしていることから、例えば沖合い水域での海洋牧場の設置などのプロジェクトに期待が寄せられている。[73]

### 立ち遅れているわが国の海洋政策の取組

海洋法条約が発効した1990年代半ばから、世界各国による海洋管理に向けた取り組みが本格的に始まっている。当初は目立たなかった各国間の海洋の総合的管理の取り組みの差がこの間に次第に明確になってきた。取り組みの先頭には、オーストラリア、カナダ、アメリカ、韓国、中国など、既に海洋政策を策定し、必要な法制度及び執行体制を整備して海洋の総合的管理に取り組んでいる国々がある。それに続いて、英国、

---

72 同上
73 同上、p.9

EU、ノルウェー、ポルトガル、ロシア、インド、ニュージーランドなど現在具体的に海洋政策の策定に組んでいる国々が続いている。

海洋政策についてみると、オーストラリアの「オーストラリア海洋政策：保護、理解、賢明な利用」、米国の「21世紀の海洋の青写真」、中国の「中国海洋21世紀議程」、韓国の「海洋水産ビジョン」など、新しい国際的な海洋政策の枠組みに自国の事情を重ね合わせてそれぞれの海洋政策を策定している。

わが国は、海に囲まれた海洋国でありながら、また条約によって陸地の12倍の広大な海域を管理することになったにもかかわらず、新しい国際法秩序に基づく海洋空間の再編成への対応が遅れている。[74]

### 沖縄県の取組

沖縄21世紀ビジョンには「海洋島しょ圏沖縄の強みである『海洋資源（鉱物・エネルギー・生物等）』の開発・利用を促進し、関連する『海洋産業』を振興する。」[75]と明記されている。

近隣アジア諸国と接する沖縄の国境離島の存在は、我が国の領海、領空、排他的経済水域（EEZ）の確保並びに航空機や船舶の安全な航行に重要な役割を果たしている。また、広大な海域に賦存する様々な海洋資源は、今後の我が国の経済発展に寄与する可能性を秘めている。さらに、沖縄の離島は、それぞれが個性ある伝統文化や豊かな自然環境を有しており、この離島の多様性は沖縄観光の大きな魅力となるとともに、県民の食料供給地としても重要な地域となっている。[76]

海洋島しょ圏は沖縄の強みである「海洋資源（鉱物・エネルギー・生

---

74 寺島紘士（海洋政策研究財団常務理事）「21世紀の海洋政策」
75 沖縄21世紀ビジョン、p.27
76 同上、p.35

物等)」の開発・利用を促進し、関連する「海洋産業」を振興する。その展開方向として

- 海洋鉱物・エネルギー資源については、沖縄周辺海域に賦存するメタンハイドレート、海底熱水鉱床、東シナ海ガス田等の開発・商業生産等を、国益の確保と地域振興の両立を要件に、国との協議・協力、国による支援とともに着実に進める。
- 海洋自然環境を活用した再生可能エネルギー(洋上風力発電、波力・潮力発電、海洋温度差発電等)の技術開発あるいは商業化を、国との協議・協力、国による支援とともに着実に進める。
- 海洋生物資源については、近海に豊富に存在する海藻類や深海底微生物資源を活用した「マリンバイオテクノロジー産業」(海洋生物の機能を生物・細胞・分子・遺伝子レベルで解明し、それを他分野に活用する技術及び産業)の創出と育成を加速化させる。

等が示されている。[77]

　排他的経済水域の確保や豊富な海洋資源の存在など我が国の国益を担う地域として、海洋島しょ圏としての価値の再確認を行い、「離島力」を高めていくための取り組みを促進することや沖縄には、世界的にも希少性の高い海洋生物が豊富なことから、水産業など産業界とも連携した海洋研究の拠点形成に取り組むことも示されている。[78]

　沖縄21世紀ビジョン基本計画（第五次振興計画）には、沖縄は東アジアの中心に位置し、広大な排他的経済水域（ＥＥＺ）及び海洋資源の確保、領空・領海の保全、安全な航行の確保に貢献している側面をも有している。加えて、中国をはじめとするアジア諸国の伸張、情報通信技術の進展とも相まって、人、モノ、資金、情報、文化などの流れにおいて、

---

77　同上、p.69
78　同上、p.77

アジアとの架け橋としての役割を果たしていく可能性がある。」と示されている。[79]

　陸域の資源が乏しい我が国にとって海洋資源の開発は、鉱物・エネルギー資源の安定供給を確保する観点から国益に資する重要な分野であるとともに、沖縄県にとっても関連する産業の振興等が期待されることから、中長期的かつ戦略的な取組を進める必要がある。このため、沖縄周辺海域に賦存する可能性が高い熱水鉱床、海底油田・天然ガス等の鉱物・エネルギー資源に関して、国や各種研究機関が行う調査・研究の成果を踏まえ、関係機関等と連携しながら、将来の産業化も見据え、我が国の海洋資源調査・開発の支援拠点を沖縄に形成するための取組を推進する必要がある。[80]

**海洋産業の振興・発展に向けた基本的な方向性**

　沖縄県は、国内有数の広大な海域を有する地域であり多様な海洋資源が存在しており、新たな産業の創出や雇用の拡大など、本県経済に大きな効果をもたらす可能性を有している。「沖縄21世紀ビジョン基本計画」には、次世代のリーディング産業の一つとして海洋産業を掲げており、この具体化に向け、中期的・長期的な視点から、海洋資源に関連した研究開発・人材育成・産業化を推進する必要がある。

　同計画の後半となる2017年度以降は、次世代のリーディング産業として多様な海洋産業の創出を目指すべく、海洋資源に関連した研究開発・人材育成・産業化を推進する必要がある。その第1段階として、2016年度からは、まず沖縄において海底熱水鉱床の調査・探査を支援する施設

---

79　沖縄21世紀ビジョン基本計画、p.6
80　同上、p.71

設備や機能を集積した拠点を形成する等、より具体的かつ積極的な施策の展開が必要であるとしている。[81]

### 海洋産業の創出

沖縄近海には国内有数の海底熱水鉱床が発見されており、その産業化に向けた取り組みが期待され、国指導のもと、現在調査・探査が実施されている。その産業化に当たっては掘削や揚鉱等の技術開発とともに資源の品質や賦存量等を見極める事が重要であり、産業化の原動力となる

図3-8-1 海洋新産業

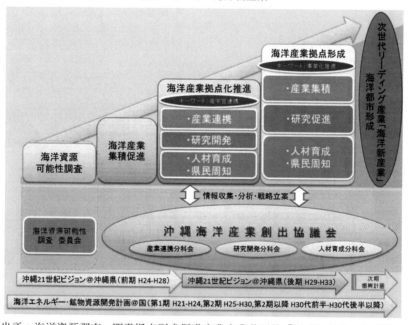

出所:海洋資源調査・開発拠点形成促進事業事業共同体「平成27年度 海洋資源調査・開発支援拠点形成促進事業成果報告書」平成28年3月

---

81 海洋資源調査・開発拠点形成促進事業事業共同体「平成27年度 海洋資源調査・開発支援拠点形成促進事業成果報告書」平成28年3月、p.11

ものであるため、沖縄近海の調査・探査、各種試験等につき、沖縄県として積極的に支援し調査を加速させる必要がある。

　従って、今後沖縄において海底熱水鉱床の調査・探査を支援する体制の弊備が必要であり、まずは調査・探査を効果的かつ効率的に支援するための港湾オペレーション、探査機器メンテナンス、物資の調達等、多採な分野に関わる企業、組織等が定期的に集い、支援体制のための意見交換を図る場が必要がある。また、施設設備や機能の集約拠点を形成するために、関連する県外企業の誘致も考慮した意見交換の場が必要となる。これらを踏まえた多様な海洋新産業の創出を目指す拠点機能作りが必要である。[82]

**海底資源開発産業**

　我が国の近海域における海底資源に関連する調査においては、海底熱水鉱床、コバルトリッチクラスト及びマンガン団塊が発見され、有望な賦存量も期待できるとされている。特に海底熱水鉱床については「2018年代後半に、民間企業が主導する商業化のためのプロジェクトが開始されるよう、国際情勢をにらみつつ、技術開発を進める」としている。

　海底資源開発に進出する背景として、鉱物資源の消費量の増加と同時に、鉱物資源を供給する陸上鉱山の生産条件が厳しく、「陸上資源の枯渇傾向とともに鉱石品位の低下」[83]の傾向が見られる事が挙げられる。[84]

**沖縄における海底熱水鉱床の調査・探査**

　独立行政法人石油天然ガス・金属鉱物資源機構（JOGMEC）では産業

---

82　同上、p.12
83　経済産業省「海洋エネルギー・鉱物資源開発計画」平成25年12月24日
84　海洋資源調査・開発拠点形成促進事業事業共同体、前掲書、p.83

化の観点で伊是名海穴等を中心に海底熱水鉱床の探査を行ってきた。その結果、現時点の伊是名海穴近海等の海底熱水鉱床の賦存量は340万トンと公表している。また、更なる資源量の把握について探査を進めており、2014年12月4日には、沖縄本島の北西約150キロの排他的経済水域（EEZ）にある伊平屋小海嶺の水深1,600mの海底で、国内最大級の新たな海底熱水鉱床を発見したと発表した。[85] 商業化できるかについて、2018年を目処にJOGMECが判断することになっている。同鉱床は、これまでで最大級の伊是名海穴の鉱床に匹敵する大きさであると推測されている。また、JAMSTECでは科学的観点で伊是名海穴等を中心に海底熱水鉱床の調査を行ってきた。伊是名海穴については表層面から深部まで続く鉱床となる大規模な鉱床となる可能性を示唆している。更に、海上保安庁では久米島沖で海底熱水鉱床を発見している。

これらに引き続き沖縄トラフ近辺には更なる海底熱水鉱床が発見される可能性を有しており、今後とも沖縄近海での熱水鉱床の探査が続くものと考えられる。[86]

### 海洋再生可能エネルギー

沖縄県における海洋再生可能エネルギーの可能性の概要をまとめるべく、海洋再生可能エネルギーワーキンググループを立ち上げ、取り組みをまとめるべく調査を進めている。

資源の乏しい日本においては、エネルギー資源は自給率が4％と低く、これをいかにして補っていくかが課題として認識されている。沖縄県においても、島しょ県ならではの化石燃料等のエネルギー確保の難しさもあり、電力料金単価が全国第2位となっている状況である。

---

85　沖縄タイムス2014年12月5日
86　海洋資源調査・開発拠点形成促進事業事業共同体、前掲書、p.90

一方、気象条件に極端に左右されず、比較的安定している海洋温度差、波力、海流、潮流、洋上風力等の海洋再生可能エネルギーは、それを利用し化石燃料の代替エネルギーとして活用できる技術開発が成熟すれば、沖縄県にとって有用なエネルギーとなるため、さまざまな取り組みが行われている。

　産業化の観点から、海洋再生可能エネルギーへの取り組みを考える場合、実証フィールドの検討は不可欠となる。なぜならば、既に英国を筆頭に、海洋再生可能エネルギーの実証フィールドの設定が、地元の産業振興に貢献している実績が出ているため、実証フィールドの必要性を検討するのは意義深いと思われるからである。[87]

### 海洋都市構築のグランドデザイン

　県民の暮らしと密接に関わってきた海洋が、近年では、水産資源以外にも、海域の海底下の石油・天然ガス、メタンハイドレート、海底熱水鉱床等のエネルギーや希少鉱物といった資源の存在、海洋再生可能エネルギー（海流や潮流、洋上風力、波力、海洋温度差）の利用のフィールド等異なった意味を持つ空間へと変化してきている。

　特に、伊江島沖、久米島沖には銅や亜鉛などの金属を多く含む熱水鉱床が複数発見されて、今後は開発によって、採掘、精錬や関連する素材、サービス等の提供により新たな産業として発展する可能性がある。また、前述のとおり周囲を海に囲まれた沖縄県では、海洋再生可能エネルギーの利用フィールドとしてのポテンシャルも高いといえる。

　このような背景を踏まえ「沖縄における海洋都市」として、「沖縄県において既存の海洋産業に加え、学術研究機関、民間研究開発機関及び

---

[87] 同上、p.153

行政関連機関産学官が連携して、海洋資源や海洋利用フィールドを活用した新たな産業の創出、集積した地域」の創出を基本的な方向性とした。

　沖縄の視点から注目すべきは、離島の振興である。海洋基本計画（平成30年5月）の（6.離島の保全等及び排他的経済水域等の開発等の推進）の中に離島振興が示されている。産業振興の具体策や特区の検討が盛り込まれており、人口減少に歯止めが掛からない離島で海洋政策による離島振興は検討に値する重要施策である。


（離島の保全等及び排他的経済水域等の開発等の推進）離島の振興
① 離島における産業の振興等
○定住を促進するための海上輸送費の軽減等戦略産業の育成による雇用拡大等の取組、観光の推進等による交流の拡大促進の取組、安全・安心な定住条件の整備強化等の取組を支援する。（国土交通省）
○離島の漁業を維持・再生させるため、離島の漁業集落を対象に、共同で漁業の再生等に取り組む活動に対して支援する。（農林水産省）
○離島の産業の振興を図るための計画を策定している市町村における製造業、農林水産物等販売業、旅館業、情報サービス業等の用に供する機械等の新増設を促進する。（国土交通省）
○エネルギーの安定的かつ適切な供給及び環境負荷の低減を図る観点から、離島の自然的特性を活かした再生可能エネルギーの利用を促進する。（環境省）
○地域の創意工夫を活かした振興を図るため、離島特区制度について総合的に検討する。（国土交通省）


## 南鳥島の海洋関連技術開発

　排他的経済水域及び大陸棚の保全及び利用の促進のための低潮線の保全及び拠点施設の整備等に関する基本計画（平成22年7月13日閣議決

定）」では、特定離島（南鳥島及び沖ノ鳥島）を拠点とした様々な分野における新しい構想に基づいた活動について、政府が支援することになった。

重点的に実施する技術開発課題の分野として以下のことを揚げている。[88]
① サンゴ増殖技術の開発
② 海洋における再生可能エネルギー技術の実用化向けた開発
③ 自然環境をいかした新素材等の開発
④ 島の特徴をいかした環境関連観測、生態系地球内部構造海洋循にする観測、海洋データの収集
⑤ 活動拠点としての環境整備に関連する技術開発
⑥ 海洋鉱物資源開発に関連する技術
⑦ 漁場等の水産基盤に関連する技術開発

2015年度から、国土交通省において今後の同島における技術開発の促進に有用な共通的・基盤的な情報を整備する目的で、南鳥島における「一覧性のある気象・海象データの収集・整理」及び「遠隔モニタリングシステムを活用した画像データの収集技術の適用性に関する調査」を実施している。[89]

早稲田大学の高谷雄太郎講師と東京大学の加藤泰浩教授らの研究グループは、日本の最東端にある南鳥島周辺の海底下にあるレアアース（希土類）の資源量が世界の消費量の数百年分に相当する1600万トン超に達することを明らかにした。研究チームは南鳥島の南方にある約2500平方

---

[88] 国土交通省「南鳥島を活用した海洋関連技術開発の実施　基本計画」平成27年3月26日策定）
[89] 国土交通省HP、遠隔離島における産学官連携型の海洋関連技術開発推進委員会

キロメートルの海域で海底のサンプルを25か所で採取し分析した。ハイブリッド車等に使うジスプロシウムは世界需要の730年分、レーザー等に使うイットリウムは780年分に相当した。日本の排他的水域（EEZ）に眠る資源を知りだすことができれば資源小国から脱出できる可能性がある。[90]

---

90　日経新聞2018年4月11日

# 第4章
## 基地跡地利用

基地返還地が沖縄の経済ホットスポットとして注目を浴びている。そこには大型商業施設施設、高級ホテル等が立地して、活況を呈している。アジアのダイナミズムにより、外国人観光客の増大やアジア市場を見込んだ企業立地が進んでいるからである。県内で、商業地して発展し、まちづくりが成功している事例はほとんどが基地跡地である。那覇市の新都心、北谷町の美浜、基地中城村の大型ショッピングセンターが立地するライカム等である。米軍基地は経済の視点から見ると、発展可能性をフリーズしてきたと解せる。アジアのダイナミズム等、沖縄を取り巻く、経済環境の変化によって、その融解・発芽が大きく期待されている。浦添の牧港の軍用地の返還による発展可能性は極めて高い。那覇から近いこと、国道58号線に面していること、浦添市の西州から宜野湾市のコンベンションセンターに繋がる道路の開通等は発展の大きな推進力となるであろう。

　沖縄の米軍基地は戦後の社会、経済を規定してきたが、基地依存率は復帰前の1957年の、56.8％から現在は5％台となり、そのプレゼンスは大きく低下している。基地は雇用、消費を伴うものの、企業等のような経済主体ではないため、市場原理による成長機能がなく、予算が増加しない限り一定であり、その比率は低下するのである。そのため、沖縄の経済が発展すればするほどその比率は低下するのである。

　返還前と後の経済効果を比較すると後者の方がミクロ、マクロの面で凌駕している。これは、これまで安全保障論や事件・事故等の社会面で

議論された基地論が新たに経済の視点から議論されるというパラダイムシフトを引き起こしている。

各地の基地跡地の発展可能性について、吟味したい。

## 1．沖縄の経済と米軍基地

戦後の沖縄経済の復興、発展は「米軍基地」を軸にした基地依存経済のパターンで展開された。現在においても、基地は沖縄の社会、政治、経済の面で大きな規定要因であることに変わりはない。

米軍基地は沖縄経済に対し、「量」の面から見た場合、物質的な意味での復興、発展において一定の役割を果たした。その反面、「質」的には、投下された資本、労働力が市場メカニズムによる拡大、成長を生み出さず、またドル経済体制等により移輸入依存型になり、域内の産業の高度化が進まず、沖縄経済を「ひずんだ」経済にしてしまった。米軍基地は永遠の発展を指向して活動する企業等のような経済主体ではないために、自己増殖作用がなく、それに依存した経済は自ずと限界性をもつからである。

**基地経済の影響**

戦後、米軍基地という変則的な組織が沖縄に組み込まれた。変則的とは、効率をもたらす市場のメカニズムや住民の厚生（公的利益）を提供する産業組織の原理に基づかないことで、沖縄は国際政治状況によって大きく左右されて不規則的なインパクトを受けるという意味である。実際に基地は、今日に至るまで沖縄の社会、経済を大きく規定している。戦後の復興、発展は、「基地」を軸にした基地依存経済のパターンで展開された。それでは具体的に基地は、沖縄経済にどのような影響をもたらしたのであろうか。

まず、量の面から見た場合、復興途上において一定の寄与をした。終戦直後の衣食住に事欠く時代に軍作業という雇用、軍用地料収入という所得が発生した。さらに軍人軍属の消費需要に依存した飲み屋、質屋、モータープール（修理工場）、クリーニング、レストラン等の多くの第3次産業が、雨の後の茸の如く萌芽した。基地のゲート前には一夜にして街が出来、多くの米軍人相手の商売が門前町よろしく軒を並べ、ゲート・シティが形成された。

　米国からの援助も下支えをした。終戦直後のガリオア資金（占領地域救済政府資金）(Government Appropriation for Relief in Occupied Area：GARIOA) やエロア資金（占領地域経済復興資金）(Economic Rehabilitation in Occupied Area Fund：EROA Fund) もそうした一環である。とりわけ、基地の維持存続のためには地元住民の経済的安定も必要であるとする「飴の政策」（ケネディ新政策）後の援助額の増大やベトナム特需により、1960年代は日本経済の高度成長に優るとも劣らない成長を実現した。

　しかし同時に質の面では、次のような問題点を残す結果ともなった。第一に、基地は持続的な成長を指向して蓄積資本などを拡大する企業等のような経済主体ではないために、それに依存する沖縄経済は自ずと発展の限界性をもつことになる。

　基地依存率(県民総所得に占める基地関係受取)の推移を見てみると、戦後すべて焦土と化しゼロからの出発を余儀なくされた1950年代は50％を超えていた。しかし、以後低下し1970年代には10％台となった。そして、日本経済に編入された1972年の復帰以後はひと桁となり、最近は5％台で推移し、復帰前に比べて基地依存率が低位になっている。これは経済的に一定の規模の基地に対しマクロ的に自己増殖した沖縄の民間経済の成長、発展があったためである。

　米軍等への財・サービスの提供、軍雇用者所得、軍用地料（自衛隊を

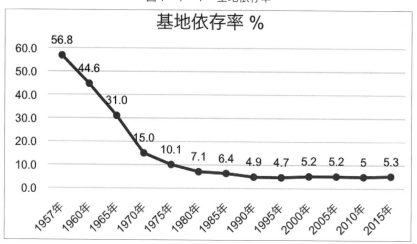

図4－1－1　基地依存率

（出所）琉球政府「金融年報(創刊号・第2号)」、琉球銀行調査部「金融経済」及び沖縄県「沖縄の米軍及び自衛隊基地（統計資料集）」平成30年3月より作成

除く）の三者の合計である軍関係受け取りの2001年から2013年までの推移をみると、ほぼ2100億円前後で推移していたが、2015年は米軍等への財・サービスの提供が上昇したために、約2304億7600万円に増加している。その内訳も軍用地料(自衛隊を除く)、軍等への財・サービスの提供、軍雇用者所得の順で推移してきたが、2015年には軍等への財・サービスの提供が軍関係受取の中で最も大きくなっている。

## 2．米軍基地の経済効果
### 米軍基地関連需要の定義

　米軍基地は企業や家計等のような経済主体ではない。雇用や需要を派生するものの経済活動を担う経済主体ではなく、軍事的機能を持つ組織であることはいうまでもない。米軍基地が沖縄経済にどのような影響を与えているかを客観的に計量的に捉えてみよう。より具体的には米軍基

地に関わる諸需要が生産誘発、雇用誘発、付加価値誘発等の経済効果がどれほどあるかを計測した。

ここでは基地需要の定義を以下のように規定しておく。基地需要とは日米安全保障条約に基づき、沖縄に駐留する米軍の軍事機能及び軍事行為等の遂行によって派生する諸需要を指す。

より具体的には次の要件を満たす需要を基地需要と呼ぶ。

① 県内の米軍基地及び関連諸施設を運営、管理、維持することを目的とした日本政府の財政支出。
② 県内の米軍基地及び関連諸施設を運営、管理、維持することを目的とした、アメリカ合衆国政府の財政支出。
③ 県内にける、米軍人、軍属及び家族等の日常的な消費支出。
④ 県内の米軍基地及び関連諸施設の所在地の振興、発展、さらに返還および跡地利用に関わる日本政府の財政支出。

それらは具体的には表3の通りとなる。

Ⅰ．防衛省　沖縄関係予算
Ⅱ．特別行動委員会（SACO）関係費
Ⅲ．米軍再編関係経費
Ⅳ．基地交付金
Ⅴ．基地調整金
Ⅵ．米軍等への財・サービスの提供
Ⅶ．北部振興
Ⅷ．米軍直轄購入

**計測データの留意点**

これらの項目を需要の中身である消費需要$C$、投資需要$I$に分類した。給与等は所得$Y$であるので、消費性向をかけて消費$C$に転換（$Y \to C$）した。

第4章　基地跡地利用

表4-2-1　沖縄の米軍基地需要の内訳

沖縄の米軍基地需要　　　　　　　　　　単位　百万円

| Ⅰ.防衛省　沖縄関係予算 | 平成27年度 | Y,C,I | C or I | 直接効果 |
|---|---|---|---|---|
| 1.基地周辺対策経費 | 15,780 | | | |
| (1)周辺環境整備 | 10,784 | | | |
| ①障害防止事業 | 1,908 | I | 1,908 | 1,908 |
| ②騒音防止事業 | 2,874 | I | 2,874 | 2,874 |
| ③民生安定助成事業 | 1,889 | I | 1,889 | 1,889 |
| ④道路改修事業 | 359 | I | 359 | 359 |
| ⑤周辺整備統合事業 | 510 | I | 510 | 510 |
| ⑥周辺整備調整交付金 | 2,926 | I | 2,926 | 2,926 |
| ⑦移転措置事業 | 262 | I | 262 | 262 |
| ⑧緑地整備事業 | 32 | I | 32 | 32 |
| ⑨施設周辺の補償 | 24 | I | 24 | 24 |
| (2)住宅防音 | 4,996 | I | 4,996 | 4,996 |
| 2.補修経費等 | 100,351 | | | |
| (1)施設の借料 | 98,602 | Y→C | 58,861 | 32,668 |
| (2)漁業補償 | 957 | Y→C | 571 | 317 |
| (3)その他の補償 | 793 | Y→C | 473 | 263 |
| 3.提供施設の整備 | 5,078 | I | 5,078 | 5,078 |
| 4.提供施設の移転 | 76 | I | 76 | 76 |
| 5.基地従業員対策 | 45,374 | | | |
| (1)離職者対策 | 21 | C | 21 | 21 |
| (2)福祉対策 | 6,861 | C | 6,861 | 3,808 |
| (3)従業員対策 | 38,493 | Y→C | 22,979 | 12,753 |
| 6.特別協定による負担 | 37,366 | | | |
| (1)給与費 | 37,366 | Y→C | 22,306 | 12,380 |
| (2)高熱水料等 | * | C | 18,411 | 10,218 |
| (3)訓練移転費 | * | C | 217 | 121 |
| 7.その他 | * | | | |
| (1)労務管理関係 | * | C | 20 | 11 |
| (2)独立行政法人 | * | Y→C | 39 | 21 |
| | | C | 132 | 73 |
| Ⅱ.特別行動委員会（SACO）関係費 | 1,140 | C | | |
| 土地返還のための事業 | 500 | C | 500 | 278 |
| 訓練改善のための事業 | 4 | C | 4 | 2 |
| 騒音軽減のための事業 | 300 | C | 300 | 167 |
| SACO事業円滑化事業 | 300 | C | 300 | 167 |
| Ⅲ.米軍再編関係経費 | 31200 | C | | |
| 沖縄における再編のための事業 | 27100 | C | 27,100 | 15,041 |
| 再編関連措置の円滑化を図るための事業 | 4100 | C | 4,100 | 2,276 |
| Ⅳ.基地交付金 | 2,562 | I | 266 | 266 |
| Ⅴ.基地調整金 | 4,396 | I | 457 | 457 |
| Ⅵ.米軍等への財・サービスの提供 | 65,983 | C | 65,983 | 36,621 |
| Ⅶ.北部振興 | 2,560 | I | 2,560 | 2,560 |
| | 1,750 | C | 1,750 | 971 |
| Ⅷ.米軍直轄購入 | 34,879 | C | 34,879 | 19,358 |
| | | 全体 | 290,025 | 171,743 |

出所：沖縄県HP　防衛省地方協力局関係予算額(沖縄関係経費)、内閣府沖縄担当部局　平成27年北部振興事業の実施について、沖縄県基地対策課より作成。

Ⅰ．防衛省沖縄関係予算の６．「特別協定による負担」の(2)高熱水料等と(3)訓練移転費は全国の数値はあるが沖縄の値は秘匿（＊）になっているので、基地の面積比率を掛けて沖縄の値とした。また「その他」の(1)労務管理関係、(2)独立行政法人の数値も同じく秘匿になっているので、前者は基地面積の比率を掛け、後者は独立行政法人駐留軍等労働者労務管理機構（LMO）の資料から給与（Y→C）と消費Cを求めた。
Ⅱ．特別行動委員会（SACO）関係費はすべてが沖縄県内で出されているわけではないとのことであるが（沖縄県基地対策課）、ここではすべて県内で執行されていると仮定した。
Ⅲ．米軍再編関係経費も同じく、すべて沖縄県内で執行されていると仮定した。
Ⅳ．基地交付金とⅤ．基地調整金は所在地市町村の土木比率を求め、それを掛けた数値を投資Ⅰとして扱った。
Ⅷ．米軍直轄購入は沖縄建設新聞が米国連邦政府の調達データベースからまとめた米国政府が2012会計年度（11年10月～12年9月）に契約した県内米軍基地に係る工事や物品の調達額（琉球新報）[1]を使用した。

米軍基地関連需要の直接効果の域内消費は、消費Cに平均域内消費率を掛けて算出した。

**米軍基地関連需要**
米軍基地需要はまず予算額（2015年度）を求めた。沖縄関連の数値が

---

1　ryukyushimpo.jp/news/prentry-207546.html

秘匿になっている部分は、沖縄の全国に占める基地比率や従業者比率を基に推計した。それを投資Ｉと消費Ｃに分割し所得Ｙは消費性向を掛けて消費Ｃに転換し、需要額を求めた。さらに、沖縄県内における経済効果を求めるので、それに域内歩留率（自給率）を掛けて、直接効果を求めた。

その額は表２の通りである。投資Ｉと消費Ｃの合計は2900億25百万円である。それに域内消費率（自給率）を掛けて求めた直接効果は1717億43百万円である。

これらの米軍基地需要は恒常的なものと一過性のものに分けられる。Ⅱ．特別行動委員会（SACO）関係費、Ⅲ．米軍再編関係経費およびⅦ．北部振興は基地再編のための予算であり、再編が完了すれば消滅するからである。他は基地が存在する限り、恒常的に支出されるものである。

### 米軍基地の経済効果

以上の米軍基地需要を基に、産業連関分析により、経済波及効果を求めた。

### 計測結果

米軍基地需要すべての生産誘発効果は2856億28百万円で、県内総生産と比較できる（産業連関分析における生産誘発額は中間財が含まれている）付加価値誘発効果は1540億4百万円で就業誘発効果は32,467人となっている。この数値は、もし仮に米軍基地が消えたら、それだけ減少するすることを意味する。つまり、これだけの経済的な穴が空くことになる。

最もダメージを受ける業種は商業であり、続いて不動産、運輸、対個人サービス、食料品・たばこ・飲料の順になっている。

表4-2-2 経済波及効果

| 全体<br>単位：百万円 | | 経済波及効果 | 付加価値誘発効果 | 就業誘発効果 |
|---|---|---:|---:|---:|
| 0100 | 農業 | 3,195 | 1,158 | 1,553 |
| 0200 | 林業 | 68 | 36 | 10 |
| 0300 | 漁業 | 130 | 65 | 25 |
| 0400 | 鉱業 | 231 | 117 | 18 |
| 0500 | 食料品・たばこ・飲料 | 11,557 | 4,111 | 928 |
| 0600 | 繊維製品 | 330 | 172 | 179 |
| 0700 | 製材・木製品・家具 | 128 | 65 | 19 |
| 0800 | パルプ・紙・紙加工品 | 484 | 183 | 27 |
| 0900 | 化学製品 | 685 | 292 | 72 |
| 1000 | 石油製品・石炭製品 | 6,494 | 178 | 12 |
| 1100 | 窯業・土石製品 | 2,966 | 1,032 | 206 |
| 1200 | 鉄鋼 | 2,040 | 290 | 15 |
| 1300 | 非鉄金属 | 96 | 22 | 11 |
| 1400 | 金属製品 | 952 | 337 | 162 |
| 1500 | 一般機械 | 12 | 7 | 4 |
| 1600 | 電気機械 | 1,138 | 480 | 88 |
| 1700 | 輸送機械 | 1,720 | 618 | 28 |
| 1800 | 精密機械 | 96 | 37 | 8 |
| 1900 | その他の製造工業製品 | 1,393 | 696 | 275 |
| 2000 | 建築及び補修 | 2,907 | 1,332 | 339 |
| 2100 | 土木建設 | 34,436 | 14,467 | 4,013 |
| 2200 | 電気・ガス・熱供給 | 8,311 | 3,099 | 96 |
| 2300 | 水道・廃棄物処理 | 3,287 | 1,782 | 211 |
| 2400 | 商業 | 49,129 | 28,535 | 8,560 |
| 2500 | 金融・保険 | 7,493 | 5,583 | 598 |
| 2600 | 不動産 | 23,258 | 19,328 | 894 |
| 2700 | 運輸 | 20,015 | 10,624 | 1,295 |
| 2800 | 情報通信 | 21,674 | 12,465 | 936 |
| 2900 | 公務 | 1,764 | 1,124 | 126 |
| 3000 | 教育・研究 | 11,559 | 9,575 | 1,013 |
| 3100 | 医療・保健・社会保障・介護 | 6,391 | 4,089 | 815 |
| 3200 | その他の公共サービス | 2,282 | 1,084 | 428 |
| 3300 | 対事業所サービス | 17,475 | 11,577 | 2,777 |
| 3400 | 対個人サービス | 37,733 | 18,676 | 6,456 |
| 3500 | その他 | 4,200 | 805 | 271 |
| | 合計 | 285,628 | 154,040 | 32,467 |

筆者計測

## 観光収入との比較

沖縄のリーディングセクターである観光産業と米軍基地需要の経済波及効果を比較してみよう。直接効果は観光収入が6022億14百万円で、米軍基地関連需要が1717億43百万円であり、経済効果は観光の生産誘発効果が1兆143億34百万円、付加価値誘発効果が4437億79百万円、就業誘発が125,749人で米軍基地関連需要の生産誘発効果が2856億28百万円、付加価値誘発効果が1540億40百万円、就業誘発が32,467人となり、前者が

図4-2-1 観光と米軍基地の経済波及効果の比較

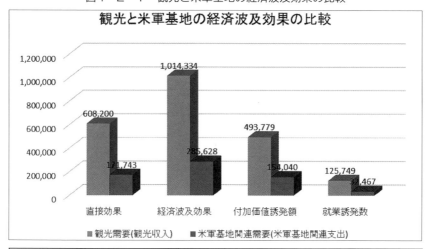

| 単位：百万円、人 | 直接効果 | 経済波及効果 | 付加価値誘発額 | 就業誘発数 |
|---|---|---|---|---|
| 観光需要（観光収入） | 608,200 | 1,014,334 | 493,779 | 125,749 |
| 米軍基地関連需要（米軍基地関連支出） | 171,743 | 285,628 | 154,040 | 32,467 |

出所：沖縄県文化観光スポーツ部観光政策課資料及び筆者計測による。

大きく凌駕している。つまり、沖縄経済において、観光産業は米軍基地需要より大きなプレゼンスを占めている。

### 返還前と後の比較

沖縄県が2015年1月にまとめた「駐留軍用地跡地利用に伴う経済波及効果等に関する検討調査」に基づき、キャンプ桑江、キャンプ瑞慶覧、普天間飛行場、牧港補給基地、那覇港湾施設の返還前と後の経済効果を見てみよう。[2]

返還前後の比較で留意すべきことは、土地造成、公共施設等の一過性

---

[2] 同調査書で述べているように時系列の比較は社会・経済状況の変化に留意して比較すべきである。

の投資需要による経済波及効果と完成後経常的に経済活動をする効果を分けるべきである。生産誘発効果において、那覇軍港施設が38倍と極めて高くなっている。「アジアをつなぐ、国際競争力ある物流拠点の形成際物流」としてアジア経済戦略構想において位置づけられている那覇港湾施設の発展可能性が、臨空都市・臨港都市として市場経済の視点から評価されていると解釈できる。

普天間飛行場も28倍となっており、返還後の民活利用が大きく期待されている証左であろう。ドーナツ都市と呼ばれ、市の中心部が米軍基地に占有され、発展が外郭への展開を余儀なくされている宜野湾市としては、普天間飛行場の跡地は均衡ある発展のために、重要である。沖縄県の臍に当たる場所が市場に評価されたためであろう。

牧港補給基地も12倍となり、計測地全体の合計でも15倍となり、返還後の経済発展可能性が前の現状を大きく凌駕している。

これら5施設の返還後の経済波及効果は8383億円となっており、前述の沖縄県の米軍基地全体が、仮に消滅したときの2856億28百万円を大きく凌駕している。

地権者の視点というミクロの次元でも、軍用地料の収入が返還後の土地利用収入が上回るという現象が那覇市の新都心、北谷町の美浜、北中城村のライカム等で起こりつつある。

地権者の視点から見ると、軍用地料より、返還後の方が資産活用の利益が多く、沖縄経済全体から見ると、返還後の土地利用のビジネスが拡大し、沖縄の発展につながる。この事実は、これまで安全保障論や地域における犯罪・事故等において論じられた「沖縄の基地問題」で新たに経済論で論じるパラダイムシフトを起こしている。

課題は沖縄経済のボリュム（経済のパイ）が急速に増えない中、返還地域が隆盛しても返還地以外の既存の商業地等の経済がダウンすることが考慮されていない。その検証は今後に譲りたい。

表4－2－3　経済効果

| 活動による経済波及効果 | | 返還前 | 返還後 | 倍率 |
|---|---|---|---|---|
| キャンプ桑江 | 生産誘発額（億円／年） | 44 | 334 | 8倍 |
| | 所得誘発額（億円／年） | 11 | 85 | 8倍 |
| | 誘発雇用人数（人） | 351 | 3,409 | 10倍 |
| | 税収効果（億円／年） | 5 | 41 | 9倍 |
| キャンプ瑞慶覧 | 生産誘発額（億円／年） | 119 | 693 | 6倍 |
| | 所得誘発額（億円／年） | 30 | 208 | 7倍 |
| | 誘発雇用人数（人） | 954 | 7,386 | 8倍 |
| | 税収効果（億円／年） | 13 | 88 | 7倍 |
| 普天間飛行場 | 生産誘発額（億円／年） | 130 | 3,604 | 28倍 |
| | 所得誘発額（億円／年） | 35 | 928 | 26倍 |
| | 誘発雇用人数（人） | 1,074 | 34,093 | 32倍 |
| | 税収効果（億円／年） | 14 | 430 | 32倍 |
| 牧港補給地区 | 生産誘発額（億円／年） | 224 | 2,675 | 12倍 |
| | 所得誘発額（億円／年） | 57 | 670 | 12倍 |
| | 誘発雇用人数（人） | 1,793 | 24,928 | 14倍 |
| | 税収効果（億円／年） | 24 | 316 | 13倍 |
| 那覇港湾施設 | 生産誘発額（億円／年） | 28 | 1,076 | 38倍 |
| | 所得誘発額（億円／年） | 7 | 275 | 38倍 |
| | 誘発雇用人数（人） | 228 | 10,687 | 47倍 |
| | 税収効果（億円／年） | 3 | 130 | 42倍 |
| 合　計 | 生産誘発額（億円／年） | 545 | 8,383 | 15倍 |
| | 所得誘発額（億円／年） | 141 | 2,165 | 15倍 |
| | 誘発雇用人数（人） | 4,400 | 80,503 | 18倍 |
| | 税収効果（億円／年） | 57 | 1,004 | 18倍 |

出所：沖縄県「駐留軍用地跡地利用に伴う経済波及効果等に関する検討調査」平成27年1月による。

## 3．基地跡地利用の展開

　基地跡地に都市機能が生まれ、商業を中心に活性化している地域に共通の現象が見られる。開放前の軍用地料収入を上回る地料、家賃、商業、工業等の経済活動のボリュームがあり、公共施設等が設備され、住環境としても良好になりまちづくりとして成功している。那覇新都心、北谷の美浜地区、北中城のライカム等がある。
　また、これからの基地返還地については外資が興味を示し投資が展開し

ている。これは基地跡地の可能性を市場が認めていることの証左であろう。外資は世界中のビジネスチャンスを吟味して最も利益があるところに投資をするのが常である。それら成功要因として以下のことが挙げられよう。

(1) **返還地は真っ白なキャンバス**

　基地返還地には原則として既存の構築物がなく、自由な発想でコンセプトをつくり、まちづくり計画的に設計することが出来る。景観や町並みについての協定を結ぶこともでき、「新しいまち」のイメージを発信できる。旧態依然としたまちではなく、斬新なまちの「イメージ」が都市機能や商業機能の構築を成功させている。

　ラグジュアリーなホテルが立地するのも既存の構築物がなく自由にデザインできるからであろう。

(2) **交通要件**

　北谷の例では58号線が眼前にあり、他の地域でも幹線道路に近接しており、交通量の多さが成功の要因となっている。交通量はいわば需要が眼前に走っていることでもあり、駐車場の拡充により集客することができる。幹線道路への近接性というロケーションが成功要因となっている。

(3) **駐車場**

　車社会での買物の動向は実質距離から時間距離へと転換し、駐車場が集客の大きな要因となっている。北谷の町営駐車場をはじめ、店舗の有する駐車場が多く、ドアツードゥの利便性が集客力を大きくしている。那覇市の旧市街地等の駐車場が不便なところでは軒並み集客力が衰え、活力を失っているとのは対象的である。

(4) **公共施設**

　返還地では公園、運動場、野球場さらにビーチ・マリーナ等の公共施設が設置され、買い物だけでなく、憩いの場として人を惹きつ

けている。これらは県内外の観光客も引き寄せ、レジャー及び観光のスポットとなっている。

(5) **商業機能の立地（先導的役割)**

まちづくりのコンセプトが示され商業機能が当初から立地し、先導的な都市機能拡充の役割を担っている。基地返還地に限らず商業機能が萌芽し発展していく過程で核になる企業の先導的役割がある。その核を中心に異業種との補完関係だけでなく同業種の競争等を通じて相乗効果が生まれている。

(6) 市町村の企業誘致

市町村の企業誘致活動も不可欠の要因である。


**北谷町**

北谷町は町土の約53％は米軍用地で占められ、基地跡地利用が今後の発展の大きな課題となっていた。町の東部から中央部は丘陵地をなし西部は平坦で国道58号が南北に伸びている。公有水面埋立や返還軍用地の跡地利用による西海岸一帯の開発、整備も進み、美浜アメリカンビレッジの商業発展は沖縄県内でも「基地跡地利用の成功事例」として高い評価を受けている。さらに「人にやさしい」をテーマにした世界に誇れるウォーターフロントの形成をめざしたフィッシャリーナ計画も進んでいる。大型ホテル、ショッピングセンター専門店の進出がめざましく、観光客も含めて人々を引きつけ、魅力あるまちとなっている。


地区計画
- 桑江地区地区計画
- 美浜地区地区計画
- フィッシャリーナ地区地区計画
- 桑江伊平地区地区計画

図4-3-1　美浜　サンセットビーチ

出所：北谷町

**人材育成拠点の必要性**

　跡地利用の成功事例として注目を浴びる経済発展を遂げてきた北谷町ではあるが、文化、生活（Well-being）の発展・昇華までさらに高め、持続的発展を維持するためには「知の拠点」が必要である。

　沖縄21世紀ビジョンには以下のことが示されている。資源が少ない島嶼圏沖縄が発展する最大の拠り所は人材である。時代変化へ柔軟に対応し、先見性に富み、発展を支える人材の育成が求められている。沖縄で最も力を入れるべき政策の一つは教育であり、人材育成である。国際化が進行する中で時代変化に適応し、英知によって発展の糸を紡ぐのは人である。人材は、天賦の宝であり、発展力でもある。人材としての子ども達を希望と夢の原石として捉え、時代変化に対応し先見性に富み、発展を支える技術を持った人に磨き上げる。

　アジアをはじめ世界との交流を通じて、世界水準の知の拠点を形成し、グローバルスタンダートの知的水準を具備した人材の育成を図り、世界に通用する人材を輩出する。

### 知の拠点の形成

「グローバルな課題等をテーマにした海外文化交流等を通じて国際理解教育を推進するとともに、中学生から社会人までを対象とするアジア、米国、欧州等への留学・研修制度の充実を図ります。」（沖縄21世紀ビジョン基本計画）

「返還される駐留軍用地の跡地は、地域にとって新たに生まれた利用可能な間となることから、跡地の迅速かつ効果的な利用を進め、当該地域ひいては沖縄全体の振興につなげていく必要がある。」（沖縄21世紀ビジョン）

基地の桎梏により、発展が制約された北谷町にとって、基地跡地に「知の拠点」として「外国大学（仮称）」を設置することは、教育水準の向上はもとより、21世紀のグローバル社会を展開する人材育成に貢献し、アジアそして世界への「橋頭堡」となり、沖縄の自立発展に大きく寄与する。

図4-3-2　知の拠点のイメージ図

出所：北谷町・大成建設

**北中城村　泡瀬ゴルフ場跡地**

アワセゴルフ場地区は平成8年3月に開催された日米合同委員会において『嘉手納弾薬庫地区内（旧東恩納弾薬庫地区）への移設』を条件に返還合意された面積約48haの軍用地である。

北中城村は跡地利用に次のようなコンセプトを入れた。

（生活拠点施設地区）……医療、福祉コミュニティの核となる高齢化社会に対応した医療・福祉施設等の誘導を図る《誘致施設の例》病院、福祉施設

（複合型商業交流施設地区）……商業、観光、防災広域交流拠点の核となる観光・文化・商業施設等の誘導等を計画した。

その結果、大型商業施設が入り、活況を呈している。

図4-3-3　返還後のアワセ地区

出所：http://www.aeonmall.com/upload/1393563111.pdf

**西普天間地区**

返還される米軍用地の跡地が一大医療拠点として生まれ変わる可能性が出てきた。来年3月に返還されるキャンプ瑞慶覧の西普天間住宅地区（宜野湾市）である。築30年を迎え、老朽化が激しく建て替えを計画していた琉球大医学部付属病院（西原町）が医学部を含め、同跡地に移転

第4章　基地跡地利用

する計画を進めている。

「経済財政運営と改革の基本方針2015」(平成27年6月30日閣議決定)において、「西普天間住宅地区について、関係府省庁の連携体制を確立し、国際医療拠点構想の具体的な検討を進めた上で、同地区への琉球大学医学部及び同附属病院の移設など高度な医療機能の導入をはじめとす

表4-3-1　西普天間地区跡地利用振興についての提言

| 概要 | 西普天間基地跡地振興についての提言(案)<br>―OMIC構想の実現に向けて― | 平成26年6月12日<br>沖縄振興調査会<br>西普天間基地跡地振興に関するWT |
|---|---|---|

**西普天間基地跡地振興に関する基本的な考え方**
沖縄県・宜野湾市による「国際医療拠点」の形成に向けた取組を尊重・後押し
〜重粒子線治療施設、琉球大学医学部・同附属病院の集積〜
【主な論点】
・跡地利用の取組の迅速化
・公共用地の先行取得の実施
・国道58号へのアクセス確保
・国際医療拠点の形成に対する県民・地権者の理解

**OMIC(Okinawa Medical Innovation Center)構想**
【背景】
　国内の療薬品開発力の強化、健康長寿の復活など
【事業目的】
　①医療ビッグデータ(米国サンディエゴ海軍医学研究センター等)を活用した新薬の研究開発支援
　②国際標準の人材育成
　③沖縄県への地域貢献
【事業展望】
　基盤フェーズ(1〜3年)　新薬開発に関するデータ提供・共同開発等の開始
　展開フェーズ(4〜9年)
　新薬開発の新規手法の確立等
　発展フェーズ(10年〜)
　革新的な医薬品・新産業の創出
【連携】
　琉球大学医学部、OIST(沖縄科学技術大学院大学)等との連携

**今後の検討課題**
1. 跡地利用の迅速化
   ・返還前の掘削を伴う立入調査の実現
   ・埋蔵文化財調査の円滑な実施
   ・合意形成による都市計画決定等速やかな実施　など
2. 先行取得制度の見直しの検討(期間・面積)
3. 国道58号へのアクセス確保
   (インダストリアルコリドー南側の早期返還等)
4. 県民・地権者の理解等
   「国際医療拠点」の形成が県民福祉の増進や県の振興に及ぼす効果の具体的な説明
   スマートコミュニティ(環境負荷低減)の展開

**OMIC構想の課題**
1. 新薬開発戦略立案の活性化に向けた新たな特区の施策や日本医療研究開発機構との連携も視野に入れた議論
2. 接続可能で透明性の高い組織形態の検討
3. データ解析環境(高い機密性、複数のデータの統合等)の確保
   (インダストリア・コリドー南側の早期返還等)
4. 国内外の研究機関、アカデミア、知的クラスターとの連携

◆西普天間住宅地区の跡地利用は先行モデル。跡地利用の推進は国及び地方公共団体の責務(跡地利用特措置法)
◆OMICは、米国の協力による独自のプロジェクト
◆関係者(地権者・市・県・国)が連携し、跡地利用が沖縄県の振興、わが国全体の経済活性化につながることを強く期待

出所:自民調査会WT／西普天間住宅地区に新薬開発拠点提案／跡地利用の先行モデルに

る駐留軍用地跡地の利用の推進を図る。」とされた。

　今後の沖縄の医療体制は、国際性と離島の特性を踏まえたものとすべきであり、西普天間住宅地区跡地に設ける医療拠点については、県立病院とともに、国際性と離島の特性を特徴とする沖縄健康医療体制の中核となる沖縄健康医療拠点を構築するという。その基本は「高度医療・研究機能の拡充」、「地域医療水準の向上」、「国際研究交流・医療人材育成」の3つである。[3]

　宜野湾市が示している跡地利用案では、返還総面積約51ヘクタールのうち、19～20ヘクタールを「国際医療拠点ゾーン」と位置付けている。琉大付属病院と医学部が移転することになれば、沖縄全体の経済発展に寄与する。

### 浦添市　キンザー跡地利用計画

　基本構想では、「ずっと輝く人・海・文化～浦添の未来を拓く空間キンザー～」をまちづくりのテーマとして掲げ、5つの将来像と10の基本目標を設定している。一方で、沖縄県全体の振興発展の観点から県が策定した「中南部都市圏駐留軍用地跡地利用広域構想」では、本地区の整備コンセプトを「人・海・文化を活かした国際的エンターテイメント都市」と掲げている。

　このため、本地区は、西海岸に面し空港に近接する恵まれた立地条件を活かして、国内外から人を呼びこみ海や文化といった地域資源を通して交流を図ることにより、沖縄の振興発展をけん引する役割が求められている。

　基本計画のコンセプトは、基本構想の将来像である「発展するまち」「交流するまち」を具現化するための「発展・交流のまちづくり」を柱

---

[3]　西普天間住宅地区における国際医療拠点の形成に関する協議会報告「国際性・離島の特性を踏まえた沖縄健康医療拠点について」平成29年4月26日

としている。

経済波及効果も推計されている。経常的な経済活動にも基づく売上（直接効果）は895億30百万円と予測し、直接効果も含む経済波及効果は1351億66百万円と推計している。

キンザー跡地利用は58号線沿いであり、商業地としての立地可能性が高いことを示している。

表4-3-2　跡地利用における経済効果

| 効果の内訳 | 単位 | 生産波及効果額 | | |
| --- | --- | --- | --- | --- |
| | | 直接効果額 | 直接効果額＋1次効果額 | 直接効果額＋1・2次効果額 |
| 売上による経済波及効果額 | 百万円／年 | 88,340 | 113,818 | 135,166 |
| 建設費による経済波及効果額 | 百万円 | 204,472 | 279,343 | 336,059 |

出所：浦添市「牧港補給地区　跡地利用基本計画策定業務報告書」、平成25年3月

### 那覇軍港

那覇軍港（那覇港湾施設）は、2013年4月の「沖縄における在日米軍施設・区域に関する統合計画」で、浦添に建設される新たな施設に移設という返還条件が満たされ、返還のための必要な手続きの完了後、2028年度又はその後に返還が可能と示されている。[4]

那覇市は1996年に那覇軍港跡地利用計画（基本構想）を策定し、以下の開発の基本コンセプト及び基本方針を示している。[5]しかし、策定から

---

4　防衛省「再編実施のための日米ロードマップ」平成18年5月1日
5　那覇市都市計画部・那覇軍用地等地主会「那覇軍港跡地利用計画（基本構想）調査報告書　平成8年3月」

時間が経過し現状にそぐわなくなった計画もあり、バージョンアップが必要である。

　2016年に那覇市は、跡地利用計画策定にかかる検討体制、プロセス、合意形成活動などをまとめた那覇軍港跡地利用計画策定手順書（原案）を作成し、那覇軍港跡地利用計画の策定に向け、港湾計画等の関連する計画、他の中南部エリアとの関連性・他駐留軍用地跡地の動向、軍港周辺開発動向などを開発条件として整理している。[6]

　那覇空港及び那覇港湾地域は、アジア経済戦略構想の重点戦略である「アジアをつなぐ、国際競争力ある物流拠点の形成」「世界水準の観光リゾート地の実現」「航空関連産業クラスターの形成」の拠点であり、隣接する那覇軍港の跡地利用はこれら重点戦略を推進する上で、極めて重要である。

　現在、沖縄県は臨空都市、臨港都市に機能を推進しており、アジアのダイナミズムの拡大に対応すべく拡張性を検討しており、那覇軍港の共同使用、自衛隊基地との調整も含めた調査を行っている。那覇軍港跡地は大きなポテンシャルがあり、それを実現するまちづくりが望まれている。

**基本コンセプト**

(1) **国際交流・交易を支援する新拠点づくり**
　　臨空港、臨港という地域の特性を活用し、全県的に推進する国際交流・交易を支援するまちづくりを行う。

(2) **歴史的な港の特色を活かした那覇市のゲート空間の形成**
　　御物城や屋良座森城など歴史的な遺産を活かし、那覇市のゲート

---

6　那覇市「那覇軍港跡地利用計画（開発条件の整理）及び地権者等合意形成活動支援業務報告書（概要版）　平成30年3月」

として特徴ある開発を行う。
(3) **都市型リゾートの快適な居住空間の形成**
　充分な植栽と親水性のある開発手法により、都市型リゾートの快適な居住空間を実現する。
(4) **ウォーターフロントと海洋レクリエーションの形成**
　都市型のウォーターフロント開発として、市民が気軽に利用でき、また多様な海洋レクリエーションに参加できるような開発を実現する。

　那覇港湾施設について都市機能ビジョンとの関係で見ると、以下のようなポテンシャルが考えられる。
　① 交流・貢献：臨空・臨港、中心市街地への立地優位性を活かした

図4-3-4　那覇軍港跡地利用のイメージ

出所：那期市都市計画部・那覇軍用地等地主会「那覇軍港跡地利用計画（基本構想）調査報告書平成8年3月」

ウォーターフロント型都市リゾート形成のポテンシャル
② 自然・共生：水辺や歴史的資源を活かした海洋レクリエーション拠点形成のポテンシャル
③ 産業：臨空・臨港型産業機能立地のポテンシャル
④ 都市構造：臨空・臨港型の流通・加工・交易産業エリア形成のポテンシャル

　まちづくりテーマとの関係で見ると、以下のようなポテンシャルが考えられる。
① 環境・景観：歴史的資源（三重グスク跡、御物グスク跡）を活かした水と緑と歴史のウォーターフロントネットワーク形成のポテンシャル
② 交通：沖縄西海岸道路の整備等に伴う、那覇空港と多拠点を結ぶ新たな公共交通システム導入・自動車過大依存改善のポテンシャルと海上交通ネットワークの拠点形成のポテンシャル
③ 商業機能：海洋レクリエーション、臨空・臨港型産業を補完する商業機能創出のポテンシャル

　このようなポテンシャルの観点からすると、那覇港湾施設については、臨空・臨港及び歴史的ウォーターフロント、中心市街地等を活かして、「水辺や歴史的資源を活かした海洋レクリエーション拠点の形成や臨空・臨港型産業機能の立地、那覇空港と多拠点を結ぶ利便性の高い公共交通システムの導入」を総合的かつ計画的に進め、新たな振興の拠点を形成することが望まれる。[7]

---

[7] 那覇軍港跡地利用導入機能可能性調査業務調査報告書平成24年3月、那覇市〈ポテンシャルの検討〉～都市機能ビジョン及び3つのテーマの関連より～

# 第5章
# 沖縄の振興計画

沖縄振興開発計画等は復帰後の沖縄振興の指針となり、沖縄経済を大きく規定してきた。27年間にわたり、アメリカの統治下におかれた沖縄が復帰により日本の法体系の下に一元化された。また、それは琉球経済の日本経済への包摂を意味する。沖縄が日本に組み込まれる中で、均衡ある国土の理念の下、「格差是正」を通じ、制度・インフラの平準化・均一化が進行した。他方、関税障壁の消滅により、沖縄の地元企業は本土の企業と同じ土俵での競争を余儀なくされ、淘汰された企業があった。
　復帰後40年を経て、第五次の振興計画である沖縄21世紀ビジョン基本計画から国の計画はなくなり、沖縄県の計画となった。国の計画は消滅したが、それを支える政府の沖縄振興基本方針では、沖縄の潜在成長力が顕在化すれば「日本の再生」に役立つ旨のことが明記された。アジアの橋頭堡としての役割が高まり、外資の流入、外国人観光客の増大が続き、ここ数年は沖縄の景気が全国を凌駕している。
　格差是正の時代から最近の日本経済の再生に役立つ沖縄へと、沖縄経済の地位・役割が変遷した過程を沖縄振興計画策定の背景や意義、そして沖縄の社会・経済に対する影響・効果等を通じて見てみよう。

## 1. 沖縄振興開発特別措置法

　復帰後の沖縄振興開発計画は昭和47年（1972年）以降、30年間にわたって沖縄振興開発特別措置法のもとで進められてきた。その後平成14年（2002）「開発」の名が抜けた沖縄振興特別措置法が制定され、その後の沖縄振興計画の基となった。平成24年（2012年）に同改正法が成立・施行され、沖縄振興計画の策定主体が国から県に変更された。第五次振興計画は「沖縄21世紀ビジョン基本計画」と名称も変わり、県の計画となった。国の計画はなくなり、代わりに総理大臣が決定する沖縄振興基本方針が示された。

　沖縄振興開発特別措置法の第一条には「この法律は、沖縄の復帰に伴い、沖縄の特殊事情にかんがみ、総合的な沖縄振興開発計画を策定し、及びこれに基づく事業を推進する等特別の措置を講ずることにより、その基礎条件の改善並びに地理的及び自然的特性に即した沖縄の振興開発を図り、もつて住民の生活及び職業の安定並びに福祉の向上に資することを目的とする。」とある。

「特殊事情」とは
　① 沖縄が26年あまりにわたり我が国の施政権の外にあった「歴史的事情」
　② 広大な海域に多数の島が存在し本土から遠隔にある「地理的事情」
　③ 我が国でも希な亜熱帯地域にあること等の「自然的事情」
　④ 米軍施設・区域が集中しているなどの「社会的事情」
を指す。

　とりわけ、④「社会的事情」は、国土面積の約0.6％しかない沖縄県に、依然として全国の米軍専用施設面積の約70.6％が集中しており、沖縄の社会経済を現在に至って規定している。

　国の負担又は補助の割合の特例等が第5条で「振興開発計画に基づく

事業のうち、別表[1]に掲げるもので政令で定めるものに要する経費について国が負担し、補助する割合は、同表に掲げる割合の範囲内で政令で定める割合とするとして農林水産業、海岸保全、道路、河川等多くの領域における、高率補助や特例を設けている。

産業振興については、工業等開発地区の指定、農用地等の譲渡に係る所得税の軽減、事業用資産の買換えの場合の課税の特例、設備の新増設の場合の課税の特例、特定事業所の認定、情報通信産業振興地域の指定、観光振興地域の指定、航空機燃料税の軽減、中小企業の業種別の振興等における税制優遇等の特別措置が示されている。

また、自由貿易地域の指定が33条で規定され、指定保税地域、手数料の軽減や課税の特例等による貿易による振興が示されている。

他にも電気事業振興のための特別措置、職業の安定のための特別措置、転業等のための資金の確保等、沖縄失業者求職手帳の発給等、無医地区における医療の確保、離島の地域における高齢者の福祉の増進、交通の確保等、産業、福祉、交通の広い分野における特別措置が盛り込まれている。

沖縄振興特別措置法は沖縄振興開発特別措置法にとって代わる形で、新たな法律として平成14年（2002）に施行された。平成24年（2012）に改正法が成立・施行され、沖縄振興計画の策定主体が国から県に変更され、第5次振興計画である「沖縄21世紀ビジョン基本計画」からは、国の計画ではなく、県の計画となっている。

「沖縄の地理的・自然的特性を考慮し、産業活動及び住民生活の基礎条件の改善、文化的所産の保存・活用、環境保全、良好な景観形成、豊

---

1 　別表には農林水産業、道路、港湾、空港、水道、都市公園、消防、保健所、児童福祉、生活保護、教育等の事業に対する高率の補助率が示されている。

## 表5－1－1　沖縄振興特別措置法

| 沖縄返還（昭和47年5月15日） |
|---|
| （琉球諸島および大東諸島に関する日本国とアメリカ合衆国との間の協定（昭和47年3月条約第2号）） |

**沖縄振興開発特別措置法**（昭和47年5月～平成14年3月）
（沖縄の振興を図るため、10年間の時限立法として沖縄返還日に施行。その後2度の期限延長）

| 第1次沖縄振興開発計画 | → | 第2次沖縄振興開発計画 | → | 第3次沖縄振興開発計画 |
|---|---|---|---|---|
| 昭和47年度～昭和56年度 | | 昭和57年度～平成3年度 | | 平成4年度～平成13年度 |

（注）法制定経緯：沖縄振興開発特別措置法案と一体となって沖縄振興に資することを目的として関連7法案（＊）が昭和46年度10月16日に第67回臨時国会に提案され、沖縄振興開発特別措置法は同年12月30日に可決成立。
（＊）関連7法案
①沖縄の復帰に伴う特別措置に関する法律案、②沖縄の復帰に伴う関係法令の改廃に関する法律案、
③沖縄における公用地等の使用に関する法律案、④沖縄振興開発特別措置法案、
⑤沖縄振興開発金融公庫法案、⑥沖縄開発庁設置法案、
⑦沖縄復帰に伴う防衛庁関係法律の適用の特別措置等に関する法律案

**沖縄振興特別措置法**（平成14年4月～平成34年3月）
（自立型経済の構築に向けた更なる総合的な取組を行うため、新たな法律として制定。24年度に1度期限延長）

| 沖縄振興計画 | → | 沖縄振興計画<br>（沖縄21世紀ビジョン基本計画） |
|---|---|---|
| 平成14年度～平成23年度 | （24年改正により計画策定主体が国から県に変更） | 平成24年度～平成33年度 |

出所：内閣府「沖縄振興の仕組みについて」平成28年による。

かな生活環境の創造に努める」とし、産業の振興のための特別措置が示されている。

① **観光の振興**

　観光振興計画を策定し、観光振興の方針、観光旅客の来訪の促進に係る方針、観光地の魅力の増進、観光旅客の受入れ体制の確保等の事項を定めるほか、観光振興地域の区域、利用者利便増進事業に関する事項及び環境保全型自然体験活動の推進に関する基本的な方

針についての事項を定めることとなった。

　沖縄型特定免税店は継続され、沖縄から本土へ出域する旅客が空港内の旅客ターミナル施設において購入した物品又は観光振興地域内の輸入品販売施設で購入し空港内の旅客ターミナル施設で引渡しを受ける物品について関税が免除されることになった。本土・沖縄本島路線に係る航空機燃料税の軽減も盛られている。

② **情報通信産業の振興**
　情報通信産業振興計画を作成し、情報通信産業振興の方針、情報通信産業の立地の促進、情報通信産業を担う人材の育成等の事項を定めるほか、情報通信産業振興地域及び情報通信産業特別地区の区域についても定め、課税の特例等が受けられることになった。

③ **自由貿易地域等**
　自由貿易地域及び特別自由貿易地域を指定し、課税の特例等の措置が講じられた。

④ **金融業務特別地区**
　金融業務特別地区を指定し、課税の特例等の措置が講じられた。

駐留軍用地跡地の利用の促進及び円滑化のための特別措置も示され、「国は、跡地の有効かつ適切な利用を促進するため、必要な財政上の措置その他の措置を講ずるよう努めなければならない旨の規定を設ける。」としている。

従来の金融特区を抜本的に見直した経済金融活性化特別地区の創設、情報通信産業振興地域等に係る地域指定権限等の沖縄県知事への移譲、

航空機燃料税の軽減措置の対象路線の拡大等が盛り込まれた。これらの措置を講ずるための沖縄振興特別措置法の一部改正が平成24年（2012年）に行なわれた。

**経済金融活性化特別地区の創設**

従来の金融業務特別地区を抜本的に見直し、新たに「経済金融活性化特別地区」を創設した。（名護市を指定）。具体的には、対象産業を金融業に限定せずに知事が設定するあらゆる業種を対象とすることを可能とするとともに、広く企業・ヒト・投資を呼び込む枠組みとした。また、大幅な要件の緩和・廃止を行うとともに、エンジェル税制の適用も可能とした。

図5-1-1　平成24年沖振法改正による計画体系の変更について

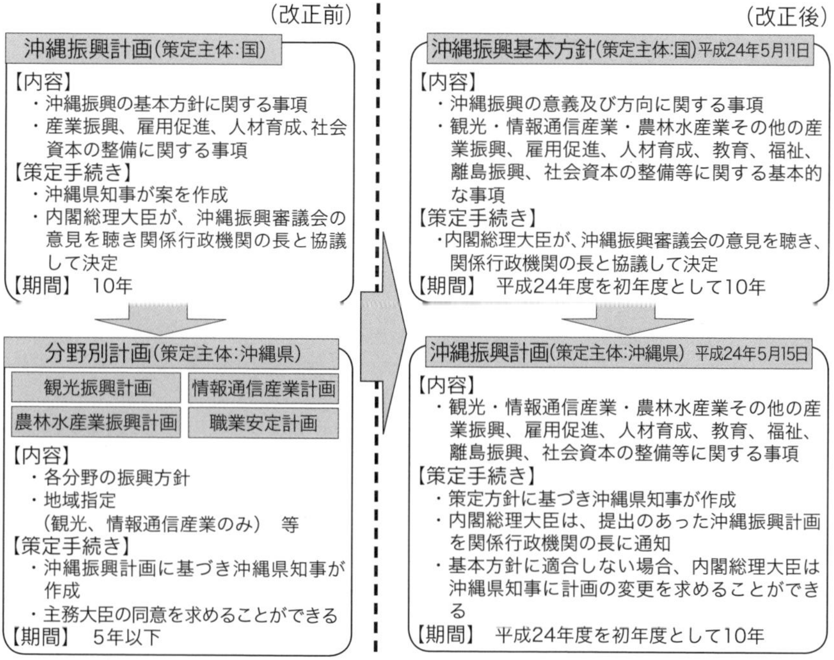

（改正前）

**沖縄振興計画（策定主体：国）**
【内容】
・沖縄振興の基本方針に関する事項
・産業振興、雇用促進、人材育成、社会資本の整備に関する事項
【策定手続き】
・沖縄県知事が案を作成
・内閣総理大臣が、沖縄振興審議会の意見を聴き関係行政機関の長と協議して決定
【期間】　10年

↓

**分野別計画（策定主体：沖縄県）**
観光振興計画　　情報通信産業計画
農林水産業振興計画　　職業安定計画
【内容】
・各分野の振興方針
・地域指定
　（観光、情報通信産業のみ）　等
【策定手続き】
・沖縄振興計画に基づき沖縄県知事が作成
・主務大臣の同意を求めることができる
【期間】　5年以下

（改正後）

**沖縄振興基本方針（策定主体：国）平成24年5月11日**
【内容】
・沖縄振興の意義及び方向に関する事項
・観光・情報通信産業・農林水産業その他の産業振興、雇用促進、人材育成、教育、福祉、離島振興、社会資本の整備等に関する基本的な事項
【策定手続き】
・内閣総理大臣が、沖縄振興審議会の意見を聴き、関係行政機関の長と協議して決定
【期間】　平成24年度を初年度として10年

↓

**沖縄振興計画（策定主体：沖縄県）平成24年5月15日**
【内容】
・観光・情報通信産業・農林水産業その他の産業振興、雇用促進、人材育成、教育、福祉、離島振興、社会資本の整備等に関する事項
【策定手続き】
・策定方針に基づき沖縄県知事が作成
・内閣総理大臣は、提出のあった沖縄振興計画を関係行政機関の長に通知
・基本方針に適合しない場合、内閣総理大臣は沖縄県知事に計画の変更を求めることができる
【期間】　平成24年度を初年度として10年

出所：内閣府「沖縄振興の仕組みについて」平成28年6月8日による

## 沖縄の特区・地域制度の改善

沖縄の地域、特区制度についても以下のように改定された。

① 情報通信産業地域・特区

地域指定を主務大臣から県知事に変え、対象資産の1000万を100万円へ、従業員10人から5人に要件変更し、所得税控除40%を継続した。

② 物流特区

主務大臣の指定から県知事へ変え、対象資産の1000万を100万円へと変え、航空機整備事業を追加した。

③ 金融業務特別地域

沖縄県知事が情報通信産業振興計画及び国際物流拠点産業集積計画を策定して、情報通信産業振興地域等を指定した。

沖縄県知事が、所得控除の課税特例の対象となる事業者を認定する。(従来は国が認定)。

## 航空機燃料税の軽減措置の拡充

航空機燃料税の軽減措置の適用対象に、沖縄と沖縄以外の本邦地域との間を航行する航空機に加えて、沖縄県内の区域内の各地間を航行する航空機を追加した。

## 一括交付金

特筆すべきは一括交付金(沖縄振興特別推進交付金・沖縄振興公共投資交付金)の創設である。沖縄の実情に即してより的確かつ効果的に施策を展開するため、沖縄振興に資する事業を県が自主的な選択に基づいて実施できる一括交付金の創設が沖縄振興特別措置法に明記された。2012年度補助金等適正化法を適用し、交付要綱に基づき、沖縄振興に資する事業の中から、沖縄県が作成する「沖縄振興交付金事業計画」に基

表5−1−2 沖縄振興一括交付金

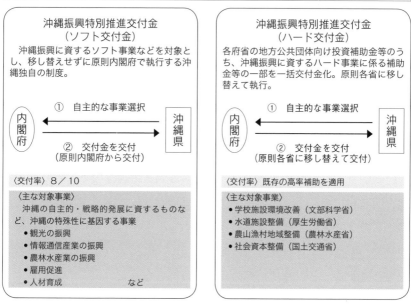

出所・内閣府Muribushi 2014年5月・6月「沖縄振興特別措置法の一部を完成する法律について」による。

づく事業に要する費用に充てるための交付金である。これは経常的経費である「沖縄振興特別推進交付金」と投資的経費である「沖縄振興公共投資交付金」に区分される。

　交付金は、沖縄県が沖縄の振興に資する事業等を自主的に選択して作成した沖縄振興交付金事業計画に基づく事業等の実施に要する経費に充

てるため、国が沖縄県に交付金を交付することにより、沖縄の実情に即した事業の的確かつ効果的な実施を図ることを目的とする。[2]

　沖縄県が自主的な選択に基づいて実施する沖縄の振興に資する事業等である。主な範囲は沖縄らしい優しい社会の構築、強くしなやかな自立経済の構築、沖縄の発展を担う人材の育成等であり、具体的には①観光・情報産業・農林水産業の振興、②雇用促進、人材育成、職業安定、③教育・文化の振興、④福祉の増進・医療の確保、⑤科学技術の振興、⑥情報通信の高度化、⑦国際協力・国際交流の推進、⑧駐留軍用地の跡地利用、⑨離島振興、⑩環境の保全、国防、国土の保全等が対象となる。

## 2．沖縄振興開発計画

　沖縄が日本に包摂される中で、均衡ある国土の理念の下に各県の平準化を図らねばならず、社会インフラや経済が低位にある沖縄県を「格差是正」により社会・経済及び福祉等の水準引き上げ、とりわけ社会資本や制度の整備により自立経済の促進を図り、県民のウェルフェアーの向上を推進することが沖縄振興の大きな役割となった。

　第一次から第三次までの基本方向や施策には大きな変化はない。目標は「格差是正」「自立的発展の基礎条件の整備」「平和で明るい活力のある沖縄」であり30年間にわたり、同じ目標となった。主な領域は社会資本、くらし・福祉・医療、自然環境、人間性の涵養、産業の振興、離島・農山漁村等であり、施策もほとんど同じである。社会資本の拡充やくらし・福祉・医療等の向上等領域が主に進められたのは、当初の大きな目

---

2　沖縄振興特別推進交付金交付要綱　第2条　交付の目的

標である「格差是正」を実現すことに重きが置かれたためであろう。第三次において、観光リゾートや国際交流拠点が新たに挿入されたのは「自立的経済の基礎条件の整備」のために産業振興や軍用地跡地利用が重要であり登場したと考えられる。

　第四次から、第一次から第三次までの沖縄振興計画において目標であった「格差是正」が外された。これは30年にわたる計画の中で、沖縄の社会・経済の水準、とりわけ社会資本面において、一定程度本土に近づき、アジアとの近接性等の優位性がある特色ある地域としての発展に転換し、民間主導による自立経済の促進に繋げるという政策意図があったと考えられる。

　また、第四次から「開発」の名が取れ、沖縄振興計画に名称が変更された。目的や施策の中に環境共生型の社会、健康福祉社会、持続的発展、安らぎと潤いのある生活空間等の文言が入り、開発、生産優先主義から自然と調和した均衡ある地域の実現に舵を切ったためであろう。

　第三次においては基本方向に「自立を目指した特色ある産業の振興」が載り、「自立」経済が強調された。第四次の「沖縄振興計画」がスタートする2002年には「沖縄振興特別措置法」が10年間の時限立法で設立された。(その後、改定法が成立し存続している。) 沖縄の「特殊事情」にかんがみ、総合的な沖縄振興開発計画を策定し、及びこれに基づく事業を推進する等特別の措置を講ずることが謳われている。

　沖縄振興計画（第四次）の基本方向では「アジア・太平洋の発展に寄与する地域の形成」が示され、はじめて「アジア」の名が出ている。知的クラスターとしての大学院大学も記され、世界水準を目指すことが示されている。また「駐留軍用地跡地利用の推進」もはじめて示され、基地問題への対応が窺える。

　各計画の概要は表の通りである。

表5-2-1　各沖縄振興計画の骨子

| | 第1次沖縄振興開発計画 | 第2次沖縄振興開発計画 | 第3次沖縄振興開発計画 | 沖縄振興計画 |
|---|---|---|---|---|
| 計画期間（10年間） | 昭和47年から昭和56年 | 昭和57年から平成3年 | 平成4年から平成13年 | 平成14年から平成23年 |
| 計画の目標 | ・本土との格差の早急な是正<br>・自立的発展の基礎条件の整備<br>・平和で明るい豊かな沖縄県の実現 | ・本土の格差は正<br>・自立的発展の基礎条件の整備<br>・平和で明るい活力のある沖縄縣の實現 | ・本土の格差は正<br>・自立的発展の基礎条件の整備<br>・広く我が国の経済社会及び文化の発展に寄与する特色ある地域として整備<br>・平和で活力に満ち潤いのある沖縄県を実現 | ・自立的発展の基礎条件の整備<br>・我が国ひいてはアジア・太平洋地域の社会経済及び文化の発展に寄与する特色ある地域としての整備<br>・平和で安らぎと活力のある沖縄県を実現 |
| 基本方向 | ・社会資本の整備<br>・社会福祉の拡充及び保険医療の確保<br>・自然環境の保全及び伝統文化の保護育成<br>・豊かな人間性の形成と県民能力の開発<br>・産業の振興開発<br>・国際交流の場の形成 | ・特色ある産業の振興開発と基盤整備<br>・豊かな人間性の涵養と多様な人材の育成及び文化の振興<br>・住みよい生活環境の確保と福祉・医療の充実<br>・均衡のとれた地域社会の形成と活力ある島しょ特性の発揮<br>・地域特性を生かした国際交流の場の形成 | ・自立化を目指した特色ある産業の振興<br>・地域特性を生かした南の交流拠点の形成<br>・経済社会の進展に対応した社会資本の整備<br>・明日を担う多様な人材の育成と学術・文化の振興<br>・良好で住みよい環境の確保と福祉医療の充実<br>・都市の整備と農山漁村、離島・過疎地域の活性化 | ・民間主導の自立型経済の構築<br>・アジア・太平洋地域の発展に寄与する地域の形成<br>・世界的水準の知的クラスターの形成―大学院大学を中心として―<br>・安らぎと潤いのある生活空間の創造と健康福祉社会の実現<br>・持続的発展のための人づくりと基盤づくり<br>・県土の均衡ある発展と基地問題への対応 |
| 施策 | ・交通通信系の整備<br>・水資源の開発及びエネルギーの確保<br>・生活環境整備等の整備<br>・社会福祉の拡充と保健医療の確保<br>・教育及び文化の振興<br>・自然環境の保全及び公害防止<br>・産業の振興開発<br>・余暇生活の拡充と観光の開発<br>・職業の安定と労働福祉の向上<br>・離島の振興 | ・水資源の開発及びエネルギーの確保<br>・交通体系の整備<br>・産業の振興開発<br>・観光レクレーションの振興<br>・自然環境と国土の保全及び公害防止<br>・生活環境整備等の整備<br>・社会福祉の拡充と保健医療の確保<br>・職業の安定と労働福祉の向上<br>・国際交流の場の形成と推進<br>・離島の振興 | ・産業の振興開発<br>・交通通信体系の整備<br>・水資源の開発及びエネルギーの確保<br>・観光リゾート地の形成及びレクレーションの振興<br>・南の国際交流拠点の形成<br>・都市・農山漁村の総合的整備と生活環境施設の整備<br>・自然環境と国土の保全及び公害防止<br>・教育及び学術・文化の振興<br>・社会福祉の拡充<br>・保健医療の確保<br>・職業の安定と労働福祉の向上 | ・自立型経済の構築に向けた産業の振興<br>・職業の安定と労働福祉の向上<br>・科学技術の振興と国際交流・協力の推進<br>・環境共生型社会と高度情報通信社会の推進<br>・健康福祉社会の実現と安全・安心な生活の確保<br>・多様な人材の育成と文化の振興<br>・継続的発展を支える基盤づくり<br>・離島・過疎地域の活性化による基盤づくり<br>・駐留軍用地跡地の促進 |

出所：第一次から第三次沖縄振興開発計画及び沖縄振興計画をもとに筆者作成

## 3．沖縄振興開発計画の点検（第一次から第四次まで）

　第五次（沖縄21世紀ビジョン基本計画）はまだ半ばであるので、第一次から第四次までの点検を行いたい。

　この間の予算は、第1次振興計画で1.4兆円、第2次で2.3兆円、第三次で3.6兆円、沖縄振興計画（第4次）で2.6兆円、合計9.9兆円となっている。

　これらの効果が目標をどれぐらい達成したかを、諸データを使用して点検してみよう。第1次から第3次までの目標は

　(1)　本土との格差是正

(2) 自立経済の基礎条件の整備
(3) 平和で活力に満ち潤いのある沖縄県

であった。第四次振興計画においては「格差是正」が目標から削除された。社会資本が全国水準に近づき、いつまでも格差にこだわるのではなく、自立の気概を持つべしとの意見やアジアとの地政学的優位性を生かした地域特性に根差した発展へ転換すべしとの声があったためである。ここでは「本土との格差」「自立経済の基礎条件の整備」の視点から、第一次から第四次にわたる振興計画の点検をしてみたい。

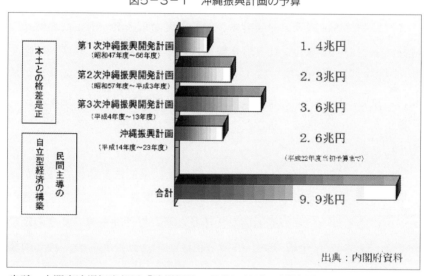

図5-3-1 沖縄振興計画の予算

出所：内閣府沖縄担当部局「沖縄振興の現状と課題―沖縄振興計画総点検結果―」平成22年8月による

### 点検報告書

沖縄県の点検報告書には本土との格差是正に関しては、補助事業や国の直轄事業に関する補助負担率のかさ上げが制度化され、各分野の補助事業や国直轄事業が展開されていった。病院施設、空港、港湾、道路など

の補助事業等を計画の施策と対応させ、内閣府一括計上方式として予算化する仕組みの下、本土との格差は縮小し県民の利便性は大きく向上した。

自立的発展の基礎条件の整備については、1972年から始まる第一次振興開発計画から、現行の沖縄振興計画にいたるまで、一貫した目標として掲げられている。道路や教育施設など基盤整備は、県民の利便性を大きく向上させるとともに、景気浮揚効果をもたらすなど需要を下支えし経済成長の一因となった。一方、経済成長のエンジンを組み込んだ供給構造に向かう効果については概ね間接的なものにとどまっており、各種地域指定制度の運用の状況についても民間主導の自立型経済の構築へ後押しする効果は限られたものになっている。

3次にわたる沖縄振興開発計画、2002年度からスタートした沖縄振興計画によって、基本的な社会資本整備は着実に進み本土との格差は縮小し、県民の利便性は大きく向上したが、産業経済面では、島嶼経済の不利性の克服には至っていないことなどから、県民所得は最下位であり、失業率が高水準で推移するなど、自立的発展に向けての歩みについては道半ばである。

「沖縄のもつ特殊事情を踏まえ、沖縄の発展可能性を開花させ我が国ひいてはアジア・太平洋地域の社会経済及び文化の発展に寄与するため、国による計画に基づく的確な支援及び新たな沖縄振興の制度の創設が必要である。」[3]と総括され、格差是正は改善されたものの、自立的発展の基礎条件の整備は道半ばであることが示されている。

この間の点検評価については、取組の成果として、県民の生活や産業振興の基盤となる社会資本整備を中心に、全体として見れば、本土との格差はかなり縮小してきている。ただし、道路等、本土と比べ整備水準

---

3 沖縄県「沖縄振興計画等総点検報告書―沖縄振興の現状と課題及び展望―」平成22年4月

の低い分野があること、社会資本整備の「質」の向上に着目することも必要となっていることも踏まえ、今後ともなお一層の「選択と集中」に努めつつ、目的志向型の総合的・戦略的な整備を図っていく必要がある。

産業においてはリーディング産業である観光・リゾート産業や情報通信関連産業のほか、地域特性を生かした産業の振興のための様々な施策・取組がなされており、一定の成果が上がっている。

しかし、一人当たり県民所得については、依然として全国最下位にとどまっているという状況にあり、完全失業率については、観光・リゾート産業や情報通信関連産業などを中心に雇用の場の創出が進んだものの、全国を上回る人口の伸び、雇用創出力の大きい製造業が少ないという現状、求人や求職のミスマッチ等を背景として、全国最悪の水準から脱するには至っていない。

また、「アジア・太平洋地域の発展に寄与する地域の形成」が基本方向の一つとして掲げられており、経済、学術、文化等における多角的な拠点づくりと交流の促進を目指すものとされているが、空港・港湾等ハード面の整備等は進められているものの、沖縄がその地理的特性を生かしつつ、潜在力を十分に発揮するにはいまだ至ってはおらず、さらなる取組が必要である。

離島振興についても、高齢化・過疎化が進む中、保健医療体制の確保や交通体系の整備等が引き続き課題となっている。

以上のとおり、「現行計画による各般の施策・取組については、個別に成果を上げたものも少なくないが、厳しい経済環境など社会経済情勢の変化等もあいまって、残された課題も多いと言わざるを得ない。」[4]と結んでいる。

---

4 内閣府沖縄担当部局「沖縄振興の現状と課題―沖縄振興計画総点検結果―」平成22年8月

**フレームの分析**

　各振興計画の当初年において、フレームとして10年後の県内総生産、デフレーター、一人当たり県民所得や産業構造の目標値が定められている。島嶼県である沖縄ではその特性上産業構造が第三次産業に偏らざるを得ず、観光等の比較優位の産業で経済をけん引するしかない。そのため、産業構造の資料は割愛した。

　県内総生産は各年のデフレーターを用いて計画の基準年次の価格に合わせた。

- **第一次振興開発計画**

　人口以外の目標はすべて未達成である。人口は100万人目標を111万8517人と上回ったが、就業者数は目標の46万人に対し、43万9000人と未達になっている。（労働力人口の目標は第一次振興開発計画で表示されていない。）県内総生産は目標の1兆円に対し7777億2822万円（昭和47年価格）で未達である。一人当たり県民所得も約99万円の目標に対し、62万1425円（昭和47年価格）で達成できていない。

- **第二次振興開発計画**

　人口、就業者数、労働力人口は目標をクリアーしている。しかし、県内総生産は目標2兆4000億円に対し、2兆3718万円となり、かなり近いものの、未達である。一人当たり県民所得も126万9532円（平成55年価格）で200万円の目標に及ばない。

- **第三次振興開発計画**

　人口以外は未達である。県内総生産は目標4兆9000億円に対し、3兆2943億円（平成2年価格）で、達成できず、その差も開いている。一人当たり県民所得は310万円の目標に対し、196万9829円（平成2年価格）

第5章　沖縄の振興計画

表5-3-1　フレームの目標と実績

| フレーム（計画期間中） | 目標 | 実績 | |
|---|---|---|---|
| | 第1次沖縄振興開発計画 | | |
| | 昭和47年から昭和56年 | 昭和56年　実績 | |
| 人口 | 100万人を超える | 111万8,517人 | |
| 就業者数 | 46万人 | 43万人9000人 | |
| 労働力人口 | | 46万3000人 | |
| 県内総生産 | 1兆円程度 | 7777億28.22万円 | 昭和47年価格 |
| 一人あたり県民所得 | 基準年次の33万円から3倍近くなる（99万円） | 62万1425円 | 昭和47年価格 |
| | 第2次沖縄振興開発計画 | | |
| | 昭和57年から平成3年 | 平成3年　実績 | |
| 人口 | 平成3年　120万人を超える | 123万0203人 | |
| 就業者数 | 平成3年　51万人を超える | 54万9000人 | |
| 労働力人口 | 平成3年　約53万人 | 57万2000人 | |
| 県内総生産 | 平成3年度　概ね2兆4000億 | 2兆3718億円 | 昭和55年価格 |
| 一人あたり県民所得 | 平成3年　約200万円（平成55年価格） | 126万9532円 | 昭和55年価格 |
| | 第3次沖縄振興開発計画 | | |
| | 平成4年から平成13年 | 平成13年　実績 | |
| 人口 | 平成13年　130万人を超える | 132万6518人 | |
| 就業者数 | 平成13年　約63万人を超える | 57万7000人 | |
| 労働力人口 | 平成13年　約65万人 | 63万人 | |
| 県内総生産 | 平成13年度　およそ4兆9000億円 | 3兆2943億円 | 平成2年価格 |
| 一人あたり県民所得 | 平成13年度　310万円を超える（平成2年価格） | 196万9829円 | 平成2年価格 |
| | 沖縄振興計画（第4次振興計画） | | |
| | 平成14年から平成23年 | 平成23年　実績 | |
| 人口 | 平成23年　約139万人 | 140万2740人 | |
| 就業者数 | 平成23年　約70万人 | 62万7000人 | |
| 労働力人口 | 平成23年　約139万人 | 67万4000人 | |
| 県内総生産 | 平成23年　約4兆5000億円 | 4兆596億円 | 平成12年価格 |
| 一人あたり県民所得 | 平成23年度　270万円を超える（平成12年価格） | 216万8547円 | 平成12年価格 |

出所：筆者計測及び作成

で6割程度しか達成していない。ともに全計画に比べて目標との乖離が大きくなっている。

• **沖縄振興計画（第四次振興計画）**

　同じく、人口以外は未達となっている。県内総生産は目標4兆5000億

円に対し、4兆596億円（平成12年価格）となり、かなり目標に近くなっている。一人当たり県民所得は270万円目標に対し216万8547円となり、未達となっている。県内総生産は目標にかなり近づいているが一人当たり県民所得が追いついていない実態がある。

**格差是正の点検**

　第一次から三次までの目標にある「格差是正」について、点検してみよう。フレームの分析でみたように一人当たり県民所得は4度の振興計画でも目標値を達成していない。時系列（名目）で全国の比較をしてみよう。
　沖縄が日本復帰した1972年当時の一人当たり県民所得は沖縄県が41万8550円で全国の72万790円に比べて低かった。その差は、その後1991年頃まで拡大し、以後はほぼ一定の差で推移している。全国は1991年から2007年頃までは緩やかに増加し、2008年はリーマンショックにより、低

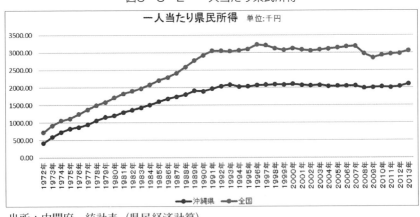

図5－3－2　一人当たり県民所得

出所：内閣府　統計表（県民経済計算）
http://www.esri.cao.go.jp/jp/sna/data/data_list/kenmin/files/contents/main_h26.html
時系列
内閣府　統計表（県民経済計算）
http://www.esri.cao.go.jp/jp/sna/data/data_list/kenmin/files/files_kenmin.htmlより作成

下し2010年頃から回復基調にある。沖縄県もほぼ同じ推移であるが、その差は縮っていない。

しかし、最近の沖縄県の一人当たり県民所得は、アジアからの観光客、投資、本土より企業立地等によりＶ字型に回復しつつある。

次に雇用状況の本土との差について見てみよう。1972年の全国の失業率は1.5％沖縄県は３％と２倍の高さであった。1976年頃までその差は拡大し、その後、やや一定の差で推移したが、1994年頃から差が拡大した。2011年頃からは差が減少傾向にある。

1977年は全国が2.2％であるのに対し、沖縄県は6.8％と３倍以上の失業率が存在した。日米両政府がいわゆる「佐藤・ニクソン共同声明」で1972年（昭和47）沖縄返還に合意した直後、財政悪化に悩むアメリカは、共同声明の後、基地機能を維持強化しつつ、経費節減を目的とした人員整理などの合理化を加速したためと考えられる。日本復帰時に約20,000人だった基地労働者約7,000人が解雇された。[5] 再雇用対策は採られたが、沖縄経済にそれだけの雇用を吸収するキャパシティが無かったため、時間差をおいて軍離職者失業者が滞積したためであろう。

1989年頃まではその差は、漸減傾向を示した。しかし概ね２倍の差があった。その後再び1998年頃まで差が拡大した。2000年頃から差が縮小してきている。全国は2008年のリーマンショック後失業率が上昇したが、沖縄はあまり影響を受けずに減少傾向を示している。

最近はアジアの需要の拡大による外国人観光、外資の流入等により、沖縄の景気が拡大し、雇用の面でも有効求人倍率も１を超え、失業率も３％となり失業も急速に改善しつつある。

---

5 沖縄県公文書館「あの日の沖縄」
http://www.archives.pref.okinawa.jp/news/that_day/6088

図5-3-3 失業率

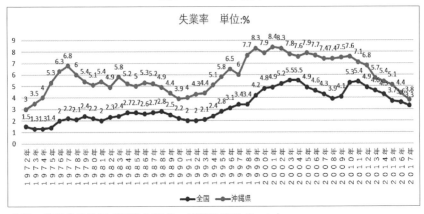

出所:総務省統計局「労働力調査 長期時系列データ」
http://www.stat.go.jp/data/roudou/longtime/03roudou.htm
沖縄県 労働力調査《年平均・年度平均データ集
http://www.pref.okinawa.jp/toukeika/lfs/yeardata.htmlより作成。

　マンパワーの面の格差を見てみよう。島嶼経済の発展の基礎は人材であり、その基本的資料として、大学進学率をみてみよう。復帰時の1972年は全国の大学進学率が29.8％で沖縄県は26.5％でその差は小さかった。その後全国が拡大したのに対し、沖縄県は低下を示し1997年頃までは30％弱で横ばいをした。その後沖縄県も増加したが、全国の伸びも高く、その差は縮まっていない。2017年現在で全国57.3％沖縄県39.5％となっている。

　最後に社会資本整備の面から見てみよう。沖縄においては、道路、河川、港湾、空港、土地改良、林業施設、漁港、義務教育施設、医療施設をはじめとした社会資本整備を行う場合は、全国的にみて最も手厚い負担・補助、いわゆる高率補助を国から受けることができるようになっているため、復帰後、格差は是正され、全国水準に近づいている。
　中には全国水準を上回る項目もあり、社会資本は復帰後拡充されている。

図5-3-4 大学進学率

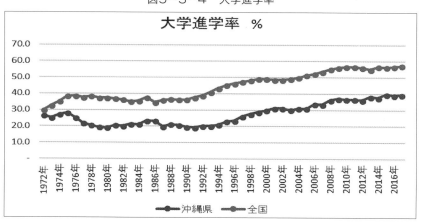

出所:文部科学省「学校基本調査」、沖縄県「学校基本調査」長期時系列統計データより作成。

　一次から四次(1972-2011年)までの「格差是正」の点検の結果、社会資本の面では格差は是正されたものの、依然として所得、雇用、大学進学率の指標では格差は存在するといえよう。

表5-3-2　主な社会資本整備

|  | 沖縄 | 全国 | 全国=100 |
|---|---|---|---|
| 河川整備率%　平成12年 | 51.4 | 41.8 | 123 |
| 人口当たり道路延長　m／千人　平成12年 | 5731 | 9190 | 62.4 |
| 面積当たり道路延長　m／k㎡　平成12年 | 3329 | 3087 | 107.8 |
| 住宅数(世帯当たり)　戸　平成10年 | 1.13 | 1.13 | 100 |
| 上水道普及率　％　平成12年 | 99.9 | 96.4 | 103.6 |
| 高等学校プール設置率　％　平成12年 | 95.2 | 65.4 | 145.6 |
| 10万人当たり一般病院床率　％　平成12年 | 1058.9 | 995.9 | 106.3 |

出所:沖縄総合事務局　Muribushi September　特集　沖縄振興計画の概要より抜粋

**自立的基礎条件の整備**

　第一次から第四次いたる目標の一つである自立的基礎条件の整備についてみてみよう。その指標としてマクロ的な技術進歩を示す生産変動要点分析（産業連関分析）を用いて分析したい。1975－2000年の比較は産業連関表を32部門に統一し、1975年価格を用いて計測した。

　まず、1975－2000年の比較をしてみよう。最終需要による生産増加は合計で3兆377億8600万円（1975年価格）である。最も大きな業種は公共サービスであり金融・保険・不動産、サービス業と続いている。他方、小さいのは石油・石油製品、繊維製品、製造工業製品となっている。総じていえば、第三次産業が最終需要によって生産が伸び、第一次及び第二次産業では生産がマイナスまたは低い状態になっている。

　技術進歩による生産増加は、全体でマイナス1兆8791億7700万円（1975年価格）となっており、技術進歩が見られない。鉱業、化学製品、ゴム・プラスチック製品等でプラスの値になっている以外はほとんどの業種でマイナスの値を示している。建築、公共サービス、公務等でマイナスの

図5－3－5　最終需要の変化による生産増加　1975－2000年

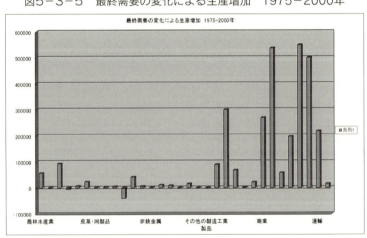

出所：筆者計測

値が大きい。

マクロ的に見ると、1975-2000年の間に技術進歩がほとんど見られず、自立的基礎条件の整備は進展しなかったといえよう。

図5-3-6　技術進歩による生産増加　1975-2000年

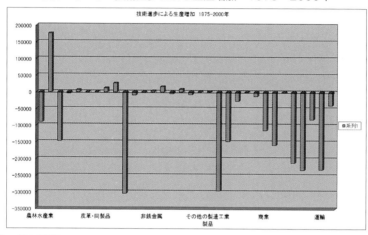

出所：筆者計測

過去4回にわたる振興計画では、未だ自立経済に至らず、道半ばであると点検報告書では評された。従前の踏襲では低位にある沖縄経済を政府が引き上げるという発想では展望は開けない。10年計画を5回も続けるためには、パラダイムシフトが求められた。それは「格差是正」から脱却し、「アジアの橋頭堡」の役割を通じて、日本経済の再生に役立つという新たなコンセプトであった。

まず、長期ビジョンの「沖縄21世紀ビジョン」を策定し、第5次振興計画である「沖縄21世紀ビジョン基本計画」では、その将来像の実現を目標とした。日本経済が人口減少に突入し、デフレからなかなか脱却出来ない反面、アジアのダイナミズムが沸騰する中、沖縄の地理的優位性が顕在化し、経済は好調を極め、千載一遇のチャンスが訪れている。

沖縄振興計画の転換期(パラダイムシフト)となった沖縄21世紀ビジョンと同基本計画について鳥瞰してみよう。

## 4．沖縄21世紀ビジョン

　過去四度にわたる振興計画によっても自立経済については、沖縄県は「自立的発展に向けての歩みについては道半ば[6]」であり、「潜在力を十分に発揮するにはいまだ至ってはおらず、さらなる取組が必要である[7]」と評した。

　沖縄県は次の振興計画に取り組む前に、2030年を目途とした長期のグランドデザインとして「沖縄21世紀ビジョン」を策定した。

　激変する時代において、未来を展望するためには、将来発芽する要素を埋め込み、現在及び将来の負の要素を排除するということを通じて、沖縄のあるべき姿、ありたい姿を示す、いわば「にぬふぁ星（北極星）」のような、道標となる長期的なビジョンの策定が必要である。もし事象、現象があるべき姿から乖離した場合は、その時々の政策で修正できるため、ユートピア方式と呼ばれている。

　県民意見を集約し、子ども達の笑顔が常に絶えない、希望と優しさに満ちた豊かな社会であることを願い策定した。ビジョンは、県民全体で共有する沖縄の2030年を目途とする将来像である。

**基本理念**

　沖縄の将来像を描く上で、今の沖縄の何を残し、何を変えていくのか、

---

[6]　沖縄県「沖縄振興計画等総点検報告書―沖縄振興の現状と課題及び展望―」平成22年4月

[7]　内閣府沖縄担当部局「沖縄振興の現状と課題―沖縄振興計画総点検結果―」平成22年8月

そのためにどうしたらよいのか、私たちはこれまで様々な県民議論を交わしてきた。こうした中から浮き彫りにされたのは、真の豊かさや大切なものを問い直す姿勢だった。

　豊かさとは何か、大切なものとは何か。それは人と人とのつながりのなかにあるのではないか、美しい自然環境の中にあるのではないか、歴史や文化を担うことにあるのではないか、安全・安心な地域社会にあるのではないか、希望と活力あふれる力強い経済活動そのものに宿るのではないか。そうした思いは、5つの将来像に託されている。そして、それらの将来像から、「自然や歴史、伝統、文化の大切さ」「交流と共生」「平和と豊かさ」「自立」等の価値観が導き出され、それを基礎に据え基本理念として定めた。

　21世紀に求められる人間尊重と共生の精神を基に、"時代を切り拓き、世界と交流し、ともに支え合う平和で豊かな「美ら島」おきなわ"を創造する。

### 時代を切り拓く

　時代を深いところで動かすのは、私たち県民が描く未来のありたい姿や理念である。日々の状況は、表面的には変わらないように見えても、ありたい姿や理念が動力源となり、動いていく。このことを踏まえ、県民一人ひとりが今の時代を創り、次の時代を切り拓く主人公であることを自覚し、生きがいを感じ、自立の精神に則り、明日に向かって意欲的に前進していく気運に溢れる社会を創造する。


### 世界と交流する

　アジアの十字路に位置する沖縄は、古くから交流を国家経営の重要な手だてとしてきた。未来においても交流の意義が失われることはない。さらに、グローバル化の進展による、人や、資本や、情報などの交流量の増大は、交流の主体の拡大をもたらしている。

　県民一人ひとりが、交流の主体としての可能性を自覚し、多様な交流

を展開することにより魅力あふれる社会を創造する。

### 支え合う
人間の幸せの源泉の多くは、人と人とのつながりの中にある。"イチャリバチョーデー"（出会えば人は皆兄弟）や"ユイマール"（共同作業など相互に助け合う伝統的な習慣）など、沖縄の伝統に根ざす人と人とのつながりを大切にする社会を創造する。

### 平和
歴史を踏まえ、平和を発信していく。また、我が国の平和の創造に貢献するため、アジア・太平洋諸国等との信頼関係の醸成の場として、文化、環境対策など多様な安全保障を創造していく場として、地域特性を発揮していく。

### 豊かさ
人口増加の続く沖縄は潜在成長力が高く、沖縄の自然、歴史、文化には経済発展に転化し、真の豊かな社会を創り出す力「ソフトパワー」が存在する。アジアのダイナミズムという時代潮流を捉え、我が国の発展の一翼を担う地域としての可能性を追求する。

### 美ら島―自然―
沖縄の自然は、天賦の貴重な贈り物であることを認識し、豊かな自然を守り、次の世代、さらに次の世代へ送りつなげる。

### めざすべき5つの将来像
時を超えて、いつまでも子ども達の笑顔が絶えない豊かな沖縄として、めざすべき将来像は、
① 沖縄らしい自然と歴史、伝統、文化を大切にする島

② 心豊かで、安全・安心に暮らせる島
③ 希望と活力にあふれる豊かな島
④ 世界に開かれた交流と共生の島
⑤ 多様な能力を発揮し、未来を拓く島

の5つである。これらは沖縄が「あるべき姿」「ありたい姿」である。[8]これらの将来像は第5次振興計画である「沖縄21世紀ビジョン基本計画」の目標になっている。

## 5．パラダイムシフト

　沖縄振興審議会[9]では、これまでの「格差是正」にみられるような援助してもらう沖縄から脱却した、パラダイム・シフト（新たな視点）からの振興理念、方針が必要であることが強く指摘された。その議論の中から、振興計画の新たな理念と役割が示された。それは「日本経済の再生に役立つ沖縄の潜在可能性」と「地域の視点からの発展」であった。

### 日本経済の再生に役立つ沖縄の潜在可能性

　まず、振興計画の理論的根拠である。「なぜ沖縄県だけ、国が関与して5回も10年の振興計画を推進するのかという疑問に対し、他の都道府県に対し示すべきある。」という意見が出た。これは米軍基地が存在するからという短絡的な誤解を避けるためにも必要であった。従前の弱者救済の論から脱却して、沖縄振興に政府が関わる確たる論拠を示さねばならなかった。

---

8　沖縄県「沖縄21世紀ビジョン〜 みんなで創るみんなの美ら島未来のおきなわ〜、平成22年3月」
9　筆者は沖縄振興審議会の委員（副会長）として参画した。

幸いなことに、時流が沖縄に味方した。中国をはじめとするアジアのダイナミズムが重層的に展開する中、人口が減少し、デフレに苦しむ日本経済は世界経済のプレゼンスで凋落を余儀なくされている。沖縄が両者の間で「アジアの十字路」として機能すれば沖縄の発展だけでなく「日本の再生」に役立つ時代が訪れたのである。

　人口減少時代に突入した日本では、国内市場が漸次狭まる中、国内の企業が海外市場とりわけ、成長著しいアジア諸国への展開を始めている。これは、アジアの枠組で、経済、社会活動をする時代に突入したことを意味する。沖縄は地政学的な優位性、歴史、文化、風土により、人を引きつける魅力（ソフト・パワー）を有しており、それは高次元のニーズ（健康・長寿、安全・安心、快適・環境等）に対応し先進国を更に発展（ポスト先進国）させる力をもつ。これらにより、沖縄はアジア規模の経済発展のプラットフォーム「橋頭堡（十字路）」に成り得る。

　アジア規模での経済の枠組みの展開、アジアのダイナミズムとの結節点、沖縄のソフトパワー、政策の優位性等を組み合わせた新機軸を沖縄で展開すれば、沖縄自らのみならず、「日本経済」を牽引することが可能となる。それは、日本経済の発展に貢献し、かつグローバルな発展に寄与するアジアの橋頭堡となる新機軸を展開することによって可能となる。

　今、中国を主とする経済成長が雁行形態によりアジアの各国に広がり、幾重にも重なった発展のダイナミズムがうごめいて、世界経済の重心がアジアにシフトしている。他方、日本経済は人口減少局面に突入し、デフレから脱却できていない。市場が縮小する日本では経済、社会がアジア規模のスケールでなければ成り立たない時代になった。

　沖縄がアジアへの橋頭堡になれれば世界経済でプレゼンスが低下する日本経済の牽引ができるというシナリオが見えてきたのである。これこそが従前の振興計画と沖縄21世紀ビジョン基本計画の違いであり、沖縄振興のパラダイムシフトである。

このコンセプトを盛り込んだのが、「沖縄振興基本方針」である。その序文には「近接するアジア地域の経済発展や経済のグローバル化、人口減少社会の到来等我が国を取り巻く社会経済情勢が変化する中、沖縄はアジア・太平洋地域への玄関口として大きな潜在力を秘めており、日本に広がるフロンティアの一つとなっている。沖縄の持つ潜在力を存分に引き出すことが、日本再生の原動力にもなり得るものと考えられる」とある。これは日本経済の再生に役立つ沖縄の潜在可能性をオーソライズしたことに他ならない。

　筆者は当時、某総理補佐官から沖縄経済について話を聞きたいとの連絡があり、その際、日本経済の再生に役立つ沖縄の潜在可能性についてのペーパーを持参し手渡した。その後まもなくして、ペーパーを総理に渡したとの葉書を頂いた。無論県の事務方からも沖縄振興基本計画への挿入の依頼もしていたと思われるが、沖縄振興基本方針に文案を盛り込めたのは研究者冥利であった。

　官邸は沖縄の目指す姿として、「最近では、東アジアの中心に位置する地理的特性や全国一高い出生率など、沖縄の優位性・潜在力に注目が集まっており、沖縄は、これらの優位性・潜在力を生かして日本経済活性化のフロントランナーとなることを目指している」と示している。[10]

　また、経済財政運営と改革の基本方針（いわゆる骨太方針）（平成27年6月）に、「成長するアジアの玄関口に位置付けられるなど、沖縄の優位性と潜在力を活かし、日本のフロントランナーとして経済再生の牽引役となるよう、引き続き、国家戦略として、沖縄振興策を総合的・積極的に推進する。国家戦略特区の指定や那覇空港の滑走路増設も踏まえ、観光ビジネスの振興やイノベーション拠点の形成を図るとともに、

---

[10]　官邸HP、沖縄の目指す姿、http://www.kantei.go.jp/jp/headline/okinawa_shinko/mezasu_sugata.html

沖縄科学技術大学院大学（OIST）の規模拡充に向けた検討や、OIST等を核としたグローバルな知的・産業クラスターの形成の進展を図る。また、西普天間住宅地区について、関係府省庁の連携体制を確立し、国際医療拠構想の具体的な検討を進めた上で、同地区への琉球大学医学部及び同附属病院の移設など高度な医療機能の導入をはじめとする駐留軍用地跡地の利用の推進を図る」[11]と示されている。

安倍内閣総理大臣も施政方針演説で「アジアとのハブである沖縄の成長の可能性を開花させるため、今年度を上回る予算を確保してまいります」[12]「アジアとのハブである沖縄では、那覇空港第二滑走路の建設を進めます。2021年度まで毎年3,000億円台の予算を確保するとした沖縄との約束を重んじ、その実施に最大限努めてまいります」[13]と表明している。

フロンティアとして位置づけられた意義は大きい。これまで、経済的に低位にあった沖縄は「工業化後追い論」のコンセプトで振興政策を進めてきたが、産業は雁行形態より、沖縄を飛び越え、アジアにシフトし、製造業の立地や進展は概して見られなかった。しかし、「フロンティア」の企業がアジア市場を睨み、沖縄に立地するケースが現れた。軽工業から重化学工業、先端産業工業の発展形態ではなく、スポット的に先端産業が立地してきた。先端的な産業立地の事例が成功すれば、本土に移植するという、パラダイムシフトが起こっている。

実際、アジアの市場を睨んで、本土の物流、航空機修理関連、製造業、IT関連の企業が沖縄に立地し、文字通り、「アジアの橋頭堡」としての役割が増大し、アジアビジネスが展開し、沖縄が日本経済の再生に役立つことが現実になりつつある。

---

11　同上
12　第190回国会（平成28年1月）
13　第189回国会（平成27年2月）

図5-5-1　フロントランナーの概念

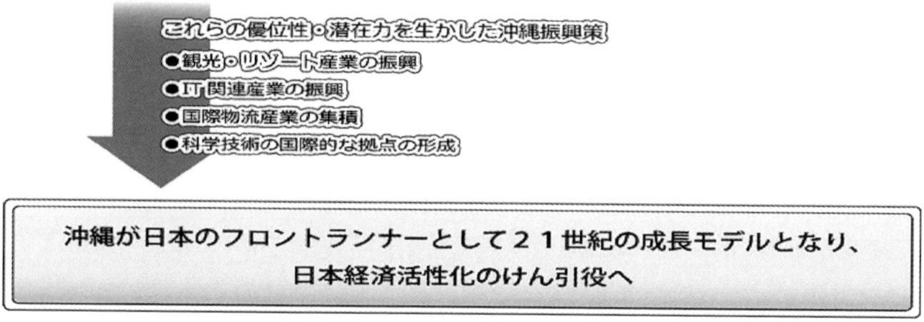

これらの優位性・潜在力を生かした沖縄振興策
● 観光・リゾート産業の振興
● IT関連産業の振興
● 国際物流産業の集積
● 科学技術の国際的な拠点の形成

↓

沖縄が日本のフロントランナーとして２１世紀の成長モデルとなり、日本経済活性化のけん引役へ

出所：官邸HP、沖縄の目指す姿、http://www.kantei.go.jp/jp/headline/okinawa_shinko/mezasu_sugata.html

### 沖縄の視点からの発展

沖縄21世紀ビジョンの目指すべき将来像の一番目に「沖縄らしい自然と歴史、伝統、文化を大切にする島」を位置づけた。(筆者は当時沖縄振興審議会の委員・副会長であった。)

「高度化・複雑化した現代社会における効率偏重の諸相をも踏まえ、沖縄の歴史、伝統、文化の原点にある「人間主義」を改めて評価し、望ましい発展を図る。[14]」「沖縄文化は、忙しい現代人が忘れがちな人間尊重の心、真の豊かさ、内面を充実させる力を内包しており、こうした沖縄文化の価値や可能性を踏まえて、人を豊かにする島としての発展を目指す。」[15]と示されている。

西洋の合理主義一辺倒の視点ではなく、沖縄の風土、歴史に培われた価値観の視点から真の豊かさを求めようとしている。生産、所得等の貨幣タームのみで豊かさを測るのではなく、沖縄の歴史、文化に根差した価値観で「豊かさ」を判断すべきという意味である。

経済社会が高度化していくと、生存のためだけでなく、社会的な名声

---

14　沖縄県「沖縄21世紀ビジョン」、平成22年3月、p.6
15　同上、p.6

を得るための、道具として金銭を求めるようになる。金銭的な力を見せびらかすことで、人々は自らの名声を獲得、維持しようとする。こうして「顕示的消費」が生まれる。この顕示効果は消費意欲を刺激することによって、一層強められ、さらなる欲望へと人間を駆り立てる。これをガルブレイスは「依存効果」と呼んだ。[16]

　何も革新が起きず、国内総生産が数四半期連続で横ばいになろうものなら、これを「低迷」と呼び、異常だと考える。だが、昔からそうだったのではない。ケインズがおよそ100年前に書いたように、高い成長率と大幅な物質的進歩が常態化したのは、ほんの３世紀前からのことにすぎない。記録が残されている最古の時代、例えば紀元前2000年ころから比較的最近の18世紀の初めまで、世界の文明地の中心に住む庶民の生活水準は、それほど大きく変わっていない。[17]

　ヨーロッパの「文明人」たちとは別の種類の知が存在する。「野生の思考」によって思考する「未開人」たちがいる。彼らの知はどのように効率的に機能しており、それが彼らの人間的世界の秩序と尊厳をかたちづくっているか。レヴィ・ストロースはそれを知らしめることで、自民族中心のうちにとどまっていたヨーロッパ知識人に冷や水を浴びせた。諸君が唯一の人間的知と思っているものとは別の仕方で機能している知が存在する。「人間の生が持ちうるすべての意味と尊厳」を自分たちの集団だけが独占しており、他の集団は、それを欠いていると考えるのは傲慢である。[18]

　自然に畏敬の念を払い、優しいといわれる人間を基本に据えた沖縄の

---

16　井手　栄策「経済の時代の終焉」岩波書店、2016年２月15日、p.12
17　トーマス・セドラチェク、村井　章子訳「善と悪の経済学―人類の幸福を示せるか―」2015年６月11日、東洋経済新報社
18　内田　樹「日本辺境論」新潮新書、2009年11月20日、p.194

文化は持続的発展を追求する。「自然環境の持続的な利活用に向けて、利用区分（ゾーニング）や環境収容力（キャリング・キャパシティ）の考え方に基づくルール・仕組みづくりを行うとともに、先進的な自然環境の保全・再生を推進する」[19]「環境への負荷の少ない持続的発展が可能な循環型社会の構築を目指し、自然環境の保全と経済社会の発展との両立を図るとともに、リサイクル技術の革新及び廃棄物資源の地域循環システムを確立する」[20]ことが示されている。

また、沖縄固有の景観・風景・風土を重視し、時間とともに価値が高まっていく「価値創造型のまちづくり」「千年悠久の人間に優しいまちづくり」[21]を目指している。

市場機構には自然破壊等の外部不経済、不完全競争、公共財の存在、情報の非対称性の存在、不確実性等があり、市場の失敗が存在する。ノーベル経済学賞受賞者のジョセフ・E・スティーグリッツは市場は見えざる手によって、自己調整機能があるということに対し見えざる手は存在しないと断言している。

将来像の中で一等最初に「沖縄らしい自然と歴史、伝統、文化を大切にする島」が示されたのは、沖縄文化は、忙しい現代人が忘れがちな人間尊重の心、真の豊かさ、内面を充実させる力を内包しており、こうした沖縄文化の価値や可能性を踏まえて、人を豊かにする島としての発展を目指すためである。

---

19　沖縄県「沖縄21世紀ビジョン」、前掲書、p.24
20　同上、p.24
21　同上、p.24

# 6．沖縄21世紀ビジョン基本計画
## （第五次振興計画、2012－2021年）

　沖縄21世紀ビジョン基本計画（第五次振興計画）の上位にある基本方針は沖縄21世紀ビジョンである。

　これまでの目標であった「本土との格差是正」「自立発展の基礎条件の整備」が消え、「民間主導の自立経済の構築」「フロンティア創造型の振興策」へと転換した。

　その背景には、社会資本は一定程度充実されたものの、自立経済の基礎条件の整備は未だ道半ばであるという現状がある。沖縄21世紀ビジョンの将来像の実現や固有の課題に取り組まなければならない。

　国から県へと計画推進の主体が変化した今、東アジアの中心という地政学的優位性、豊かな自然、歴史、文化（ソフトパワー）、高い出生率等の比較優位を生かし、特区、高率補助等をツールにして顕在化をツールにして経済振興を推進する必要がある。


　本計画は、県が策定する初めての総合的な基本計画であり、3次にわたる沖縄振興開発計画及び沖縄振興計画など、これまでの歩みを踏まえるとともに大きく変動する時代潮流を見極め対応し、沖縄21世紀ビジョンの実現に向かい、新たな時代の創造に挑む施策を束ねる。


**計画の目標**

　沖縄の特性を発揮し、日本と世界を結び、アジア・太平洋地域の平和と発展に貢献する先駆的地域を形成し、経済情勢を踏まえた自立的発展の基礎条件を整備し、我が国の発展に寄与する新生沖縄を創造するとともに、自然や文化などよき沖縄の価値を高めていく再生沖縄に取り組み、沖縄21世紀ビジョンで掲げた5つの将来像の実現及び4つの固有課題の解決を図り、「時代を切り拓き、世界と交流し、ともに支え合う平

和で豊かな『美ら島』おきなわ」を実現することを目標とする。[22]

### 計画の展望値

目標年次における沖縄の人口及び社会経済を展望すると、次のようになると見込まれる。

【人口】

平成22年の139万人から平成33年には144万人程度の規模になると見込まれる。

【労働力人口・就業者数】

労働力人口は平成22年の67万人から平成33年には72万人程度になると見込まれる。就業者数は、平成22年の62万人から平成33年には69万人程度になり、完全失業率も4％程度に改善すると見込まれる。

【県内総生産・一人当たり県民所得】

県内総生産は、平成22年度の3兆7千億円から平成33年度には5兆1千

表5-6-1　展望値

|  | 平成22年<br>（基準値） | 平成33年<br>（展望値） | 現在値 |  |
|---|---|---|---|---|
| 県総人口 | 139.3万人 | 144万人 | 144万7149人 | （平成30年2月1日） |
| 労働力人口 | 67.3万人 | 72万人 | 71万8千人 | （平成30年1月） |
| 就業者数 | 62.2万人 | 69万人 | 69万5千人 | （平成30年1月） |
| 県内総生産 | 3兆7千億円 | 5兆1千億円 | 4兆6135億円 | （平成30年見通し） |
| 一人当たり県民所得 | 207万円 | 271万円 | 237万8千円 | （平成30年見通し） |
| 完全失業率 | 7.60％ | 4％ | 3.8％ | （平成29年） |

出所：沖縄21世紀ビジョン本計画及び現在（平成30年）の統計値より筆者作成

---

22　沖縄県21世紀ビジョン基本計画

億円程度と見込まれる。

　ちなみに、現在の達成状況を見ると、平成30年1月現在で総人口は144万人を目標を達成している。労働力人口は71万8千人（平成30年1月）で就業者数も69万5千人（平成30年1月）も目標を達成している。県内総生産は4兆6135億円（平成30年見通し）、一人当たり県民所得は237万8千円（平成30年見通し）となっている。完全失業率は3.8％（平成29年）となり、目標を達成している。

## 沖縄らしい自然と歴史、伝統、文化を大切にする島を目指して

　価値観の多様化が進展している。その多くは西洋の合理主義に大きく影響を受けている。しかし、現代社会は「量」の時代から「質」時代へと転換してきている。沖縄文化の根底にある人間尊重と共生の精神に立脚した豊かさが求められている。

　県民自身が先史以来の文化遺産や伝統文化への理解と誇りを再認識できる環境を構築するとともに、文化資源を産業振興に生かすための戦略的取組を展開するなど、持続的に文化振興が可能となる基盤の形成を図る。沖縄らしい風景づくりを推進し、一人ひとりが誇りと愛着の持てる地域を創造するとともに、誰もが快適に暮らせる人に優しいまちづくりに取り組む。

　沖縄は豊かな自然環境と風土・伝統に根ざした文化を有している。これらの資源は、ホスピタリティあふれる県民性を形成する源であることに加え、人々を魅了し惹きつける要素であり、沖縄が持続的発展を志向する上において大いなる力となる。

　自然は天賦の貴重な財産であるとの認識を共有し、環境保全の先駆的モデル地域となるべく「環境共生フロンティア沖縄」と位置付け、自然への理解を深めつつ、環境への負荷を最小限に抑制し、自然環境と経済活動が両立した社会に構造転換していく。

## 心豊かで、安全・安心に暮らせる島を目指して

　沖縄の独特の風土や文化等に支えられた健康・長寿やイチャリバチョーデー、ユイマールなどの沖縄の心に根ざした相互扶助の精神は、心豊かで、安全・安心な未来の沖縄を創造していく上で欠かすことのできない重要な要素であり、これらを生かした県民の幸福度が高まる社会を構築し、次世代に継承していくことが求められてる。

　このため、地域、行政等が連携し、「健康・長寿おきなわ」の維持継承や将来を担う子どもたちが健やかに生まれ育ち、豊かな才能を発揮できる社会の実現に取り組む。

　また、災害等から県民の生命、財産を守るため、生活基盤の強化や危機管理体制の整備に取り組む。

　米軍基地から派生する事件・事故、環境問題等の発生防止や、不発弾処理対策、所有者不明土地問題、遺骨収集などの戦後処理問題の解決を図る。


## 希望と活力にあふれる豊かな島を目指して

　「日本と世界の架け橋となる強くしなやかな自立型経済」を構築するため、リーディング産業である観光リゾート産業や情報通信関連産業の更なる発展を図るとともに、新たなリーディング産業を創出するため、本県が比較優位を発揮できる臨空・臨港型産業を重点的に育成する。

　また、最先端の科学技術に至る幅広い分野の研究・交流活動を通じて"知の交流拠点"の形成を図る。加えて、文化、スポーツ、健康、環境、海洋資源など、沖縄のソフトパワーや優位性を最大限に発揮し、世界から投資を呼び込む新たな産業の創出に取り組む。

　さらに、農林水産業、ものづくり産業、建設産業、商業をはじめ、地域経済を支える地場産業について、持続的な成長発展に向け、時代潮流

に適切に対応した各種施策を展開する。とりわけ、国際物流ハブ機能の強化は、既存産業にとって新たな活路を拓く起爆剤としての可能性を秘めていることから、県内企業・生産者等の積極的な海外展開を促進する。

大規模な駐留軍用地跡地の有効利用を推進し、県土構造の再編や沖縄の自立的発展につなげていく。

### 世界に開かれた交流と共生の島を目指して

経済のグローバル化が進んでいる現在、沖縄の持つ地理的・歴史的特性は、諸外国・地域との経済、学術、文化等の各分野で交流と連携を深め、ともに発展していくという取組の中でより発揮される。

このため、沖縄の特性を生かした世界との交流ネットワークを構築し、国内外との地域間交流や経済交流を先導する国際感覚を有した人材の育成を推進するとともに、国籍や民族に関係なく誰もが安心して暮らせる多文化共生型社会の構築に取り組む。加えて、国際交流の拠点となる空港、港湾をはじめ、各種交流活動に必要な基盤を整備することにより、本県の自立的発展のみならず、我が国及びアジア・太平洋地域の発展に貢献する人・知識・文化が融和した海邦交流拠点の形成を図る。

### 多様な能力を発揮し、未来を拓く島を目指して

時代変化に柔軟に対応し、先見性に富み、発展を支える人材を育成するため、学校教育の充実や家庭・地域の教育機能の向上等を通して、幅広い教養と確かな学力、豊かな心、健やかな体の調和のとれた子どもたちを育むとともに、個々の多様な能力や個性が発揮できる環境づくりに取り組む。

さらに、沖縄の社会経済の発展に必要な人材を育成するため、国際観光や海外販路拡大など今後の産業振興の展開方向を見据え、多くの分野において産業人材の育成を図る。

あわせて、県民が絆で結ばれ、健康で生き生きと暮らせる地域社会の実現に向け、医療福祉等の充実や地域づくりに取り組む人材を育成する。[23]

**克服すべき沖縄の固有課題**

克服すべき沖縄の固有課題は、その解決こそが沖縄21世紀ビジョンで示された県民が描いた5つの将来像を実現するための前提条件であり、また、沖縄県が持つ特殊な諸事情に由来するところから、これも国の責務により解決を図るべき性格を有している。[24]固有の課題とは以下の四つを指す。

① **基地問題の解決と駐留軍用地跡地利用**

県土の枢要部分を占有している基地や広大な米軍提供水域・空域の存在は、総合的な交通ネットワークの構築や計画的まちづくり、産業立地、漁業、航空機及び船舶の航行の支障となるなど、本県の振興を進める上で、大きな障害となっている。

大規模な駐留軍用地跡地利用を有効かつ適切に推進するため、事業実施主体の早期の確立や行財政上の様々な措置などにより、新たな沖縄の発展可能性を発芽させるまちづくりを進めていくことが強く望まれている。

② **離島の条件不利性克服と国益貢献**

沖縄県は、東西約1,000km、南北約400kmに及ぶ広大な海域に160の島々が点在する我が国で唯一の島しょ県であり、その分布する海域の範囲は、おおよそ本州の3分の2に匹敵する。

---

23　同上
24　同上

離島の多くは人口規模や経済規模が小さいほか、生活・産業活動の条件が厳しく、また、市町村財政基盤も脆弱であるなど沖縄本島の市町村との格差が依然として存在している。これらの格差は、遠隔性、散在性、狭小性等の条件不利性に由来するものである。

③　海洋島しょ圏沖縄を結ぶ交通ネットワークの構築
　広大な海域に散在する多くの離島で構成される沖縄県にとって、県内外を結ぶ交通ネットワークの確立・強化は、沖縄全域の持続的な発展を支えていくために必要不可欠である。東アジアの中心に位置する地理的特性は、近年の中国をはじめとするアジア諸国の経済成長により近隣諸国・地域との人流・物流面においては大きな優位性へと変化しつつあり、強くしなやかな自立型経済の構築だけではなく沖縄が今後の我が国の成長と東アジアとの交流に貢献する地域として発展する可能性を内在している。
　海洋島しょ圏沖縄に適合した交通ネットワークを構築することは、沖縄の地理的、歴史的、社会的特殊事情に起因する不利性を克服し、他方で時代潮流を踏まえた優位性を増大させることにつながり、同時にそれは沖縄21世紀ビジョンに掲げた五つの将来像を実現するための前提となる。

④　地方自治拡大への対応
　人口減少や少子高齢社会の到来、地域住民ニーズの多様化、グローバル化の進展など、社会経済情勢が変化する中で、従来の中央集権型の行財政システムでは十分に機能しなくなったことを背景に、地方分権の流れが加速している。
　国の責務を明確にしつつ、沖縄県、市町村、民間等の発意や創意を生かすことが可能な仕組みが必要である。自らの責任と創意工夫

で地域特性に応じた地域づくりが可能となる環境は、沖縄の発展可能性を顕在化させることができる。

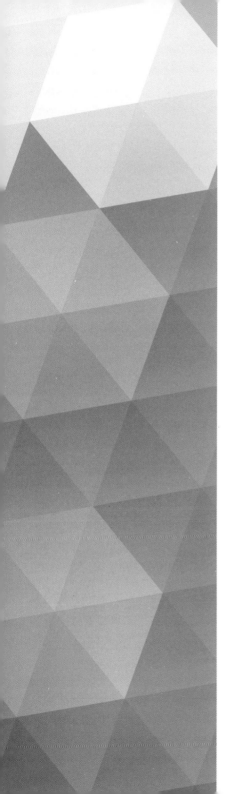

# 第6章
# 課題と今後の展望
─沖縄の近未来像─

今、発展可能性が大きな注目を浴び、実態経済も好調な沖縄経済であるが、今後の展望を試みるには、その基層にある特徴や課題を整理しなければならない。経済・社会の事象、現象を捕らえ、歴史の先を見通すには、生成からプロセスを吟味し、速度の早い変化や突発的な現象も見据えて上で、正確な予測が出来るであろう。

　例えて言えば、大根を認識するのに、その切り口（現在）だけで判断するのではなく、切られた半分の形状（発展プロセス）を吟味し、残り半分（展望）をみて、本体を立体的に科学的に捉えることが出来る。

　ここでは、沖縄経済を規定している特徴や課題を整理して、高い発展可能性の先にある沖縄の近未来の姿を描いてみたい。


## 1．沖縄経済の特徴
### 歴史性（価値観の変遷）

　経済はある意味で「生き物」であり、絶えず変化をしている。現在の形はある発展プロセスの一形態として理解する必要がある。現在の分析のみの理解は氷山の一角の理解でしかなく、どのようなプロセスを経て現在の形になったかという水面下の分析を抜きにして根本的理解は出来ないであろう。ここに経済の歴史的把握の重要性がある。また同時に価値観や文化も地域経済を論じるときに意味を持つ。近代経済学は合理的

に行動する「エコノミスト」を前提にしており、地域の差は問わない。地域とは社会的事象の同量、等質の集合体(エリア)を意味し、地域経済学では、地域間の差つまり多様性の前提が不可欠であり、エリアの価値観、生活様式つまり文化を抜きにしては論じられない。

亜熱帯気候と島嶼という条件の下に、沖縄の文化は縄文時代から既に日本文化とは違うかなり個性の強い文化を持っていたと言われる。[1]やがてそれは共同体社会を基に、「ニライ・カナイ」、「美瘡(ちゅらかさ)の思想」[2]等に見られる「やさしい」、「素朴」、「明るい」、「平和」と言われる文化に高められていった。

他方、経済の面においては、日本、中国、東南アジアの中間、いわゆる太平洋のカジマヤー(十字路)としての利点を生かした三角貿易によって富を築いていった。しかし、このように豊かさとやさしい文化に育まれてきた琉球も1609年の島津の侵略によって、その小ささ(島嶼)が故に、常に大国の都合に翻弄されるという「歴史の十字架」を背負わされることになる。

島津は貢租を通じて琉球の富を収奪したのみならず、中国との貿易の維持や他の藩への異国支配を誇示するために、「大和めく」ことの禁止や将軍への慶賀のため、中国服を着せての江戸入りを強制した。この策意に充ちた異質化は琉球のアイデンティティを喪失せしめ、大和に対する劣等感、卑小感、被差別感を植え付けることになっていった。

明治政府による琉球の廃藩置県は封建制度を終焉させ、近代国家へ編入せしめた。その意味においては、国家レベルでの同質化であり、「上

---

1 高良倉吉、「沖縄歴史序説」、三一書房、1980年、p.11
2 かつて、沖縄で天然痘が蔓延したしたという。当時、近代的な医療はなく、人々はなんと天然痘を称える歌を作り、さりげなく、他に移って貰うことを願ったという。それを美瘡の思想と呼ぶ。島である沖縄には「幸いなるもの」は水平線の彼方から来るものであり、拒んではいけないという考えがあった。ユートピアである「ニライカナイ」も水平線の彼方に存在すると考えられていた。

からの民主化」であると言えよう。しかし、この同質化は同時に琉球に対する差別、犠牲の強要を伴ったものであった。とりわけ琉球の固有文化の価値がやみくもに否定され、古来の文化遺産はもちろん、現存の民芸や方言までその価値をことさらに無視され、あるいはその積極的な撲滅運動さえ展開されアイデンティティ喪失の危機が生じた。

　戦後は同質化にブレーキがかかることになる。沖縄人は日本帝国主義者の犠牲となり、日本人によって抑圧された日本人のなかの後進的グループであるという先入観をもっていたアメリカは、パターナリスティクな沖縄統治をおこなったのであった。「パターナリズム」とは、アメリカの外交を特徴づけている、アメリカの絶対的な道徳的優位性と「全能」の自信に基づいた「メシアニズム」の統治形態である。すなわちアメリカの国民的利益とそれを擁護するアメリカの政策が絶対的に正しく、しかもそれが沖縄住民の利益にも合致するという前提に立って、後進的な沖縄人を「民主化」するのがアメリカに与えられた義務であるという考えである。

　これまでの皇民化思想の否定、崩壊という同質化の減速と、官立の郷土芸能劇団の設立、伝統文化の見直し、英語教育の奨励等パターナリスティクなアメリカ文化、および琉球文化の強制という形での異質化の強調、拡大のなかで、沖縄人はかつてない「カルチャーショク」に見舞われた。

　このパターナリズムの強制は、その後、沖縄人の人権無視、土地の強制接収等多くの摩擦を引き起こし、それに対する抵抗の展開のなかで「復帰運動」という新たな「同質化」が生まれた。しかし、この復帰運動はナショナリズムを根底に「母を慕う子」のイメージで多くの賛同を得たが、復帰すればすべてが良くなり、まさに雪さえ降ると言わんばかりの超理論的なユートピアの色彩が強かっただけに、復帰後の失望も大きかった。

　復帰後は、とりわけマスメディアの普及、発達により、文化の均一化、同質化が進行し、地域文化が侵蝕されている。最近の若者は方言を話さず、

「自国語を喪失するということは、その言語に蓄積された文化の諸パターンや、価値の体系や、美的世界の継承が中断することを意味する。」[3]事実、その風貌といい、生活様式といい、いずれを見ても、沖縄は本土化してきた。

このように、沖縄の近代および現代は同質化と異質化のはざまでマブイ（魂）＝アイデンティティを喪失した沖縄人の、その回復の歴史であったと言えよう。

**島嶼性**

東西約1,000km、南北約400kmの広大な海域に点在する160の島々のうち、有人島は47島、無人島は113島（2018年1月現在）となっている沖縄はまさに島国[4]（島嶼）であると言えよう。では、それはどういう経済的特徴をもつであろうか。嘉数啓が述べている島嶼経済の諸特徴[5]のうち沖縄に当てはまると思われるものを抜き出してみよう。

① **規模の不経済性**

現代の高度産業社会は、規模が大きければ大きい程生産費用が小さくなるというスケールメリットに支えられているが、島嶼である沖縄は規模が小さいが故に、その全く逆のスケールデメリット（規模の不経済性）のケースが多い。例えば電力の場合だと、陸地であ

---

3 米須興文、「検証　沖縄の心」（17）、琉球新報、1987年1月22日
4 島とは四周を水圏で囲まれた大陸より小さな陸地を指す。大陸と島の区別については、地質学的な解釈もあるが、面積上からオーストラリア大陸より広い陸地が大陸であり、グリーンランド島より狭い陸地が島となる。一方、どの程度までの面積をもつ陸地を島として定義するかは不明確であるが、自然上は0.01平方キロメートル以上を指し、行政上は一般に1.25平方キロメートル以上を指す場合が多い（沖縄大百科辞典、沖縄タイムス社、1983年）。
5 島嶼経済については、UNITAR（国際訓練調査機構）の定義によると、「海洋に囲まれた百万人以下の人口を有する経済」としているが、しかし、それは自然、社会的条件が異なるので一般化するのは困難である。（嘉数啓「島しょ経済論」ひるぎ社、1986年）

れば一ヶ所の発電所から配線すればよいが島国においては各島に発電所を作らねばならない。このような規模の不経済性は生産のみならず、投資、消費、交通、輸送、教育、研究開発、行政サービスのあらゆる分野にあてはまる。

② **資源の狭隘性**
　天然、人的資源の存在が限られているために経済活動の多様性に欠け、特定の産業に偏り易い。

③ **市場の狭小性**
　島内の人口が小さいために、島内需要のみに依存したのでは経済活動が限られる。他方、輸移出をするとなると船または飛行機を経なければならないため輸送コストがかさむ。

④ **慢性的な対外収支の赤字**
　工業化が困難で、限られた商品を輸移出し、他の多くの商品は輸移入しているために、どうしても対外収支が赤字に陥りやすい。

⑤ **高い財政依存度**
　市場経済（民間企業）に委ねてはペイしない業種が多く、その分政府による保護、振興策が不可欠になる。

⑥ **モノカルチャー（単一的栽培農業）的構造**
　資源が狭隘で産業も限られるモノカルチャー構造となっている。

島嶼経済は域内の製造業比率が低く、自給率も低くなり、その帰結として乗数の漏れが大きく経済波及効果が低くなる経済構造になってい

る。製造業比率を増大させ、歩留まりを大きくすることも大切であるが、産業構造の比率はどの地域にも当てはまる黄金解はなく、地域特性に根差した比較優位を基に望ましい構成は決まる。沖縄は地理的優位、ソフトパワー等の比較優位を生かした産業構造にすべきである。第二次産業比率が低く、第三次産業が高いこと自体が必ずしも問題とはならない。観光収入は統計上、移輸出として計上されており、その経済効果は、現在、県経済の発展に大きく寄与している。

### 亜熱帯性

　沖縄の気温は年平均でも22～23度という暖かく湿潤な亜熱帯気候である。春から秋までは台風の襲来がある反面、年によっては干ばつがある。この亜熱帯性気候は経済の視点から見るとどのような意味をもつであろうか。暖かく湿潤な気候は、動植物の生育を促し、畜産、水産物の養殖、野菜、花卉、果実等の栽培が有利であることを意味する。もずく、ゴーヤー、紅芋等の健康食品、海洋深層水、海洋やイルカを使った精神療法等、各種療法（テラピー）等の優位性も指摘され亜熱帯を生かした沖縄の「健康」イメージが定着しつつある。さらに、太陽熱、風力、波力エネルギーがあふれており、今後の研究開発によって利用可能であろう。このように沖縄は「技術開発の宝庫」と言われ、ソフトパワーの源泉でもあり、自然資源は大きな可能性を秘めていると言えよう。

## 2．課　題

　沖縄経済には、歴史・社会・経済構造に由来する基本的課題、喫緊の対応を要する直面する課題、アジアのダイナミズムを取り込むためのアジア政策関連等の課題が存在する。

(1) 基本的課題

沖縄経済がスタートして以降、永年解決できていない基底に存在する基本的課題として以下のことがある。

① 技術進歩の課題

戦前の沖縄経済の特徴は「零細性」、「後進性」、「従属性」であったと言われるが外的要因に翻弄されるという「従属性」を「依存性」に読み代えると、諸問題は基本的には戦後、復帰後もそのまま残されているといえよう。

第1章でみたように、復帰後、経済のボリュームは拡大しているが、需要による牽引が多く、技術進歩等の経済の筋力、体力による成長が弱いのがマクロの面での沖縄経済の特徴である。

経済発展とは生産構造の変化を通じて生産や所得そして福祉が向上することであると解される。ここでいう福祉とは人間の幸福のうち政策的にオペレーショナルな部分を指す。生産構造の変化が技術の変化であり、発展とは技術の向上を通じて生産力を高めることにより実現出来る。[6]資源の狭隘、市場の狭小という島嶼経済の桎梏が足かせとなっている沖縄で、発展のためには技術、移輸力、生産性等のいわば経済の筋力、体力の向上が不可欠である。戦略的には先端技術・ノウハウの導入、AI、ToT等の情報技術を生かした生産性の向上、比較優位を生かした付加価値の向上等を推進することである。

軽工業から重化学工業、先端産業という発展パターンの「工業化後追い論」は沖縄には適用できない。沖縄は先進国で相対的に賃金が高いため、雁行形態に基き既にアジアへ産業がシフトし、国際分

---

6 鳥居泰彦「経済発展論」東洋経済新報社、1994年、p.228

業の谷間になっている。しかし、ミクロの面では先端技術を持つ企業がアジア市場を睨んで沖縄に立地しているケースが増加しており、スポット的な先端産業の立地が展開している。アジア展開のフロンティア企業の展開が期待できる。技術進歩を高め付加価値が高い先端産業を面的に広げ、自立経済につなげるのが課題である。

② **経済パフォーマンスの課題**

復帰後の「格差是正」政策の下、社会資本等の面で全国平均に近づきつつある。しかし、「自立経済の基礎条件」が未だ、道半ばであり、生産、所得、雇用等の経済パフォーマンスでは全国と乖離がある。

生産について見ると、2018年見通しで、国内総生産は564兆3000億円で、沖縄の県内総生産は4兆8135億で全体の約0.85％の生産比率しか占めていない。一人あたり県民所得は沖縄県237万8000円で復帰以降全国最下位に甘んじている。失業率も沖縄は改善したとはいえ、全国3.3％、沖縄県3.8％（いずれも2017年）である。最低賃金は2017年10月1日現在、全国加重平均額は848円であり、沖縄県は737円である。

依然として厳しい数値ではあるが、沖縄は今、潜在成長力が高まり、それを具現化して、経済的な低位から脱却して、自立的発展のシステムを構築しなければならない。

⑵ **直面する課題**

沖縄を取り巻く、社会の事象・現象の変化により深刻化し、急ぎ対応すべき直面する課題がある。

① **子供の貧困**

貧困とは生活必需品が欠乏したために肉体的、精神的な生活力が

減耗した状態を指す。かつて貧困は天変地異、悪政、個人の怠惰などの結果、社会の必然的現象として現れるなどと考えられた。しかし、現在では社会の経済的機構ゆえに生じる社会的問題であり、貧困者を救済し国民の最低生活を保障することは社会の義務であると考えられている。

　沖縄県の子供の貧困が注目を浴びたのは、沖縄県内で必要最低限の生活を保つための収入がない人の割合を示す「絶対的貧困率」は、2012年に34.8％であり、また18歳未満の子どもがいる世帯の「子どもの貧困率」は同年で37.5％といずれも都道府県別で最も高い。さらに貧困率の上昇も全国平均を大きく上回ることが、山形大の戸室健作准教授（当時）の研究で示された。[7]沖縄県の2015年度の調査によると相対的子どもの貧困率[8]が29.9％と、全国の16.3％の1.8倍となっており、依然として厳しい状況にある。

　そのため、2016年の沖縄21世紀ビジョン基本計画の改定において、新たな取り組むべき重要施策として、子どもの貧困対策の推進を盛り込んだ。「貧困状態が子どもの生活と成長に与える悪影響を解消、低減し、又は予防するため、貧困状態で暮らす子どもとその保護者に支援者がつながる仕組みを構築し、国、県、市町村、教育や福祉等の関係団体、民間企業、ＮＰＯ法人、ボランティア、大学などとの連携・協働により、離島及びへき地など、地域の実情に配慮しながら、子どものライフステージに即して切れ目のない総合的な施策を展開する」ことが示されている。[9]

---

7　出所：日新聞　デジタル　毎日新聞2016年2月18日
http://mainichi.jp/articles/20160218/k00/00m/040/108000c
8　厚生労働省「平成25年国民生活基礎調査」による貧困基準を物価調整した値を基準とする
9　沖縄県「沖縄振興計画【改定計画】平成24年度～平成33年度」平成29年9月

子供の貧困対策支援員の市町村への配置のほか、妊娠期から子育て期にわたる切れ目のない支援を行う母子健康包括支援センターの設置促進などにより、全ての子育て家庭や子どもへの関わりを通してニーズを把握し、適切な支援機関等へつなげる仕組みを構築するとともに、関係する支援者の確保と資質の向上に取り組むことになっている。沖縄県子どもの貧困対策計画においても、同様に乳幼児から小中学生に至るライフステージで切れ目のないシームレスな対応が示されている。

「衣、食、住の欠乏」から解放されたと思われている先進国でも貧困は存在する。それは所得再分配機能の弱さ、犯罪、離婚、失業、高齢化等の社会的要因とも関連がある。

また、子供の貧困は親等の保護者の貧困が原因である。病気、失業、離婚等に原因があると思われるが、子供の貧困には進学、就職等を通じて、次の世代の貧困を生み出す、悪循環が存在する。それを断ち切り、子供の貧困を解消することが、今強く求められている。そのためには、企業創出等により生産を上昇させ、保護者の雇用機会を増やし、賃金を上げ、一人当たり県民所得を上げる、子供の貧困の連鎖を断ち切る経済政策も不可欠である。

② **労働力不足**
**全国**

帝国データバンクの人手不足に対する企業の動向調査（2017年10月）によると、全国で2007年から2017年の正社員・非正社員の労働力不足を時系列で見ると、リーマンショックの2008年までは低下傾向であったが、その後上昇を続け、2017年には正社員が49.1%、と5割近くに達した。正社員の人手不足は、2006年5月の調査開始以降で過去最高を更新した。非正社員では企業の31.9%が不足しており、3カ月

前に比べて2.5ポイント増、1年前に比べて4.7ポイント増となった。[10]

　正社員について「不足」していると回答した企業は49.1％で、企業の５割近くが正社員の不足を感じていた。企業の人手不足感は一段と強まっている。

不足していると回答した企業を業種別にみると、ソフト受託開発などの情報サービスが70.9％で最も高く、７割を超える企業が不足感を感じていた。以下、メンテナンス・警備・検査、運輸・倉庫、建設、リース・賃貸など６業種が６割台となった。「不足」企業が60％以上だった業種は３カ月前の４業種から７業種に増加し、企業の人手不足感は一段と深

図６－２－１　正社員、非正社員の不足の割合

出所：帝国データバンク「人手不足に対する企業の動向調査（2017年10月）」

---

10　帝国データバンク「人手不足に対する企業の動向調査（2017年10月）」

刻度を増してきた。[11]

　人手不足の原因は、一つには経済のサービス化に雇用構造が追いついていないことである。有効求人倍率を見ると、「介護・接客・給仕」サービス分野で人材需給の逼迫が目立つ。保育士や看護師不足も懸念されて、また、技能を持った人材の供給が足りていないことが人手不足の根にあるとの見方もできる。ものづくりの現場では機械の整備・修理の有効求人倍率が1.99倍と高い。建築・土木・測量の技術者は3.68倍にのぼる。[12]

### 沖縄県

　日銀短観の雇用人員指標（アンケートによる指標）によると、2014年頃からマイナス値を示し全国と沖縄県共に人手不足が増加し、沖縄県の人手不足がより深刻化していることがわかる。2017年9月は全国マイナス14であったのに対し沖縄県はマイナス25で全国より不足していた。その後人手不足は増大し2018年3月には全国マイナス34、沖縄県マイナス53となり、両者共に深刻度が高まっている。

　県内の人手不足は、大きく①技術者・有資格者等特定の技能を有する人材の不足が顕著な業種（建設業、運輸業及びドライバーや整備工を必要とする関連業種）と、②量的な人手不足が顕著な業種（飲食店・宿泊業、小売業、一部のサービス業（ビルメンテナンス業、警備業））に分かれている。

　正社員が「現在不足している」と回答した企業は25.8％に上り、「現在は不足していないが今後不足する懸念がある」（28.6％）と合わせると、過半数の企業が「既に不足」又は「今後不足する懸念がある」と考えている。

---

11　同上
12　人手不足問題　その解決策を模索する～日本経済新聞2015年9月3日社説～
http://kaidaten.hatenablog.com/entry/2015/09/03/100053

図6-2-2 雇用人員判断

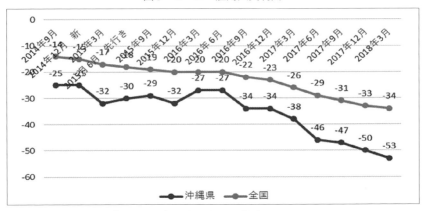

出所:日銀那覇支店「日銀短観」の各発表より作成

　業種別では、「飲食店・宿泊業」で「現在不足している」が63.6％と最も高く、「運輸業」、「建設業」、「サービス業（特に建築設計・土木サービス業）」でも3割以上の企業が「現在不足している」と回答した。[13]

　非正規社員について、「現在不足している」と回答した企業は28.4％、「今後不足する懸念がある」が17.6％となった。業種別では、正社員と同様、「飲食店・宿泊業」で「現在不足している」が72.7％と最も高く、他の業種と比べて不足感が極めて高い。また、「小売業」（40.5％）、「サービス業（特にビルメンテナンス業、警備業）」（39.5％）、「運輸業」（37.0％）でも高い割合となった。特に、ホテルの客室清掃スタッフの人手不足が深刻化しており、最近では募集をかけても応募状況は厳しく、繁忙時には他部署の社員も総出で客室清掃・ベッドメイキング等を応援するといった事態も生じている。[14]

---

13　公庫レポート「人手不足の影響と人材育成の取り組みに関する調査報告書」2015.4 No.138
14　同上

「大きな支障が出ている」の回答が10%を超えた業種は、「運輸業（道路旅客運送業等）」（13.0％）及び「サービス業（特にビルメンテナンス業、警備業）」（12.9％）となった。また、「大きな支障が出ている」と「ある程度支障が出ている」を合わせた割合は、「飲食店・宿泊業」が76.2％と最も高く、次いで「運輸業」が65.2％、「サービス業」が61.3％、「卸売業」が52.4％、「建設業」が52.1％となり、この5業種では過半数の企業で「業務に支障が出ている」状態であることが明らかとなった。[15]

全産業で人手不足が具体的にどのような支障が出ているかの質問に対し、「従業員の労働時間の長期化」が60.3％と最も高く、次いで「需要増への困難」、「工期、納期の遅れ」となっている。

業種別では、「従業員の労働時間の長期化」は飲食店・宿泊業で85.7％、卸売業で73.7％、情報通信業71.4％、情報通信業で71.4％、製造業68.0％となっている。飲食業・宿泊業では、業務多忙による離職者が増えており、悪循環が見られる。[16]

不足している人材は、「生産部門に関わる人材」の場合、製造業で84％、飲食業・宿泊業で68.4％、情報通信業で57.1％となっている。建設業では、「事業に必要な専門の資格を有する人材」が67.4％、「制作現場に携わる人材」が51.2％、「高度な技術を持つ人材」46.6％となっている。[17]

人手不足の要因はまず、日本全体で人口が減少し、生産年齢人口も低下していることが根底にある。沖縄県は人口増加が続いているが、東京等の都心部で労働力が逼迫し、吸収する形で県外流出していることが挙げられよう。他方、国内観光客が増加し、とりわけアジア諸国の経済成長に伴い外国人観光客の急増していること、ホテルやアパートの建設が増大、

---

15　同上
16　同上
17　同上

通販の拡大に伴う配送業等の業務拡大等の需要面の拡大が挙げられる。

県内の人手不足は、大きく①技術者・有資格者等特定の技能を有する人材の不足が顕著な業種（建設業、運輸業及びドライバーや整備工を必要とする関連業種）と、②量的な人手不足が顕著な業種（飲食店・宿泊業、小売業、一部のサービス業（ビルメンテナンス業、警備業））に分かれている。[18]

### ③ 交通渋滞

高速道路を除く、首都圏と沖縄県の一般国道（直轄およびその他）の混雑度（2015年）[19]を見てみると、沖縄県の一般国道は商業地域が1.61と一位となり、続いて商業地域以外は1.25、その他市街地は1.22と全国の3位まで占めており、首都圏と比較しても交通渋滞がかなり高い地域となっている。

交通渋滞の主たる要因は自動車依存社会になっていることである。自動車登録台数は毎年増加し2016年には1,108,393台に達している。旅客運送の約9割が自家用車に依存し、モノレールを含めても、公共交通機関の分担率は、わずか3.2％（全国平均で29.9％）に留まっている。[20]この結果、各地で深刻な道路渋滞が発生しており、那覇市内の混雑時平均速度は、16km/h程度と国内県庁所在地最低の水準となっている。また、こうした過度の自家用車依存と慢性的な渋滞に伴う温室効果ガスの過大な排出は、地球温暖化対策の観点としても大きな課題となっている。[21]

県内のレンタカー車両台数が2017年3月末時点で過去最多の3万4914

---

18 同上
19 平成27年度全国道路・街路交通情勢調査　一般交通量調査　集計結果整理表
20 沖縄総合事務局「沖縄の道路交通の現状と対応状況」沖縄の新たな交通環境創造会議における参考資料
21 同上

図6-2-3 沖縄県の登録自動車数（小型二輪自動車も含む）

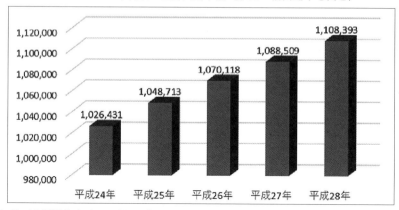

出所：沖縄総合事務局運輸部「運輸要覧」平成29年12月9日より作成

台となり、前年同月比11％（3643台）増となった。事業者数も620社と前年同月比で55社増えた。増加する観光客の利用を背景に、車両数、事業者数共に右肩上がりが続いている。

県内のレンタカー車両台数は2011年度まで2万〜2万1千台で推移していたが、2013年度の減少を除き、2012年度から年間3千〜3800台のペースで増え続けている。2017年3月末時点の3万4914台のうち86％の3万台が乗用目的の車両となっている。[22]

深刻な道路渋滞は、沖縄を訪れた観光客が地域の生活文化に触れ、住民との交流を楽しむ機会を奪うだけでなく、観光地としての魅力そのものを損なうことになりかねない。また、観光・物流を始め沖縄のリーディング産業の生産性向上にとって大きな阻害要因となっている。アジア諸国を始めとした世界各国の観光地間の国際観光競争力の増進や生産性向

---

22　琉球新報デジタル　2017年11月5日

上の観点から、圏域全体を俯瞰しつつこれまで以上に戦略的に取り組んでいく必要がある。

定住人口と交流人口の増加や基地跡地などで展開される新たなまちづくり、貴重な自然環境との調和が求められるといった沖縄の地域特性を踏まえれば、公共交通ネットワークのフレキシブルな再編や交通利用者の行動に効果的に働きかける取組を、スピード感を持って行っていくことが求められている。[23]

渋滞損失時間は年間46.9時間であり全国で4番目に多くなっている。全国平均が30時間であり、沖縄県の渋滞の深刻度がうかがえる。

交通対策としては、基本的には、経路の分散、手段の分散、時間の分散という方向で以下の諸施策が展開されている。

- 道路ネットワーク整備、ハシゴ道路ネットワーク等
- モノレールの増便
- 基幹バス導入

表6-2-1 損失時間の比較

| 順位 | 都道府県 | 渋滞損失時間（時間／年） |
|---|---|---|
| 1 | 岐阜県 | 60.3 |
| 2 | 宮城県 | 55 |
| 3 | 山梨県 | 47.2 |
| 4 | 沖縄県 | 46.9 |
|  | 全　国 | 30 |

出所：沖縄総合事務局　道路IRサイト　http://www.dc.ogb.go.jp/road/ir/home.html

---

23　同上

- わった〜バス党の取組
- カーシェアリングの推進
- 観光客の公共交通活用
- 自動車の効率的な利用や公共交通機関の利用を促進する交通需要マネジメント（TDM：Transportation Demand Management）の推進
- ビックデータを活用した分析及び対策
  ETC2.0やOKICAカード、スマートフォン等による人や自動車、バス等のビッグデータを活用した道路渋滞の分析及び対策
- 鉄軌道を含む新たな公共交通システムの導入

④　人口問題

人口

人口は労働力として、経済の成長発展の重要な要素であり、文化の向上の活力でもある。

図6-2-4　主な県の人口動向

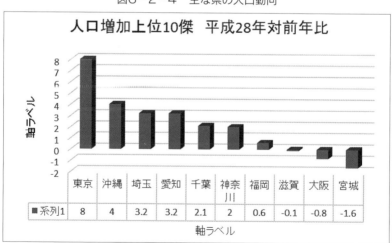

出所：総務省統計局「都道府県人口と人口増加率」より作成
http://www.stat.go.jp/data/nihon/02.html

沖縄県の人口は、本土復帰以降、総人口が増加基調で推移しており、合計特殊出生率も全国１位を維持している。2016年の対前年の人口増加率は、4％で東京について第二位となっている。人口が増加しているのは7都道府県のみで他はすべて減少している。

　沖縄県は人口が増加しているものの、少子化傾向が進行しており、1989年以降、合計特殊出生率は人口を維持する水準2.1を下回る状況が続いている。

　しかし、社会保障人口問題研究所人口の推計では、沖縄県は2030年頃にピークになり、その後減少すると予想されている。この推計は5年刻みなので、実際は2030年前後に減少するものと思われる。[24]

図6－2－5　沖縄県推計人口

出所：社会保障人口問題研究所「日本の地域別将来推計人口(都道府県・市区町村)」より作成。

---

24　社会保障人口問題研究所「日本の地域別将来推計人口（都道府県・市区町村）

## 市場の縮小

日本の総人口は、2008年の1億2809万人をピークに減少傾向にある。背景にあるのが出生率の低下である。人口置換水準（人口が一定となる合計特殊出生率の水準）は2.1程度とされているが現在この水準を大きく下回っている。

今後も日本の総人口は減少が続くと予想される。今後、減少ペースは加速し、2030年には1億1708万人とピーク時の2008年から1000万人以上も減少する見込みである。また、この間、経済活動の中核を担う生産年齢人口(15～64歳人口)の減少が続くのに対し、高齢者人口(65歳以上人口)は増加を続けることになる。[25]

人口減少は国内の消費を押し下げることになる。最近の家計消費の動向を見てみると、減少傾向を示している。この傾向は人口減少と共にさらに低下することになる。

図6-2-6　家計消費指数

出所：総務省統計局「家計消費指数　結果表（2015年基準）」による。

25　UFJリサーチ&コンサルティング「日本経済の中期見通し（2016～2030年度）～人口減少による需要不足と供給制約に直面する日本経済～」2017年3月27日

それは当然生産の減少をもたらす。実質ＧＤＰ成長率の平均値は、2010年代前半（2011～2015年度）の1.0％に対し、今後、0.7％（2020-25年）、0.5％（2025-2030年）と低下する見込みである。[26]（図6-2-7）

　沖縄における将来の人口減少は、域内市場の減少と共に、域内産業に多大な影響を及ぼすことが危惧される。2011年産業連関表[27]を用いた沖縄の移輸出率を見てみると、全産業は15％で低く、多く域内市場に依存していることがわかる。比較的大きいのは漁業や運輸であり、他は総じて低い。とりわけ沖縄の企業番付の上位に入る主要産業である電力、金融、流通、建設業等はほとんど域内市場に依存し、その企業の性質からして、移輸出が困難である。

図6-2-7　実質ＧＤＰ成長率の予測（5年平均）

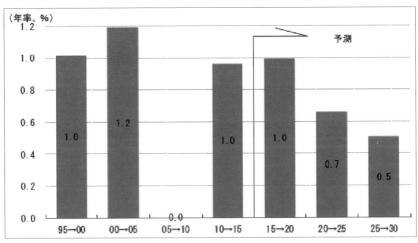

出所：ＵＦＪリサーチ＆コンサルティング「日本経済の中期見通し（2016～2030年度）～人口減少による需要不足と供給制約に直面する日本経済～」2017年3月27日

---

26　同上
27　現在、沖縄県産業連関表の最新版は2011年である。

図6-2-8 移輸出率

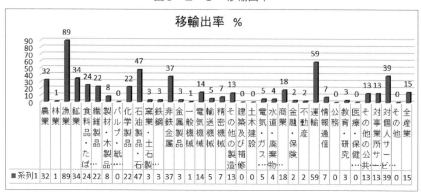

出所：平成23年産業連関表より作成

　人口がピークに達する2030年までに海外へのドライブを展開するか、アジアのダイナミズムの取り込む方向で企業変革を図らねばならない。それはとりもなおさず、沖縄経済の構造を大きく変えることになる。

　沖縄県は将来の人口減少に備え、2014年3月に「沖縄県人口増加計画～沖縄21世紀ビジョンゆがふしまづくり～」を策定し、対応している。自然増を拡大するための取組として、婚姻率・出生率の向上、子育てセーフティネットの充実等、社会増を拡大するための取組として、雇用創出と多様な人材の確保、ＵＪＩターンの環境整備、そして離島・過疎地域の振興に関する取組等を推進している。しかし、人口対策を主軸にしており、経済への対応を今後盛り込まねばならない。

### 人口減少がもたらす悪循環
　人口減少は地域の経済活動だけでなく、その地域の生活基盤に関わる様々な活動に影響を及ぼす。また、こうした地域の経済社会活動はそれぞれが個別に動いているわけではなく互いに密接に関連している。そのため、人口減少がその地域の生活の利便性を失わせ、生活の利便性の喪

失がその地域の魅力を低下させる、という「地域社会の悪循環」が発生する可能性がある。[28]

また人口減少はイノベーションの創出を妨げる方向に作用する恐れがある。人口減少は優秀な人材の出現を減らす可能性があり、優秀な人材の出現が減少すれば、その地域全体の創造性や活力を失わせることに繋がり、ひいてはそれがイノベーションを創出させる環境を失わせる。[29]

地域の需要の減少は商店街などの商業施設ならびに図書館や公民館などの公共施設の減少をもたらす。また、医療施設については、一定程度の人口が集中している地域に高度医療施設をおくことが効率的であると考えられるため、人口が減少している地域では、高次医療サービスを提供する施設が減少していく。さらに、鉄道や路線バスなどの公共交通についても、人口減少に伴って不採算路線の廃止や運行本数の減少などの影響がでてくる。こうして地域の利便性が低下すると、同時にその地域の魅力も低下していくので、"負の連鎖"は益々その度合いを強めていくことになる。[30]

### 人口減少への警鐘

日本創成会議は人口減少に対し楽観論は危険であり、ひいては地域消滅に繋がると警鐘を鳴らしている。[31]

【第1の論点】本格的な人口減少は、50年、100年先の遠い将来の話ではないか。

---

28　総合研究開発機構（NIRA）「地方再生へのシナリオ―人口減少への政策対応―」2008年4月
29　同上
30　同上
31　成長を続ける21世紀のために「ストップ少子化・地方元気戦略」平成26年5月8日日本創成会議・人口減少問題検討分科会

○遠い将来のことではない。地方の多くは、既に高齢者を含めて、人口が急激に減少するような深刻な事態を迎えている。

【第2の論点】人口減少は、日本の人口過密状態の改善に寄与し、その結果、適度な密度で人が住むような状態になるのではないか。

○日本は地方と大都市間の「人口移動」が激しい。このまま推移すれば、地域で人口が一律に減少することにならず、①地方の「人口急減・消滅」と②大都市（特に東京圏）の「人口集中」とが同時進行していくこととなる。

【第3の論点】近年、日本の出生率が改善しているので、このまま行けば、自然と人口減少は止まるのではないか。

○日本は今後若年の女性数が急速に減少するため、出生率が少々上昇しても、出生数自体は減少し続ける。仮に出生率が人口置換水準（合計特殊出生率＝2.1）となっても、数十年間は総人口は減少し続ける。

【第4の論点】人口減少は、地方だけの問題であって、都市部は人口も減っていないし、大丈夫ではないか。

○都市部（東京圏）も近い将来本格的な人口減少期に入る。地方の人口が消滅すれば、都市部への人口流入がなくなり、いずれ都市部も衰退する。

### 沖縄県の人口増加計画

人口減少が社会、経済、文化にまで影響を及ぼすことについては、既に述べた。とりわけ沖縄では域内市場依存の多い産業構造で市場の縮小の影響が多大に及ぶこと、また、離島・農村部の人口減少が進行し、地域バランスが損なわれ、均衡ある県土が保てず、地域社会の崩壊につながりかねないこと等が危惧される。

いったん人口が減り始めると、それを回復させることは容易でないことから、沖縄21世紀ビジョンに掲げられた将来像を実現するためにも、

人口が増加基調にある現段階において積極的な人口増加施策を展開し、その減少及び構成変化に係る影響を最小限に食い止め、地域の活力と成長力を維持・発展させる必要がある。[32]

そこで、沖縄県は家庭を持つことや子どもを持つことを望む人々が、安心して結婚、出産・子育てができる環境を整えることにより、子どもがいることの幸せ、兄弟姉妹がいることの幸せを感じることができる社会をつくることを目的として沖縄県人口増加計画を策定した。

人口減少対策としては、以下のことを示している。[33]

① **自然増を拡大するための取組**
- 出生率向上のためには婚姻率の向上が極めて重要であり、結婚を促進するための取組は不可欠である。男女の出会いの機会づくりを進めるとともに、結婚に当たっての経済的な負担を軽減するための支援を行う。
- 妊娠・出産を支援するための取組として、地域で妊産婦を支える体制を整備するとともに、ハード、ソフトの両面から、妊婦や子育て世帯に配慮したまちづくりを推進する。

② **社会増を拡大するための取組**
- 安心して結婚、出産でき、島外・県外へ進学・就職した若者が、地元に魅力を感じながら、その経験を生かすために戻ってくるためには、安定した雇用が重要となる。このため、地場産業の振興や企業誘致等の取組を通じて、新たな産業の創出を進めるとともに、雇用の場の創出及び多様な人材の確保を図ることが必要である。

---

[32] 沖縄県「沖縄県人口増加計画～沖縄21世紀ビジョンゆがふしまづくり～」平成26年4月
[33] 同上

- 移住者を増加させるためには、県外居住者に向けた情報発信、情報提供が必要となる。また、住居や就業の確保が大きな問題となっているため、住居確保や就業を支援することが重要である。

### ③　離島・過疎地域の振興に関する取組
- 離島・過疎地域の人口減少の背景には、定住の条件となる生活基盤が十分に整っていないことが挙げられる。このため、医療施設を含む各種生活基盤の整備を進めるとともに、他地域との連携によって不足する機能を補う体制の整備などを進める必要がある。
- 離島・過疎地域の市町村にある地域資源を活用した地域産品の生産・流通を拡大するほか、観光関連産業の創出に取り組む必要がある。
- 離島・過疎地域の出身者のUターンを促進するためには、Uターン時の住居や就業機会の提供などが必要となる。移住者の定着を促進するためには、移住前後のサポートが求められるが、中でも、移住者と離島・過疎地域の地域住民との相互理解を促進するための支援が重要となる。

## (3)　アジア関連の取り組むべき課題
### ①　沖縄―福建の連携

　　福建―台湾―沖縄のトライアングル経済圏構想については既に述べた。ここでは、沖縄―福建の経済連携による今後の発展可能性を現実化する方向について、考えてみたい。

　　1994年から経済交流を促進するため、「沖縄県・福建省サミット」を開催している。本県と歴史的に深い交流関係を持ち、華南経済圏にあって、目覚ましい発展を遂げつつある中国福建省と、21世紀に向けた新たな関係構築を目指し、日中両国の友好と相互理解を深めることを目的としている。

第１回沖縄県・福建省サミットでは、全体会議及び分科会が行われ、(1)農業・水産業、(2)製造業・建設業、(3)商業・貿易、(4)学術・文化、(5)保険医療・公衆衛生の５つの分野にわたる協議をした。その結果それぞれの分野で交流・協力関係を維持していくことを確認した。

　1997年９月４日に沖縄県は中国福建省と「沖縄福建友好県省締結」を行なった。協定書には互恵平等の下、両県省の友好往来と経済貿易関係を促進し、科学技術、教育等、諸分野における交流と協力を積極的に行うこと等が謳われている。

　さらに、迅速な通関を具現化するために、2016年12月沖縄県は福建省商務長と経済に関する貿易や投資促進、ビジネス拡大について：基本合意書（MOU:Memorandum of Understanding）を締結した。

主な内容は以下の通りである。

- 中国(福建省)自由貿易試験区において、沖縄県産品及び全国産品の輸入実現や、福建市場から周辺地域へ販路拡大が出来るよう、双方は関連する優遇政策、通関の簡素化等について検討・協議する。
- 管轄地域内企業が、双方の管轄地域への立地を希望する場合、双方はその企業を積極的にサポートする。
- 那覇空港、那覇港等沖縄国際物流ハブ機能と福建省の鉄道、高速道路、港、空港等インフラの活用により、沖縄―福建間の貿易を促進する。
- 介護、医療、漁業、食品加工等、多分野における産業連携を強化することにより、双方のビジネス拡大を図る。

　覚書締結後、2017年年１月に厦門へ空路による県産品等のテスト輸送を実施し、テスト輸送した黒糖加工食品、シークヮサー飲料等は、厦門市内高級スーパーで開催した物産フェアで販売された。同年９月には、厦門において、投資・貿易等ビジネス促進を目的とした国際展示会（中国国際投資商談会）にブース出展し、沖縄経済特区や

ビジネス環境を紹介するとともに、セミナーが開催された。

「廈門向け県産品等輸出実証事業」では課題の抽出に努め、「沖縄―福建輸出拡大に向けた実証（ラベル事前作成サポート）事業」を実施しているところである。更なる貿易拡大に向けて、2017年10月16日付で福建省長あてに知事名で「福建省商務庁と沖縄県商工労働部との経済交流促進に係る覚書に基づく通関の簡素化について」を送付している。

その中では、次の4つの事項について依頼している。
① 検疫期間の短縮
② 沖縄―福建省ルートの貿易迅速化
③ 原材料配合割合の提示要件緩和
④ ラベル作成に関する問い合わせ窓口の設置

その後、福建省商務庁から以下の回答文書を受け取っている。
① 検疫に係る期間短縮について
　　1月と3月に実施された輸入実証事業について、関係各所に確認した。処理期間が長くなったのは、①輸入者が輸入申告後に、直ちに検査検疫機関への検査実施依頼を行っていなかったこと、②商品の全てに中文ラベルが貼られていなかったためであり、ラベルの不備がなければ、通常は、15営業日以内で検査検疫が可能である。
② 沖縄―福建省ルートの貿易迅速化
　　自由貿易区試験区の優位性を生かした沖縄県からの提案があれば、政策で許容される最大限の範囲で支援できるよう商務庁が関連部門と調整する。
③ 原材料配合割合の提示要件緩和
　　食品原材料配合表は、中国の法律、行政法規の規定及び食品安全国家標準の要求であり税関審査要求及び通関申請書の記入フォーム

に準じなければならない。
④　ラベル作成に関する問い合わせ窓口の設置
　　検査検疫部門は、輸入包装済み食品ラベルに関する仮申請を受け付けていない。輸出入貿易の公平、公正、平等の原則に従い、検査検疫部門も特定の国や地域に専用窓口を設置する慣例がない。
⑤　その他、福建省商務庁からの提案
- 通関効率を向上するため、福建省内の輸入経験が豊富な企業、機構との連携を提案する。
- 両地域の税関を通して情報交換、監督管理の相互承認、法執行の相互支援を行う提携を実施したい。

### 迅速な通関

　沖縄が今後の発展において、推進したいのは沖縄—福建の通関の簡素化、迅速化である。福建省の港湾の通関のための沖待ちは40日以上掛かると言われている。沖縄発の貨物が幾ばくかでも、相対的に早く通関できれば、日本全国の対中国向けの輸出船舶が那覇港等に殺到することが考えられるからである。

　日本から中国への輸出は貿易マトリックス[34]によると、1138億7700万ドルで、中国から日本への輸出は1296億1700万ドル（2016年）となっている。一帯一路の要所で厦門港湾の2015年貨物取扱量は2億50万トンで世界第18位に位置している。それは沖縄が巨大なマーケットにアクセスできることを意味しており、ビジネス展開も期待できる。

　2017年12月に筆者は二階俊博自由民主党幹事長を団長とする日中与党

---

34　JETRO　世界貿易マトリックス
https://www.jetro.go.jp/ext_images/world/statistics/data/matrix2016.pdf

交流協議会の中国訪問に参加する機会があった。福建省での日中交流会議の席で、沖縄県は福建省との友好県省の関係にあるため、発言の機会を頂いた。会議のテーマが一帯一路であったため、沖縄を日本への一帯一路のバイパス（交流口）にしてはと述べたところ、中国側から反応があった。その1ヶ月前に沖縄県で友好締結20周年の式典で福建省省長等が沖縄を訪れ交歓したこともあり、福建省とは更なる友好、発展のための交流を約束したばかりであった。

このように、沖縄―福建の連携は各論の段階に入り、詳細な経済発展、貿易促進のための詳細な議論が行われている。

② キャッシュレス

沖縄への外国人観光客は増加を続け、2017年度のはには269万2000人に達した。観光庁の訪日外国人旅行者の国内における受入環境整備に関するアンケート（2016年）によると、旅行中に困ったことの上位に「クレジット/デビットカードの利用」(13.6%) が挙げられれている。その機会損失は少なくないと推測される。

日本のキャッシュレスへの対応は遅れており、発展のフロンティアとして位置づけられている沖縄は、率先して対応すべきである。

**キャッシュレスとは**

現在「キャッシュレス」については、広汎に共通的に認識されている定義は存在しない。一般的には、「物理的な現金（紙幣・硬貨）を使用しなくても活動できる状態」を指す。[35]

---

35 経済産業省　商務・サービスグループ「キャッシュレスビジョン」平成30年4月、p.4

キャッシュレス推進は、実店舗等の無人化省力化、不透明な現金資産の見える化、流動性向上と、不透明な現金流通の抑止による税収向上につながると共に、さらには支払データの利活用による消費の利便性向上や消費の活性化等、国力強化につながることが期待される。

　また、キャッシュレス化の実現方法に関しては、近年、従来型のプラスチックカードによらない媒体（スマートフォン等）、インターネットやAPI1を活用した既存の業界スキームとは異なる形態等が登場し、多様化の様相を見せている。今後も様々な形態で、イノベーションを活用した新たなキャッシュレス化を実現するサービスの登場が予想される。[36]

　キャッシュレスに当てはまる支払い方法としては、現金を使用しない決済になるので以下のことがあげられる。[37]

- 銀行口座振替
- 国際カード：クレジット、デビット、プリペイドなど
- 電子マネー：ICカード、Pay、Edyなど
- 仮想通貨：ビットコイン、ウォレットなど
- 収納代行：コンビニ収納など
- 金券：ギフト券、商品引換券、図書カードなど

　なお、スマホ決済は、電子マネーやクレジットカードを使用する場合が多いため、省略してある。

　電子マネー、デビット、クレジットを含めた日本のキャッシュレス決済が民間消費支出に占める割合は、右肩上がりの傾向はあるが、依然として約20％にとどまっている。

---

36　同上、p.2
37　「キャッシュレス化のメリット・デメリットと日本と世界事情」2017.07.03
https://furien.jp/columns/278/#1

## 現金お断り

スウェーデンでは「現金お断り」も登場している。支払いはスウィッシュでやる。クレジットカードより便利だからである。スウェーデン・ストックホルム南部の駅前の路上で通行人に雑誌を売っていたホームレスのラスさんは笑顔で呼びかけた。「スウィッシュ」はスウェーデンの大手6銀行が共同運営するスマートフォンの決済アプリである。ラスさんが首にかけたカードに記された携帯電話番号にメッセージを送れば、支払い完了だ。一方、すぐ近くで施しを求めていた物乞いの男性が持つ紙コップには、通貨クローナは一枚もなかった。「みんな現金を持たなくなったんだ。外国人がくれるユーロが頼りだよ」。男性はうつろな目でつぶやいた。

2012年に運営を開始したスウィッシュは、携帯番号と銀行口座がひも付けされ、店での支払いや個人間のお金のやりとりが瞬時にできる。国民の半数以上が使い、若年層（19〜23歳）の利用率は95％に達する。中央銀行のリクスバンクが実施した調査では、財布に現金を入れていない人は15％に達した。

パン屋は「現金お断り」。店員のイザベラさんは「お金に触れないことで衛生的にパンを扱える」と話す。スウェーデンは15年にクローナ紙幣のデザインを変更したが、「もう1年半以上使っていないので、デザインは覚えていない」と話す。[38]

## キャッシュレスのメリット

消費者は金融機関の窓口やATMから現金を引き出して持ち運ぶ必要がなくなり、物やサービスを提供する小売業者にとっても現金の管理・

---

38　毎日新聞デジタル〈フィンテック〉スマホで決済　現金消えた　スウェーデン　2017年11月27日

運搬に関する手間を削減することが可能となる。キャッシュレス化によって、取引、信用供与、決済の迅速化が図られる。また現金を管理・運搬する際の紛失や盗難のリスクが逓減されることになる。

　補償や保険が付帯しているクレジットカードや記名式の電子マネーであれば、偽造や不正使用によるリスクを逓減でき、電子データがお互いの帳簿に記録されることで、資金管理のコストも削減される。消費者はカード決済や電子マネーの利用状況を電子データで確認し、家計簿ソフト等を活用することで容易に資金管理が行えるようなサービスを安価で享受できる。小売業者サイドも大量の購買データを容易に入手することができ、ビッグデータ等で消費者の購買行動を分析することで消費活動を活性化させ、収益向上を狙うといったことも可能となる。

　ビッグデータ分析による消費活性化以外の面でも、キャッシュレス化は経済活性化に寄与する。[39]ビッグデータやIoTなどの技術が発展するとともに、膨大なデータを1瞬で処理することが可能となり、勘定ミスや路上犯罪などが減り、膨大なコストの削減が可能である。ただし、IT技術が進化すればするほど、安全かつ安定したサービスを提供するためのセキュリィティの強化が最も大きな課題である。

### 日本のキャッシュレスの遅れ

　日本銀行の統計によると、2017年の日本の電子マネーによる決済金額が5兆1994億円になった。世界では、電子マネーによる決済が爆発的に増えているにもかかわらず、日本は前年と比較してわずか1.1％しか伸びていない。集計開始以来9年連続の伸びだが、2016年、2017年とほぼ横ばい。ほとんど拡大していない。Suica（スイカ）など交通系5社と

---

[39] ニッセイ基礎研究所　金融研究部　准主任研究員　福本　勇樹「キャッシュレス化のメリット　日本のキャッシュレス化について考える（2）」2017-12-20

図6-2-9 各国のキャッシュレス決済比率の状況

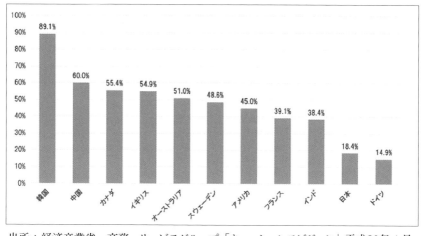

出所：経済産業省　商務・サービスグループ「キャッシュレスビジョン」平成30年4月

Edy（エディ）、WAON（ワオン）、nanaco（ナナコ）の8社の合計額で、電車などの利用分は差し引いてあるという条件であるが、それにしても世界の趨勢とは大きくかけ離れている。[40]

世界各国のキャッシュレス決済比率を見ると、韓国は89.1％に達するなど、キャッシュレス化が進展している国では軒並み40％〜60％台に到達する中、日本は18.4％にとどまる。[41]

各国のキャッシュレス支払を手段別に見ると、クレジットカードを用いた支払が主流のグループと、主にデビットカードを用いるグループに大別され、我が国は、シンガポールや韓国等と共にクレジットが主流のグループに区分けされる。[42]

---

[40] 東洋経済　ONLINE「日本が現金払い主義からまるで脱せない理由キャッシュレス化が進む世界から周回遅れ」2018年03月24日　https://toyokeizai.net/articles/-/213258
[41] 経済産業省　商務・サービスグループ「キャッシュレスビジョン」平成30年4月
[42] 同上

韓国のクレジットカードの割合が70％以上と高く、カナダ、トルコ、シンガポールと続いている。デビットカードはイギリスが最も高くスウェーデン、ベルギー、ロシア等と続き、欧米の比率が高い。プリペイカードは、全般的に未だ、普及が低い。

**推進施策**

我が国は、「『日本再興戦略』改訂2014」においてキャッシュレス決済の普及による決済の利便性・効率性の向上を掲げたことを発端として、「日本再興戦略2016」では2020年のオリンピック・パラリンピック東京大会開催等を視野に入れたキャッシュレス化推進を示している。さらに、2017年5月に公表した「FinTechビジョン」においては、FinTechが付加価値を生み出すために必要な決済記録の電子化の鍵はキャッシュレス化の推進であることなどを指摘し、キャッシュレス化比率を政策指標として示しながらキャッシュレス化促進のための課題や方策を継続的に分析・検討していく必要性を示した。その後、同年6月に閣議決定された「未来投資戦略2017」にてKPI（Key Performance Indicator：重要な評価指標）として10年後（2027年）までにキャッシュレス決済比率を4割程度とすることを目指すとしている。[43]

**キャッシュレス政策**

キャッシュレス決済の促進が商取引の活性化や新たなビジネスの創出にも資することから、今後の日本経済の成長に向けて、官民が一体となって取り組んでいくべきものである。[44]

---

43 経済産業省　商務・サービスグループ「キャッシュレスビジョン」平成30年4月
44 内閣官房、金融庁、消費者庁、経済産業省、国土交通省、観光庁「キャッシュレス化に向けた方策」平成26年12月26日

第 6 章　課題と今後の展望

　政府は「日本再興戦略」をはじめ、様々な場でキャッシュレス推進の方針を打ち出してきた。2020年オリンピック・パラリンピック東京大会等の開催等を踏まえ、キャッシュレス決済の普及による決済の利便性・効率性の向上を図る。このため、訪日外国人の増加を見据えた海外発行クレジットカード等の利便性向上策、クレジットカード等を消費者が安全利用できる環境の整備及び公的分野での電子納付等の普及をはじめとした電子決済の利用拡大等について、関係省庁において対応策を取りまとめる。[45]
「日本再興戦略2016」（平成28年6月2日閣議決定）では
　① 「キャッシュレス化に向けた方策」の推進
　② 観光ビジョンの推進（外国人が訪れる主要観光施設等でのカード対応等）
　③ ビッグデータの利活用
を示した。
　FinTech の活用等を通じた消費データの更なる共有・利活用を促進するため、クレジットカードデータ利用に係るAPI: Application Programming Interface 連携の促進等の環境整備を行う。[46]

　キャッシュレス決済は安全性・利便性の向上事務手続の効率化、ビッグデータ活用による販売機会の拡大が課題である。取組事項として、カード決済のコスト削減やクレジットカード利用に係るAPI連携の促進が挙げられている。また特筆すべき点として、日本国内におけるキャッシュレス化について具体的な数値目標が掲げられた。2017年5月に経済産業省で策定された「FinTech ビジョンについて」（経済産業省a（2017））

---

44　内閣官房、金融庁、消費者庁、経済産業省、国土交通省、観光庁「キャッシュレス化に向けた方策」平成26年12月26日
45　経済産業省　商務・サービスグループ「キャッシュレスの現状と推進」平成29年8月
46　同上

の中で、「キャッシュレス決済比率」を民間消費支出に占めるクレジットカード、デビットカードと電子マネーによる決済の割合と定義した上で、今後10年間（2027年6月まで）にキャッシュレス決済を倍増させ、4割程度とすることを目指すとしている。[47]

### 仮想通貨

2016年5月25日に改正資金決済法、通称「仮想通貨法」が成立した。[48] この法律の目的は「利用者保護」である。仮想通貨利用者が安心して取引できるよう一定の規制を課した。もちろん投資での損得は自己責任になるが、マウントゴックス社が行ったような取引所の不正やマネーロンダリングなどで利用者が損をしないように整備がされている。

具体的には仮想通貨とは「インターネットを通じて不特定多数の間で物品やサービスの購入や売却に使用できる財産的価値である」と定義されている。簡単に言うと支払手段の一つとしてきちんと認められたということであり、現在有力な支払手段になっている電子マネーやポイントと違う点は、円やドルなどの法定通貨と交換できることにある。[49]

中央銀行などの公的な発行主体や管理者が存在せず専門の取引所を介して円やドル・ユーロ・人民元などの通貨と交換でき、仮想通貨の種類

---

47 ㈱ニッセイ基礎研究所　金融研究部　准主任研究員　福本　勇樹「本におけるキャッシュレス化の進展状況と課題」季刊　個人金融　2018 冬
48　法律的には仮想通貨は以下の通りである。
1、物品を購入し、若しくは借り受け、又は役務の提供を受ける場合に、これらの代価の弁済のために不特定の者に対して使用することができ、かつ、不特定の者を相手方として購入及び売却を行うことができる財産的価値（電子機器その他の物に電子的方法により記録されているものに限り、本邦通貨及び外国通貨並びに通貨建資産を除く。）であって、電子情報処理組織を用いて移転することができるもの。
2、不特定の者を相手方として前号に掲げるものと相互に交換を行うことができる財産的価値であって、電子情報処理組織を用いて移転することができるもの。
49　ビットコインラボ、2017年03月17日 https://bitcoinlab.jp/articles/8

は600種類以上あるといわれている。[50]

　仮想通貨を巡る狂騒曲はまだ終わりそうにない。仮想通貨の値上がり益を狙い、日本では2018年３月時点で少なくとも延べ350万人が仮想通貨取引に参加した。ビットコインなど主要な５つの仮想通貨の取引額は2017年度が合計で69兆円と、16年度比で約20倍に拡大した。[51]

　「通貨としての利用が前提になっておらず、単に価格が上がるから買うという過剰投機が起きていた」日本仮想通貨交換業協会の会長に就任したマネーパートナーズの奥山泰全社長はこれまでの仮想通貨市場をこう表現する。ところがコインチェックから「ＮＥＭ（ネム）」が不正流出し、仮想通貨取引への懸念が広がった。世界的な規制強化の動きも重なり、仮想通貨の価格は急落した。情報会社コインマーケットキャップによると、世界の仮想通貨全体の時価総額は直近で約4000億ドル（44兆円）と年初のピークから半減した。[52]

　バラ色の未来をうたっていた仮想通貨のイメージに陰りが見られる。これは本当に通貨の未来を変えるものになるだろうかという一抹の疑念が生じている。中島真志はビットコインを例に貨幣の機能から分析している。[53]

　貨幣の機能は
　　a 価値尺度
　　b 交換手段
　　c 価値の保蔵手段

---

50　bitFlyer HP　https://bitflyer.com/ja-jp/glossary/virtual_currency
51　日経新聞デジタル2018/5/4 5:30　仮想通貨取引「第２幕」へ　コインチェック事件乗り越え　https://www.nikkei.com/article/DGXMZO30035960R00C18A5000000
52　同上
53　日経新聞　2018年３月19日　経済教室　中島真志「仮想通貨の未来　上」

の3つである。

　aとbについて、現在、ビットコインを交換手段として保有する人はごく限定的ある。ビットコインは発行量に一定の上限が決められており、需要が増える中で必然的に値上がりすると見た人が、群がるように買っているのが実態である。いずれ値上がりすると思っていれば、誰も使おうとしない。つまり、明日値上がりすると思う者は誰も支払いに使わない。

　そのため、ビットコインは交換手段としてほとんど使われず、投機用の資産となっている。その性格は通貨から資産へと変質し、仮想通貨ではなく、仮想資産となっている。

　ビットコインは、世界で1秒間に7件の取引が限度なっている。クレジットカードは1秒間に世界の5万件以上の取引が可能となっている。これが果たして、世界中で使われる決済手段として使われ、世界を変える通貨になるかについては、かなり疑問がある。

　価値保蔵手段についても、高いボランタリティ（価格変動制）のため、将来に向けて、価値を保存できる保障はない。銀行券のように、発行体が裏付けとなる資産を保有するといった形で価値を維持する仕組みが備わっているわけではない。ビットコインは配当や利子がなく、持っていてもなんのキャッシュフローも生み出さない。このため、国際決済銀行（BIS）の報告書では、「仮想通貨の本源的な価値はゼロである」としている。

　そのような中央銀行が、ブロックチェーンの技術を使ったデジタル通貨の発行の取り組みをしていることが注目を浴びでいる。ビットコインが公的に裏付けのない指摘にデジタル通貨であるのに対し、中央銀行のデジタル通貨は、中央銀行が発行の発券・運営主体となる公的なデジタル通貨である。現金とは1対1の交換比率であるため、現金との交換レートの乱高下が生じない。既にカナダ、スウェーデン、シンガポール、中

表6-2-2　仮想通貨と中央銀行デジタル通貨の比較

| | 仮想通貨 | 中央銀行デジタル通貨 |
|---|---|---|
| 性格 | 私的デジタル通貨 | 公的デジタル通貨 |
| 公的な裏付け | なし | あり |
| 発行主体 | なし | 中央銀行 |
| 経営主体 | なし | 中央銀行 |
| 通貨単位 | 独自の通貨単位 | 各国の通貨単位　ドル、円等 |
| 交換レート | 交換レートが乱高下 | 現金と1対1の交換比率 |

出所：日経新聞　2018年3月19日　経済教室　中島真志「仮想通貨の未来　上」

国、ロシアの中央銀行が、実証実験や試験運用を行っている。[54]

　キャッシュレス決済はEコマースサイトのようなデジタルエコノミーとの親和性が高い。そのため、消費者がキャッシュレス決済を用いる際の物やサービスを購入する選択肢は、消費者自身が移動可能な距離の範囲にとどまらず、インターネットでアクセスできる範囲にまで拡大することになる。Moody's Analytics（2016）は、キャッシュレス決済の利用率が1％上昇すると、世界のGDPが平均的に0.1％増加すると指摘しており、日本においても0.04％増加する。つまり、キャッシュレス決済は現金決済よりもGDPの増に寄与するのである。[55]

**沖縄のキャッシュレスの取組**

　沖縄県商工労働部アジア経済推進課では、日本のキャッシュレスが遅れているため、増大する内外の観光客の消費の足かせ、つまり機会損失

---

54　同上
55　ニッセイ基礎研究所　金融研究部　准主任研究員　福本勇樹「日本におけるキャッシュレスの進展状況と課題」季刊　個人年金　2018　冬

になっている恐れがあるため、キャッシュレス決済のモデルについて検討をしているところである。

県内４行と１信金が沖縄決済コンソーシアムを立ち上げ、クレジットカードや電子マネー等を支払いに使うキャッシュレス化や消費データの利活用促進を行うという。2019年の３月までに非現金決済の実証実験を行うという。[56]

宮古島市でも沖縄銀行、ＮＴＴドコモなどが市内でクレジットカードを使ったキャッシュレス決済の実証実験を開始するという。キャッシュレスの要望が多い訪日外国人を念頭に、タクシーや小売店などでキャッシュレス化を推進する。2019年２月末まで実証を進め、本格導入を目指すという。

外国人観光客の利便を損ね、購買機会を逸しているのは観光収入に取ってマイナスである。キャッシュレスのシステムを立ち上げ、顧客の了解を得た上で、データベースを構築し、ビジネス戦略に生かすことが急務となっている。

③　規制緩和

沖縄県アジア経済戦略構想には【推進機能　Ｄ】アジアのダイナムズムを取り込むための規制緩和、制度改革が示され、規制改革の推進により、ヒト・モノ・カネ・情報が成長に向かって動き出すような状況を整備していくことが謳われている。

国家戦略特別区域法に基づく規制緩和により、世界水準の観光リゾート地を整備し、観光ビジネスを振興するとともに、沖縄科学技術大学院大学を中心とした国際的なイノベーション拠点の形成を図ることによ

---

[56] 沖縄タイムス　2018年４月21日

り、新たなビジネスモデルを創出し、外国人観光客等の飛躍的な増大を図ることとしている。

一般的に規制緩和のメリットとしては、
① 経済環境の変化に適応したイノベーションを促す
② 新製品・新サービスを国民が享受できるようにし、選択肢を増やす
③ 企業の創意工夫を生かす環境整備を行い、生産性を高める
④ 全ての人が能力を発揮できる社会が実現されるよう、多様な働き方や労働移動を支える仕組みを整える
⑤ 地域経済活性化の阻害要因を取り除く等が挙げられる。[57]

規制緩和の領域は多岐にわたるが、ここでは規制改革推進会議[58]で審議され、規制改革実施計画として閣議決定[59]された内、沖縄に関連すると思われる以下の重点事項を紹介する。

### 農林水産分野

競争力ある農林水産業を実現し、従事者の所得向上を図るとともに、消費者の多様なニーズに応える観点から、①生産資材価格の引下げ、生産者に有利な流通・加工構造の確立、②牛乳・乳製品の生産・流通等に関する規制改革、③農協改革の着実な推進、④農業競争力強化と地域経済の活性化に向けて農地の利活用を促進する規制改革、⑤林業の成長産業化と森林資源の適切な管理の推進、⑥漁業の成長産業化等の推進と水産資源の管理の充実について、重点的に取り組む。

---

57 規制改革推進会議「規制改革推進に関する第1次答申〜明日への扉を開く〜」平成29年5月23日
58 同上
59 規制改革実施計画 平成29年6月9日 閣議決定

### 人材分野

働き手一人一人が自らの能力を最大限発揮できる環境を整備し、日本経済全体の生産性向上を図る観点から、①転職先がより見つけやすくなる仕組みづくり、②転職して不利にならない仕組みづくり、③安心して転職できる仕組みづくりについて、重点的に取り組む。

### 医療・介護・保育分野

国民が必要とする医療・介護サービスを最大限、効果的・効率的に提供し、また、「新・三本の矢」の「夢をつなぐ子育て支援」(待機児童解消など)・「安心につながる社会保障」の実現に資する観点から、①介護サービス利用者の選択に資する情報公表制度及び第三者評価の改善、②介護保険内・外サービスの柔軟な組合せの実現、③介護サービス供給の在り方の見直し、④介護事業の展開促進・業務効率化の促進、⑤社会保険診療報酬支払基金に関する見直し、⑥新医薬品の14日間処方日数制限の見直し、⑦機能性表示食品制度の改善、⑧保育所等の利用に要する就労証明書の見直し、⑨金融機関が設置する保育所におけるグループ企業役職員以外の子供の受入れについての周知について、重点的に取り組む。

### 投資等分野

ＩＣＴの一層の活用や事業者等の要望への幅広い対応の観点から、①税・社会保険関係事務のIT化・ワンストップ化、②官民データ活用、③IT時代の遠隔診療④IT時代の遠隔教育、⑤日影規制の見直し、⑥電波周波数の調整・共用、⑦次世代自動車(燃料電池自動車)関連規制の見直し、について、重点的に取り組む。

## その他重要課題（インバウンド支援等）

その他重要課題として、①ＩＣＴ、ＡＩ等の技術革新を活かした旅客運送事業等の規制改革、②地方の需要に応える貨物運送事業規制改革、③第二種運転免許受験資格、④旅館業に関する規制の見直し、⑤地方における規制改革、⑥労働基準監督業務の民間活用等について、重点的に取り組む。

## 国家戦略特区

国家戦略特区は、"世界で一番ビジネスをしやすい環境"を作ることを目的に、地域や分野を限定することで、大胆な規制・制度の緩和や税制面の優遇を行う規制改革制度である。2013年度に関連する法律が制定され、2014年5月に最初の区域が指定された。[60]

国家戦略特区は、日本の経済社会の風景を変える大胆な規制・制度改革の突破口であり、大胆な規制・制度改革を通して経済社会の構造改革を重点的に推進することにより、産業の国際競争力の強化とともに、国際的な経済活動の拠点の形成を図り、もって国民経済の発展及び国民生活の向上に寄与することを目的としている。

具体的には、国家戦略特区において、「居住環境を含め、世界と戦える国際都市の形成」、「医療等の国際的イノベーション拠点の整備」といった観点から、規制の特例措置の整備その他必要な施策を、国民の安全の確保等に配慮し、関連する諸制度の改革を推進しつつ総合的かつ集中的に講ずることにより、国内のみならず、世界から資本と人を惹きつけられる、日本の固有の魅力をもったプロジェクト及び当該区域における規制改革等の関連事業のパッケージをいい、それを推進していくものであ

---

60 首相官邸　国家戦略特区
http://www.kantei.go.jp/jp/headline/kokkasenryaku_tokku2013.html#c001

る。これにより、「世界で一番ビジネスのしやすい環境」を創出し、民間投資が喚起されることで、日本経済を停滞から再生へとつなげていく。

　従来の特区は、自治体・団体から計画を国に提案するという、いわばボトムアップ型の規制改革の取組である。一方で、国家戦略特区は、対象区域の選定に国が主体的に関わり、スピード感を持って岩盤規制を突破する仕組になっている。また、区域ごとに置かれる国家戦略特別区域会議に、国・地方自治体・民間事業者が対等な立場で参画し、密接な連携のもとに区域計画を作成するという特徴がある。

　国家戦略特区以外の特区制度には、「構造改革特区」と「総合特区」があり、構造改革特区は、自治体からの提案により、実情に合わなくなった国の規制を緩和し、これまでは事業化できなかったことを特別にできるようにするものである。総合特区は、実現可能性の高い先駆的取組を行う区域に、規制・制度の緩和に加え、税制・財政・金融上の支援といった総合的な支援を行うものある。また、国家戦略特区と構造改革特区との一体的な運用を図る観点から、同時に提案募集を行っている。[61]

　具体的に進める区域計画がある。それは、国家戦略特別区域における産業の国際競争力の強化及び国際的な経済活動の拠点の形成に関する目標を達成するため、当該国家戦略特別区域において実施し、又はその実施を促進しようとする特定事業等について、国・地方公共団体・民間の三者から組織される国家戦略特別区域会議において協議・作成される。[62]

　現在、国家戦略特区で実現した規制改革は都市・創業・外国人材・観光、農林、医療・保育、雇用・教育の各分野で行われている。

---

61　同上
62　内閣府　国家戦略特区　区域計画
http://www.kantei.go.jp/jp/singi/tiiki/kokusentoc/kuikikeikaku.html

図6-2-10　国家戦略特区で実現した規制改革
全68事項のうち主なもの（特区措置50事項、全国措置18事項）

| 都市・創業・外国人材・観光 | 医療・保育 |
|---|---|
| **都市計画の手続き迅速化**<br>居住を含めた都市環境の設備 | **外国医師の受入れ**<br>高度な医療技術を有する外国医師等の受入推進 |
| **開業ワンストップセンター**<br>法人設立手続きの簡素化・迅速化 | **病床数の特例**<br>高度な水準の医療の提供 |
| **公証人の役場外の定款認証**<br>公証人の公証役場以外での活動解禁 | **保険外併用療養（先進医療の承認迅速化）**<br>外国で承認された医療品等の導入促進 |
| **家事支援外国人材の受け入れ**<br>女性の活動推進、家事負担の軽減 | **革新的医療機器の開発迅速化**<br>医療イノベーションの推進 |
| **民泊（宿泊可能な住宅解禁）**<br>内外の観光客の滞在ニーズへの対応 | **医学部の新設**<br>グローバル医療人材の育成 |
| ※ 過疎地域等での自家用自動車の活動拡大<br>内外の観光客等の運送ニーズへの対応 | **地域限定保育士(年2回目の試験実施)**<br>保育士不足の解消 |
| 農　　林 | **都市公園内の保育所設置**<br>保育所等の福祉サービスの充実 |
| **農業委員会と市との業務見直し**<br>農地の活動家促進 | ※ テレビ電話による服薬指導の特例<br>遠隔診療のニーズへの対応 |
| **農業生産法人の要件緩和**（平成28年4月から全国措置）<br>6次産業化の推進 | 雇用・教育 |
| **農業への信用保証制度の適用**<br>農業の資金調達の円滑化 | **雇用労働相談センター(雇用条件の明確化)**<br>新規開業企業、グローバル企業等の労使紛争の未然防止 |
| **国有林野の貸付拡大**<br>国有林野の活動促進 | **公設民営学校の解禁**<br>グローバル人材の育成等、多様な教育の提供 |
| ※ 企業による農地取得の特例<br>担い手不足や耕作放農地等の解消 | |

太字…法律で措置した事項　　　　※□□□□内は、改正特区法（平成28年9月1日施行）
細字…法律措置以外の事項　　　　　で措置された法律事項

出所：内閣府　地方創生推進事務局「国家戦略特区について」平成28年12月

## 沖縄県の国家戦略特区

　沖縄県は、2014年5月1日付けで、「観光ビジネス振興」「沖縄科学技術大学院大学を中心とした国際的なイノベーション拠点形成」を目標として、国家戦略特区に指定された。沖縄県の国家戦略特区のこれまでの取り組みと課題について述べたい。

### 第1回沖縄国家戦略特別区域会議

2014年の第1回沖縄県国家戦略特別区域会議において、名称は「沖縄県国際観光イノベーション特区」とされた。国家戦略特別区域計画として、以下の内容が示された。[63]

### 都市再生・まちづくり分野
（1）都市計画法等の特例（国家戦略市街地再開発事業）
① 旭橋都市再開発株式会社が、都市再開発法の特例を活用し、モノレールの交通結節により、公共交通の利便性を向上し、外国人を含む観光客にやさしい観光まちづくりを推進するとともに、観光案内所・就業支援施設・県立図書館等の公共公益施設を始め、オフィス、商業施設等から構成される複合施設を整備し、国際的な経済活動の拠点形成を図る。

（2）エリアマネジメントに係る道路法の特例（国家戦略道路占用事業）
② 旭橋都市再開発株式会社が、道路法の特例を活用し、モノレール旭橋駅周辺地域内の国道330号及び交通広場において、外国人を含む観光客の利便性向上を図るため、多言語観光案内板やバス乗降スペースなどの施設等を設置する。
③ 那覇市国際通り商店街振興組合連合会が、道路法の特例を活用し、国際通り沿線（県道39号）において、外国人を含む観光客の利便性向上や中心商店街の賑わい創出を図るため、案内板などの施設等を設置する。

また、今後、追加に向け検討すべき規制改革事項等として、以下の事

---

63 沖縄県　国家戦略特別区域会議「沖縄県　国家戦略特別区域計画（素案）」平成26年10月26日

項について、検討を進めて結論を得る。
### （1） ビザ要件の緩和等
○ 外国人観光客数の増加に向け、現行の数次ビザ対象国における申請書類の簡素化や有効期間の延長等を検討して結論を得る。
　また、沖縄科学技術大学院大学を始めとする県内の高等教育機関の外国人研究者等の集積を促進するため、その父母等も入国が容易となるよう、要件の緩和について検討する。
### （2） 入管手続の迅速化
○ 外国人観光客の増加に対応するため、空港や港湾における出入国審査に関連する業務の民間委託を拡充するとともに、自動化ゲートシステムについて、その適用対象を数次ビザ取得者等にも拡充することを検討する。
### （3） 外国人を含めたレジャーダイバーガイドの拡充
○ 外国人を始め、世界規模のスクーバダイビング指導団体が認定するダイビンガイド資格者については、試験ではなく、一定の研修課程終了をもって、潜水士とみなすことを検討する。
### (3) 創業人材等の外国人材の受入れ推進
○ 沖縄科学技術大学院大学等の研究成果を活用したベンチャー企業の創出を推進するため、外国人研究者等を創業人材として受入れる新たな仕組みを構築するとともに、観光業務に関わる技能実習制度の対象職種及び期間の拡大について検討する。
### (4) 着地型旅行商品の販売等に関する規制緩和
○ 旅行者の多様なニーズに応じた着地型旅行商品の提供が、地域の観光協会や宿泊施設等においても容易となるよう、特区内の旅行業者代理業者について旅行業法上の必置資格である旅行業務取扱管理者に代えて、一定の研修を終了した者を選任できることについて検討して結論を得る。

### (5) 外国人旅行者向け消費税免税制度

○ 外国人旅行者向け消費税免税制度について、制度の運用状況を踏まえつつ、現行の同一店舗における購入額の下限規定の見直しを含め、税制改正の要望に向けた検討を行うとともに、その他、外国人旅行者の更なる消費拡大につなげるための方策を検討して結論を得る。[64] これは全国版として取り入れられた。

### 第2回沖縄県国家戦略特別区域会議

第2回の会議ではにおいては、追加規制改革事項等として以下のことを挙げている。[65]

### 都市再生・まちづくり分野

概ね第1回の提案と同じである。

### 観光分野

ビザ要件の緩和、入管手続の迅速化、外国人を含めたレジャーダイバーガイドの拡充、創業人材等の外国人材の受入れ推進、創業人材等の外国人材の受入れ推進、着地型旅行商品の販売等に関する規制緩和は概ね第1回の提案と同じである。

外国人旅行者向け消費税免税制度は2015年度税制改正で対応済みとなった。

### 第3回沖縄県国家戦略特別区域会議

第3回会議では国家戦略特別区域限定保育士事業が示され認可された。地

---

64　同上、p.6
65　沖縄県 国家戦略特別区域会議「追加規制改革事項等」平成27年6月10日

域限定保育士は、保育を担う人材不足に対応するため、創設される。沖縄含めた４地域で2015年度から実施されることになった。特区で年１度実施される地域限定保育士の試験で通常の保育士試験と併せて受験機会が増える。地域限定保育士資格を取得してから３年間は、都区内でしか保育業務に従事できない。ただし３年経過後は通常の保育士として全国で働くことができる。

### 第４回沖縄県国家戦略特別区域会議
第４回の会議では下記の区域計画（案）が示された。

### 国家戦略特別区域高度医療提供事業
内容：病床規制に係る医療法の特例
（国家戦略特別区域法第14条に規定する国家戦略特別区域高度医療提供事業）

社会医療法人友愛会（沖縄県豊見城市）が、豊見城中央病院（沖縄県豊見城市）において、早期食道癌に対する内視鏡的粘膜下層剥離術（ＥＳＤ）後の細胞シートを活用した再生医療、小児の軽度三角頭蓋に対する頭蓋形成術、ホウ素中性子捕捉療法（ＢＮＣＴ）を実施するため、新たに病床18床を整備する。

また、高度な技術を有するスパセラピスト受入についての規制緩和案が示された。

### 現在の国家戦略特区
これらの経緯を経て、沖縄県の現在の国家戦略構想は以下の通りとなっている。[66]

---

66　沖縄県「認定区域計画の実施状況報告」

実施中のもの
① 国家戦略道路占用事業（2事業）
② 国家戦略特別区域限定保育士事業（1事業）
③ 国家戦略特別区域高度医療提供事業（1事業）

検討中のもの
① 地域農畜産物利用促進事業（1事業）
　2018年区域計画が認定
① 農業支援外国人受入事業（1事業）

　2018年5月30日の国家戦略特別区域会議合同会議（沖縄第7回）で沖縄県の農業分野の外国人受け入れ事業が認められた。労働力がひっ迫する中で、認可された意義は大きい。

**外国人農業支援人材の受入れに係る出入国管理及び難民認定法の特例**
　国家戦略特別区域農業支援外国人受入事業における特定機関の基準を満たす企業が、沖縄県全域において、経営規模の拡大などによる「強い農業」を実現するため、外国人農業支援人材を受け入れる事業を実施する。

**今後、研究・検討をすべき項目**
　規制緩和を梃子とした国家戦略特区は地域の発展において、重要なツールである。今後、研究・検討すべきことについて述べたい。

**医療**
　内閣府沖縄総合事務局は沖縄における国際医療交流「万国医療津梁」[67]

---

[67]　内閣府沖縄総合事務局「沖縄ウェルネス産業研究会報告書―「万国医療津梁」と沖縄地域経済の発展―」平成22年11月

を示している。その中の規制緩和・特例運用等に係る提言の中に、「外国人医師による医療行為規制の緩和」が示されている。[68] 東京都では、国際医療拠点における外国医師の診察・外国看護師の業務が既に解禁されている。「二国間協定に基づく外国人医師については、従来、自国民のみを診療することに限る取扱いと整理されていたところ、自国民に限らず外国人一般に対して診療を行うことを認める。」(2015年1月通知)。[69]

　沖縄は、かつてアジア地域との交易で繁栄期を築いた琉球王国の歴史があり、また、医食同源の考え方に基づく独特の食文化や長寿国である我が国の中においても有数の健康長寿に係るブランドが世界的にも知られている。これらのイメージは、国際医療交流において、沖縄が医療を通じた国際貢献や医療を実体的に産業として捉えて展開する場合の強みとなり得る。

　今後、沖縄が進める国際医療交流については、アジア諸国等への医療人材育成を通じた国際貢献も念頭に入れた「万国医療津梁」と名付けたい。沖縄が、医療を通じて国際的な視野に立ち世界（万国）の懸け橋（津梁）となる意を込めてこれを推進していく。[70]

　既に沖縄では、医療と観光が連携した動きとして、食物アレルギーや摂食嚥下障害対応のバリアフリー観光ツアー、ひざ疾患患者のためのひざ関節装具の製作・装着を行う体験ツアー、DNA検診を組み込んだ健診ツアーなどが実施されており、国内外からの来訪者を受入れているという現状がある。

　「万国医療津梁」は、沖縄が持つ健康長寿ブランドとの相乗効果を発

---

68　同上、p.20
69　同上、p.10
70　同上、p.10

揮することにより、諸外国における医療ツーリズムとの差別化を図ることが可能であると考えられる。[71]

**規制緩和・特例運用等に係る提言**[72]
　政府の規制・制度改革に係る動向を踏まえつつ、万国医療津梁の実現に向けて障壁となる法規制等に関し、同報告書はその緩和や特例運用等を提言している。
〈例〉
- 医療滞在ビザの創設
- 医療機関の広告規制の緩和
- 国内未承認医療機器の利用規制緩和

（FDA（米国食品医薬品局）が認可した医薬品、医療材料、医療機器のうち、沖縄県内の医師から使用申請があったものについては、厚生労働省の認可がなくても使用できるものとする。）

- 再生医療の推進（適用法令、臨床研究の在り方に関する規制緩和）
- ワクチンの公的保険給付対象化（予防的医療と見なした措置）

**外国人労働者の受入れ**
　既に、規制改革のメニューの中に外国人受け入れの事例が示されている。[73]日本の人口減少による労働力の逼迫が成長の足かせとなっている現在、早晩、外国人労働者の受入れは本格的に対応しなければならない状況になっている。沖縄県はアジアの橋頭堡としてまたフロンティアとして、外国人労働者の受入れの実験を含めた、規制緩和（国家戦略特区）

---

71　同上、p.10
72　同上、p.20
73　官邸HP 規制改革メニュー
http://www.kantei.go.jp/jp/singi/tiiki/kokusentoc/menu.html

を研究して、提案すべきであろう。

### 日本の外国人受け入れの事例

- 家事支援外国人材、外国人家事支援人材の活用（神奈川県）

女性の活躍推進等のため、地方自治体等による一定の管理体制の下、家事支援サービスを提供する企業に雇用される外国人の入国・在留を可能にした。

- 創業外国人材、創業人材等の多様な外国人の受入れ促進（東京都、福岡市）

創業人材について、地方自治体による事業計画の審査等を要件に、「経営・管理」の在留資格の基準（当初から「2人以上の常勤職員の雇用」又は「最低限（500万円）の投資額」等）を緩和。

- クールジャパン外国人材の受入れ促進

アニメ・ゲーム等のクリエーターや和食料理人材など、クールジャパンに関わる外国人の活動を促進するための施策の推進、情報提供等を行う。

- クールジャパン・インバウンド外国人材の受入れ・就労促進

対応分野の外国人材に係る受入れ要望がなされた場合に、区域会議において、関係府省及び関係自治体が一体となって協議・検討し、現行の上陸許可基準の代替措置を設けることにより、専門的・技術的分野の外国人材がより柔軟かつ適切に入国・在留・就労する機会の拡大を図る。

- 外国人雇用相談、外国人を雇用しようとする事業主への援助（相談センターの設置）

国家戦略特別区域会議の下に、専門の弁護士・行政書士などで構成される相談センターを設置し、企業等に対し各種相談や情報提供等を行うとともに、在留資格の許可・不許可に係る具体的事例の整理・分析を行う。

- 農業支援外国人材、農業支援外国人材の受入れ（京都府、新潟市、愛知県）

産地での多様な作物の生産等を推進し、経営規模の拡大などによる「強い農業」を実現するため、外国人の人権にも配慮した適切な管理体制の下、日本人の労働条件及び新規就農に与える影響などにも十分配慮した上で、一定水準以上の技能等を有する外国人材の入国・在留を可能とする。

我が国における外国人労働者は、急速に増加し、2017年には、約128万人になり、対前年比18％の増加となっている。身分に基づく在留資格者が約45.9万人と最も高く、以下、資格外活動約29.7万人、技能実習約25.8万人、専門的・技術的分野の在留資格23.8万人、技能実習の順となっている。[74]

労働力が逼迫する中で、日本も2025年頃までに建設、農業などの5分野で50万人超の外国人労働者の受け入れを経済財政運営の基本方針（骨太の方針）に入れ込むという。これまで、外国人受け入れの政策は、治安面等の配慮から高度な専門知識を持つ外国人に限定してきた。実質的な単純労働は約70職種の技能実習生に止め、他の就労資格と厳格に区別していた。[75]

沖縄県は2018年5月30日に国家戦略特区の農業の分野で外国人労働者を受け入れる区域計画に決定された。沖縄の農業生産が増加する中で、高齢化や人手不足が顕在化し、足かせとなっていたため、国家戦略特区に申請した。観光業との連携や海外輸出等の展開にも後押しとなる。

人口減少の進む日本は、早晩本格的な労働力の輸入を検討せざるを得ず、沖縄がその実験場（フロンティア）となり、人手不足解消の役割を果たす意義は大きい。

---

[74] 内閣府「外国人労働力について」平成30年2月20日内閣府　資料4
http://www5.cao.go.jp/keizai-shimon/kaigi/minutes/2018/0220/shiryo_04.pdf
[75] 日経新聞　2018年5月30日

図6-2-11　外国人労働者の内訳

【参考】我が国における外国人労働者の内訳

出入国管理及び難民認定法上、以下の形態での就労が可能。

①専門的・技術的分野　　　　約23.8万人
・一部の在留資格については、上陸許可の基準を「我が国の産業及び国民生活に与える影響その他の事情」を勘案して定めることとされている。

②身分に基づき在留する者　　約45.9万人
（「定住者」（主に日系人）、「日本人の配偶者等」、「永住者」（永住を認められた者）等）
・これらの在留資格は在留中の活動に制限がないため、様々な分野で報酬を受ける活動が可能。

③技能実習　　　　　　　　　約25.8万人
技能移転を通じた開発途上国への国際協力が目的。

④特定活動　　　　　　　　　約2.6万人
（EPAに基づく外国人看護師・介護福祉士候補者、ワーキングホリデー、外国人建設就労者、外国人造船就労者等）

⑤資格外活動（留学生のアルバイト等）約29.7万人
・本来の在留資格の活動を阻害しない範囲内（1週28時間以内等）で報酬を受ける活動が許可。

計　約127.8万人

| 「専門的・技術的分野」に該当する主な在留資格 ||
|---|---|
| 在留資格 | 具体例 |
| 教授 | 大学教授等 |
| 高度専門職 | ポイント制による高度人材（学歴・年収・職歴等によるポイント） |
| 経営・管理 | 企業等の経営者・管理者 |
| 法律・会計業務 | 弁護士、公認会計士等 |
| 医療 | 医師、歯科医師、看護師 |
| 研究 | 政府関係機関や私企業等の研究者 |
| 教育 | 中学校・高等学校等の語学教師等 |
| 技術・人文知識・国際業務 | 機械工学等の技術者、通訳、デザイナー、私企業の語学教師、マーケティング業務従事者 |
| 企業内転勤 | 外国の事業所からの転職者 |
| 介護 | 介護福祉士 ※平成29年9月から新たに増加 |
| 技能 | 外国料理の調理師、スポーツ指導者、航空機の操縦者、貴金属等の加工職人等 |

※外国人雇用状況の届出状況（2017年10月末現在）による。

出所：内閣府「外国人労働力について」平成30年2月20日内閣府　資料4
http://www5.cao.go.jp/keizai-shimon/kaigi/minutes/2018/0220/shiryo_04.pdf

# 3．沖縄の近未来像

　アジアのダイナミズムの拡大によって、沖縄には千載一遇の経済的チャンスが到来している。ソフト・ハードのインフラを整備し、経済の体力・筋力の増強を図り、成長のエンジンを内蔵して、発展を推進しなければならない。

　沖縄振興計画（沖縄21世紀ビジョン基本計画）やアジア経済戦略構想推進計画及び関連する政策を推進していくと、どのような姿が見えてくるであろうか。ここでは沖縄の近未来の姿を示してみたい。

**本島北部地区**

　貴重な動植物の宝庫であるやんばるの森や美しい海浜などがある北部地区は、自然環境と調和した国際的な学術研究、リゾート拠点として成長が期待されている。クルーズ船が停泊し、海洋博公園の美ゅら海水族館、今帰仁城祉に足を延ばすことも可能である。やんばる国定公園や世界自然遺産に登録されれば、エコツーリズムに拍車がかかる。また、内閣府の特別機関「日本学術会議」の動物科学分科会は、東アジア地域の自然史標本やデータを網羅して収集・保存し、総合的な研究拠点となる「国立自然史博物館」を沖縄に設立する提言をしており、将来実現すると、エコツアーのメッカにつながる。

　美ら海水族館は観光客が最も訪れるスポットの一つであり、これからも北部への観光客の誘引の拠点となる。

　従来の物見遊山的な観光旅行に対して、これまで観光資源としては気付かれていなかったような地域固有の資源を新たに活用し、体験型・交流型の要素を取り入れた旅行の形態のニューツーリズムも展開できる。活用する観光資源に応じて、エコツーリズム、グリーンツーリズム、ヘルスツーリズム、産業観光等が挙げられ、旅行商品化の際に地域の特性を活かしやすいことから、地域活性化につながるものと期待されている。観光庁では、地域の特性を生かし、かつ多様化する旅行者のニーズに即した観光を提供するニューツーリズムの振興を図っている。[76]

　沖縄科学技術大学院大学（OIST）は、恵まれた自然環境の中で国際的な世界最高水準の研究・教育が行われており、産学連携による研究成果を基にしたビジネス創出にも力を入れている。沖縄におけるベンチャー創出を進めるために、起業家精神の育成を行っている。ネットワー

---

76　国土交通省観光庁「ニューツーリズムの振興」

図6-3-1　沖縄科学技術大学院大学（OIST）

出所：OIST HP https://www.oist.jp/ja/news-center/photos/19324

クを強化し、起業家活動を促すために、セミナーやワークショップ等を開催している。OIST事業開発セクションでは、積極的に国内や海外の企業との強力なネットワーク構築を目指しており、革新的な研究のパートナーシップを形成するため、OISTの研究者と企業との連携を促進し、受託研究・共同研究契約の交渉や新規事業の立案を行っている。

　イノベーション・スクエア・スタートアップ・アクセラレーターは、沖縄初のグローバルな起業家支援プログラムであり、毎年、世界中から選抜された起業家をOIST職員として受け入れ、最先端技術を活用したベンチャーを沖縄で起業するために必要な資金、メンタリング、パートナーシップ等の支援を行っている。OISTの人材や最先端設備等のリソースと、高度な技術を持った世界中の起業家を組み合わせることでベンチャーを創出している。[77]

---

77　OIST HP

2015年１月に知的財産の創造、権利化、活用を推進する体制を強化したことにより、特許出願件数が大幅に増加した。2018年３月31日現在、特許出願累計は260件にのぼり、取得済は50件に及んでいる。ライセンス可能な技術は、OISTのＨＰにて公開されており、産業との連携、ビジネス創出のリエゾーン機能にも力を入れている。[78]

　名護市は経済金融活性化特別地区に指定されており、マルチメディア館、未来館、国立高等専門学校の周辺に情報通信産業の立地が拡大し、AOやＩｏＴの集積地なることが期待される。

　名護市経済特区開発機構（ＮＤＡ）の管理する「みらい館」には、ITC関連企業が現在（2018年）45社立地し、1089人雇用されている。[79]現在も増設をしているが、外国等の関連会社からの問い合わせもあり、ITC産業のクラスターが期待できる。

　これからの北部圏の振興の戦略としては、ニューツーリズムや観光×ITが重要になると思われる。これまで観光資源としては気付かれていなかったような地域固有の資源を新たに活用し、体験型・交流型の要素を取り入れた旅行者の多様化するニーズに対応したニューツーリズムは活用する観光資源に応じて、エコツーリズム、グリーンツーリズム、ヘルスツーリズム、産業観光等が挙げられ、旅行商品化の際に地域の特性を活かしやすい旅行プランの吟味、航空券の予約、入管、買い物の下見、支払い（決済）、免税手続き、レンタカーや車のシェアーの予約と決済等、ＩｏＴにより利便性を上げることができる。観光×ITを駆使して観光のバリエーションを広げ、観光の質を向上させる情報技術を駆使した観光を展開すべきである。新たな観光と最新の情報通信技術を組み合わせて、北部圏は自然保護を前提にする持続的発展のフロンティアとなる

---

78　同上
79　名護　みらい館HP http://nda.city.nago.okinawa.jp/corporate/results/

第6章　課題と今後の展望

図6−3−2　本島北部地区の近未来

出所：沖縄県アジア経済戦略構想―日本とアジアの架け橋に―　パンフレットによる

本部にクルーズ船が寄港

出所：琉球新報社

可能性を秘めている。

　沖縄コンベンションビューローは那覇と北部間の高速艇の就航や名護から本部半島へのロープウェイを提案しており、交通渋滞の解消や北部への観光客の大きな誘引力となると思われる。[80]

　北部産のアグー豚、シークワサー、マグロ等の農水産物、さらに県産ビールの移輸出も展開している。それにより自然豊かで活気づく北部圏が期待できる。

### 本島中部東海岸

　沖縄県では、2014年6月に国際物流拠点産業集積計画を策定し、「うるま・沖縄地区（中城湾港新港地区）」を国際物流拠点産業集積地域に指定している。それに伴い、半導体や医療機器等、高度な技術を有する最先端の製造関連企業が多く立地し、新たな産業が成長している。

### 情報産業

　うるま・沖縄地区の経済特区は、情報通信産業の拠点となる沖縄IT津梁パークや最先端企業の集積が進んでいる。

　沖縄データセンターが入居する沖縄情報通信センターは、沖縄県が目指す「沖縄21世紀ビジョン」の実現にむけ、沖縄県が2012年より実施している「沖縄型クラウド基盤構築事業」を活用し、沖縄の新たな成長エンジンとして整備した公設民営の施設である。施設内には、情報管理棟の他、自社の業務プロセスの一部を継続的に外部の専門的な企業に委託するBPO：Business Process Outsourcingサービス等を行うベンダーが入居するビジネス棟、また電源を安定的に供給するエネルギー棟を備え

---

[80] 一般財団法人沖縄観光コンベンションビューロー「ホテル等における外国人材の在留資格の緩和及び沖縄本島北部観光振興プロジェクト構想」平成30年2月20日

ている。

　首都圏とアジアを結ぶ国際情報通信ネットワークを活かし、高度なセキュリティや災害に強い安定的な電源設備などを有し、国内外の企業の重要な情報資産のバックアップ・リスク分散拠点として、運用が始まっている。

　沖縄IT津梁パークは、沖縄県が国内外の情報通信関連産業の一大拠点の形成を目指している。基本理念として
- ITブランド力の向上、人や技術等の面でのシナジー（相乗）効果、イノベーション効果（技術革新効果）の発揮を通した情報通信産業クラスター（IT産業高度化の拠点）の構築
- 国際競争向上への寄与情報通信産業における次世代技術やビジネスモデルの開発と実験の場の創出により、情報通信産業の課題に対するソリューションの提供、専門人材の育成と供給を図り、我が国の

図6-3-3　沖縄IT津梁パーク

出所：沖縄IT津梁パークHPによる。

情報通信産業の活性化
- 新規立地や既存事業の拡大を促進することによって、県内の雇用創出の拠点

等を挙げている。

**物流**
　経済特区である「沖縄特別自由貿易地域」では、製造関連産業に対する様々な支援策がある。めざましい経済発展を遂げる東アジア主要都市の中心に位置するという地理的特性を活かし、対アジア輸出を目指す加工交易型を柱とする製造業等が立地している。

　中城湾港（泡瀬地区）
　沖縄市を中心とする中部圏東海岸地域の活性化を図るため国・県・市が協力して取り組んでいる沖縄特別自由貿易地域があり、国内外からの観光リゾート客の日常的な交流を目指した国際リゾート拠点、海洋性レクリエーション活動拠点、情報産業の立地や21世紀を担う人材の育成、教育、生涯学習の場の形成を目的としてる。

　中城湾港（新港地区）
　新港地区は、本県における物資の円滑な流通を確保するための、流通拠点として整備するとともに、産業の振興、雇用機会の創出、産業構造の改善並びに県土の均衡ある発展に資するための工業用地の整備等、流通機能、生産機能を合わせ持った流通加工港を整備することを目的としている。
　県内大手の海運会社が、うるま市の国際物流拠点産業集積地域内（中城湾港）に敷地面積約4万4千平方メートルの土地を確保し、県内最大級の「中城総合物流センター」（仮称）を整備している。集荷から配送

までを一貫して対応する「総合物流」を実現する基幹施設として輸送品質の向上に加え、県産品の国内外移・輸出の集約拠点とする方針である。。

センターは荷さばきや配送を中心とした通過型流通センターと、流通加工を伴う在庫型物流センターの両機能を備えて多様な商品に対応する。外国貨物を保税状態のままで加工や改装、仕分けする保税倉庫も想定して海外展開の拡大を見据えている。

輸送時間（リードタイム）を短縮するため、センターは24時間オペレーションを想定している。電動式重量保管棚や自動仕分け装置など最新設備を導入する予定であり、冷凍や冷蔵、常温など複数温度帯に対応できる設備を検討する。[81]

### 先端産業の立地

沖縄バイオ産業振興センターは沖縄本島中部東海岸の州崎地区に立地し、近隣には「沖縄県工業技術センター」や「沖縄健康バイオテクノロジー研究開発センター」、「沖縄ライフサイエンス研究センター」があり、バイオ関連の研究機関・企業が集積している。沖縄県は全国でも特にバイオ関連企業の集積が進んでいる地域である。バイオ関連産業を今後発展が期待できる重要な産業と位置づけており、県内バイオ関連産業のさらなる発展を図るため、新たに「沖縄バイオ産業振興センター」を設置し、起業や事業化等の幅広い支援を行っている。

大手産業機械メーカーの子会社がうるま市国際物流拠点産業集積地域うるま地区内に建設した賃貸工場に立地し沖縄を拠点に金属部品の加工や製品組み立てをし、国内外へ納品する。

工場ではボトル充填（じゅうてん）機の部品加工やカップ麺を包装す

---

81 琉球新報 デジタル 2013年11月9日
https://ryukyushimpo.jp/news/prentry-215037.html

る機械の生産、レーザー発生装置の土台などを組立ている。今後、再生医療の関連機器の部品加工も検討することになっている。

### 沖縄県金型技術研究センター

沖縄発の新しい金型技術を生み出すため、金型関連技術の研究に取り組み、近年は、金型だけでなく多岐にわたるものづくり全般に関する研究開発を行っている。関わったCBブレース（超軽量のひざ関節装具）のオールプラスチック化技術の義肢開発や合環境の焼却炉はアジアに輸出されている。

### ライカム

ライカムは琉球米軍司令部（Ryukyu Command headquarters）の通称であり、かつて米軍のゴルフ場であった。その返還地をショッピングモールに開発した。約230店舗が集結する県内有数の商業施設となっている。

沖縄本島の南北を繋ぐ主要幹線である国道330号、北側には沖縄環状線が東西に走り、沖縄市を始めとする周辺市町村の居住エリアからのアクセスが容易で、北中城IC、沖縄南ICにも近く、沖縄本島全域からの広域集客が可能な恵まれたアクセス環境を有している。クルーズが寄港する中城港湾からも近く、外国人観光客も引き寄せることができる。

周辺には立地の利便性を生かして高層マンションが展開しており、さらに「まち」として広がりを見せ、人口も増大すると思われる。

本島中部東海岸は東海岸サンライズベルト構想の検討もあり、東海岸にもう一つ南北に伸びる経済の背骨を構築することにより、強固な経済基礎の形成が期待される。本島中部東海岸の発展可能性は高い。

図6-3-4　本島中部東海岸

出所：沖縄県アジア経済戦略構想―日本とアジアの架け橋に― パンフレットによる。

## 沖縄本島中部西海岸

　本島中部の北谷、読谷、恩納と続く中部西海岸は観光リゾート、商業施設の集積地である。これらも沖縄県の観光産業を支えるエリアとなる。北谷町、読谷村も新たな可能性を秘めており、本島中部西海岸はこれからも沖縄経済の牽引役となる。

## 恩納村

　恩納村の西海岸には多数のリゾートホテルが立地し、リゾート観光の集積地となっている。恩納村は「風と光が流れ　時を忘れる村」をテー

マに、観光客に安全・安心で快適に過ごしてもらえるよう、市場のグローバル化への対応を行うとともに、観光インフラの整備、ユニバーサルデザインの推進、国道58号沿道等での観光交流拠点づくりに取り組んでいる。世界有数のリゾート地にふさわしい景観の形成を図るとともに、道路等の環境美化や旅行環境の整備を図るための協力金の徴収や緊急時対応の強化について検討を行っている。

### 北谷町

北谷町は、これまで明確に都市核と呼べるようなエリアが存在してなかったが、北前土地区画整理事業、桑江地先公有水面埋立事業の実施に伴い、都市核が形成された。さらに、2003年に返還されたキャンプ桑江（北側地区）の跡地利用や浜川漁港公有水面埋立事業の実施により、新たな都市の成長軸が生まれつつある。

これを背景にして、都市計画マスタープランでは都市整備の基本方向

図6－3－5　北谷町美浜

出所：北谷町総務部企画課「美浜タウンリゾート・アメリカンビレッジ　完成報告書」平成16年

としては、北谷町の市街地を6地区に区分し、これらの地区に各々の機能を分担させ都市コアシステムの形成を目指している。[82]

都市コアシステムの形成推進にあたっては、

① キャンプ桑江、美浜、北前・桑江土地区画整理事業地区を都市核として位置づけ、行政・商業・アミューズメント等の都市機能を当該核に集積させ、集積のメリットを形成していく。

② 既成市街地等住宅密集地においては、住環境整備ゾーンとして位置づけ各種都市施設の充実を図り良好な住環境を整備していく。

③ 海浜レクリエーション、歴史文化ゾーンを設定し、健康と賑いのある都市づくりを目指すとともに、町の自然・歴史・文化の保護を図る。

④ これらの都市核と各ゾーンを有機的に連結する道路網を整備し、町全体としての機能的な都市を形成することとしてる。[83]

また、フィッシャリーナ地区は、水産業と観光・レクリエーション等のマリン産業が融合した交流拠点としてリゾート開発を継続しているエリアであるが、土地処分を完了している。同地区におけるホテル客室数は約800室になり、年間約57万人（約74億円）の利用者を見込んでいる。本地区とアメリカンビレッジ地区を合わせたホテル客室数は約1300室になり、年間約90万人（約113億円）の利用者を見込んでいる。[84]

### 西普天間

2015年3月、キャンプ瑞慶覧（西普天間住宅地区）が返還され、跡地

---

82　北谷町役場総務部企画課「美浜タウンリゾート・アメリカンビレッジ完成報告書」平成16年11月
83　同上
84　北谷町「北谷町フィッシャリーナ地区　土地処分完了」平成28年7月4日

利用については、いわゆるOHMIC（Okinawa Health Medical Innovation Center）構想を端緒に議論がなされ、「経済財政運営と改革の基本方針2015」（平成27年6月30日閣議決定）において、「西普天間住宅地区について、関係府省庁の連携体制を確立し、国際医療拠点構想の具体的な検討を進めた上で、同地区への琉球大学医学部及び同附属病院の移設など高度な医療機能の導入をはじめとする駐留軍用地跡地の利用の推進を図る。」とされた。

本閣議決定を受け、内閣府を中心に内閣官房、文部科学省、厚生労働省、独立行政法人医薬品医療機器総合機構、沖縄県、宜野湾市、日本製

図6-3-6　本島中部西海岸

出所：沖縄県アジア経済戦略構想―日本とアジアの架け橋に― パンフレットによる。

薬工業協会、琉球大学、宜野湾市軍用地等地主会からなる「西普天間住宅地区における国際医療拠点の形成に関する協議会」において、国際医療拠点構想の具体的な検討が進められてきた。2015年12月には「国際医療拠点構想の検討の方向性」が公表された。[85]

### 読谷村

　読谷村は人口増加が続き、現在（2018年4月）41,375人と村としては日本一の人口となっている。発展を続ける隣の北谷町が土地スペースが発展の限界に使づく中、読谷村は余地が多くあり、発展可能性が高い。さらに、人口増加に伴い労働力人口比率が高くなっている。生産年齢人口の高い地域は「小さくても魅力的な地域」とされ、読谷村が全国一になったことがある。[86]

　読谷村大湾の国道58号沿いに、複合型商業施設「シナジースクエア」が、オープンし、区画整理した大湾東地区で初の施設、飲食店やコンビニエンスストア、歯科診療所などテナント9店舗余が開店した。敷地は約6800平方メートルである。2階建て1棟と1階建ての2棟の延べ床面積は約1800平方メートルで駐車場120台以上を備える。同地区では将来は3千人規模の人口が想定され、スーパーやカーディーラーも進出を計画している。

　やちむんの里としても人々を引き付けている。1972年金城次郎氏（1985年人間国宝に認定）を招致し、1978年に返還されたアメリカ軍不発弾処理場の跡地に「やちむんの里」を設置した。沖縄の伝統的なやちむん（焼き物）のあり方を求めて共同の登り窯をつくり、若手の陶工も呼び、現

---

85　国際性・離島の特性を踏まえた沖縄健康医療拠点について（西普天間住宅地区における国際医療拠点の形成に関する協議会報告）平成29年4月26日
86　鈴木　準、原田　泰　大和総研「人口減少と地域経済」2006年5月10日

在では40人以上の陶芸家によって里がつくられ製品も販売している。また琉球ガラスの工房もあり、文化の里として発展している。

本島中部西海岸は、返還地を梃子にして着実に沖縄の経済発展を牽引するエリアとなりつつある。

**沖縄本島南部東海岸**

大型MICE施設を中心に、学術・文化や経済など様々な交流が生まれる場として期待されている。東海岸は西原、与那原と中城、北中、沖縄、うるまの各市町村は経済の背骨としてサンライズベルト構想が検討され、西側に加えて日本の骨格軸が形成されるであろう。南北の鉄軌道

図6-3-7　本島南部東海岸

出所：沖縄県アジア経済戦略構想―日本とアジアの架け橋に― パンフレットによる。

が設置されれば、沖縄の南北に走る3本の経済的背骨が形成され、層の厚い県土が形成される。

**大型MICE施設**

企業の会議や商談会が開かれることで、世界各国のビジネスマンや企業が集まり、新しいビジネスチャンスが生まれる。国内外の大規模な学会や展示会、見本市が開かれることで、最先端の知識や技術が沖縄に集まり、ビジネス交流の拠点となる。また数万人規模の展示会や2万人規模のコンサートにも対応。雨天中止といった天候による機会損失が減少する。

天候を気にせず大規模なイベント開催できる。周辺には大学や研究所、先端の技術を持つ企業立地の可能性があり、地域全体のブランド力の向上に繋がる。

**南城市**

「海と緑と光あふれる南城市」を将来像に掲げ、人々が集い、暮らし、交流する賑わいあふれる新しいまちの顔づくりを目指している。将来像の実現を目指す上で、「都市拠点(都市活動や日常生活の中心となる場)」の形成が重要であり、特に、市中央部の都市拠点は、「先導的都市拠点地域」[87]として、都市づくり全体を先導する地域として、位置づけている。

琉球王朝時代の神事がおこなわれた、神の島と呼ばれる久高島が一望できる世界文化遺産の斎場御嶽があり、最も名高い神女という意味の琉球の信仰における神女の最高位の「聞得大君」、さらに琉球の神話では、日の大神(天にある最高神)は琉球を神の住むべき霊所であると認めら

---

87 南城市「南城市先導的都市拠点創出ビジョン」平成29年8月

れ、国づくりを命じられた創世神「アマミキヨ」に関する神話もある。神話の里としての重要な文化的価値を有している。

本島南部東海岸は大型MICE施設や歴史・文化を土台にした発展が見込まれる。

**沖縄本島南部西海岸（那覇空港・那覇港周辺）**

那覇市は沖縄の空路、海路、無陸路の交通の基点であり、社会・経済の中心地である。那覇市「第5次概要版那覇市総合計画」には「経済成長の著しいアジアにあって主要都市との近接性等の地理的優位性を活かしたビジネスとリゾートが融合する都市として新たな地位を築く。さらに、広域での幅広い連携のもと、リーディング産業である観光産業や市内に集積が進む情報通信関連産業はもとより、戦略的成長産業に位置付けられた国際物流関連産業など、様々な産業の活性化や育成・振興を図る」とある。

那覇空港の拡張（滑走路2本）、航空貨物ハブ、航空関連産業クラスターの形成、那覇港湾における国際流通港湾機能の拡充がすすんでおり、アジアのダイナミズムの取り込み、発展する拠点となっている。

**浦添市**

浦添市西洲と宜野湾市宇地泊を結ぶ西海岸関連道路（浦添北道路、臨港道路浦添線）が開通し、那覇空港や那覇港、宜野湾市の沖縄コンベンションセンターなどの主要施設へのアクセス向上や、国道58号の渋滞緩和が期待されている

臨港道路浦添線（浦添市港川－同市西洲、2.5キロ）は米軍牧港補給地区（キャンプ・キンザー）の海浜側を通る道路であり、大型ショッピングセンターも建設中であり、今後商圏が変化する可能性がある。

那覇港港湾整備計画のもとに浦添ふ頭の拡充を図り、国際航路ネットワークの形成により国際流通港湾として整備される予定である。港湾と

図6-3-8　那覇地区の近未来図

出所：沖縄県アジア経済戦略構想―日本とアジアの架け橋に― パンフレットによる。

　流通が一体となった機能を整備するともに、港湾・流通基盤の整備をはじめ、各種産業の支援機能など多様な情報サービス関連企業の誘致される見込みである。

　西海岸地域はキャンプ・キンザー跡地等の開発に伴う産業振興を念頭にした都市計画を策定しており、リゾートホテル、商業、スポーツレクレーション、ビジネスリゾート等の企業誘致することになっている。健康・医療系産業の研究開発拠点化、研究開発拠点化（レンタルラボの整備・集積等）や医療事業者が多い市内の産業特性を活かした、リハビリテーション（アスレチックリハビリテーションなどに特化）医療の事業者の育成拠点化も予定されている。[88]

　那覇近郊の座間味村、渡嘉敷村等も世界有数のダイビングスポットとして注目を浴びている。南部西海岸（那覇空港・那覇港周辺）は今後とも空、海、陸の交通拠点として、また沖縄経済の中心地と役割が大きく、今後も大きな発展が見込まれる。

---

88 「浦添市産業振興ビジョン」平成30年3月

**宮古地区**

　国内外の富裕層をターゲットにした新たなリゾート開発や再生可能エネルギーの導入など、環境に配慮した島づくりに力を入れ、島の魅力を世界へ発信している。

　ワンランク上のリゾートライフ国際線やプライベートジェットも受け入れ可能な下地島空港旅客ターミナル建設をはじめ、来間島や伊良部地区でもリゾート開発が進んでいる。伊良部大橋の架橋により、ラグシュアリーなホテルが立地し、下地島には自家用ジェットの駐機場が検討される等、富裕層のリゾート地として期待されている。

　クルーズ船の寄港も増大し、バースの設置を民間活力（PFI）方式で整備するなど需要増大に対応している。

　宮古島市は「エコアイランド」を標榜し、太陽光や風力発電など環境

図6−3−9　伊良部大橋

出所：宮古島観光協会HPによる。

に優しい再生可能エネルギーの導入が進んでおり、エコツーリズムの展開も見込まれる。

島の魅力により、潜在可能性が開花してきており、今後も発展が見込まれる。

### 八重山地区

石垣空港の改築後、外国も含めた観光需要が増大し、経済が活況を呈している。石垣市は「石垣市海洋基本計画」[89]を策定しアジアとの結節点都市である石垣市が、積極的な自然環境保全と利活用、及び文化の伝承活動を推進するために自ら策定し、アジアゲートウェイの拠点都市として実行していくことを示している。

「海洋都市いしがき」において、近隣諸国・地域との観光交流の拡大とアジアゲートウェイとしての国際観光圏の形成、"海洋環境と

図6-3-10　八重山の港・空港

石垣空港に向うクルーズ船「スーパースターアクエリアス」号の乗客ら。
出所：琉球新報社

開港から2周年をむかえた新石垣空港。
出所：琉球新報社。

---

89　石垣市「石垣市海洋基本計画―八重山海域における海洋の保全・利活用―」、平成25年3月

の共生"と"持続可能な観光"を要件とする「石垣型エコツーリズム」の確立、海洋ツーリズム、貴重な自然環境・生態系をフィールドにした国際協力、海洋環境保全への取り組みに関するデータの集積、ノウハウの開示・供与等を示している。

　また、健康長寿のイメージが強い沖縄。台湾などに特に近い石垣は、塩やブランド牛など島の特産品の販路をアジアへと拡大しており、観光を梃子に八重山は更に発展すると思われる。

### ソフトパワーの顕在化

　文化、歴史、自然などにより人々を惹きつける魅力をソフトパワーと呼ぶが、沖縄の伝統文化の基底には、人間を肯定する考えがある。空手には心身の鍛錬を通じて人間を成長、昇華させる力があると思われる。それが世界の人々を引き付けている所以でもある。伝統芸能は沖縄のアイデンティティの土台となっている。これらのソフトパワーは物質的な豊かさでは充足されない精神的な豊かさの支えとなる。高次元のニーズに沖縄のソフトパワーは対応できる。

### 空手

　世界が沖縄にひれ伏すのが伝統空手である。空手のメッカ沖縄に世界から愛好家が集まっている。沖縄空手を独自の文化として保存・継承・発展させるとともに、「空手発祥の地・沖縄」を国内外に発信し、空手の真髄を学ぶ拠点として、沖縄空手会館が建設された。

　空手会館の役割は
- 人格形成への寄与（礼節の重視）
- 空手発祥の地であることの発信
- 県内及び国内外の各流派間の交流
- 指導者・後継者の育成

図6－3－11　空手会館

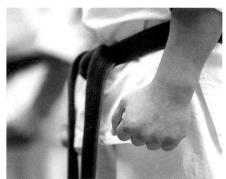

出所：空手会館HP

- 空手の真髄の継承
- 本場沖縄での修行の促進

である。

　自己鍛錬を通じて人間を昇華させる空手は、合理主義に陥り人間疎外、信頼の欠落した現代社会では精神的な潤いを渇望する人が多く、空手需要は拡大しており、沖縄に魅了されている。

**国立劇場　おきなわ**

　文化の薫り高い沖縄は組踊、舞踊、エイサー等もソフトパワーとして人々を魅了している。その発信地として国立劇場おきなわがある。

　組踊とは、せりふ、音楽、所作、舞踊によって構成される歌舞劇であり、首里王府が中国皇帝の使者である冊封使を歓待するために、踊奉行であった玉城朝薫（1684～1734）に創作させ、1719年、尚敬王の冊封儀礼の際に初演された。1972年5月15日、沖縄が日本へ復帰すると同時に、組踊は我が国の優れた芸能の一つであるとして、能、歌舞伎、文楽などと同じく国の重要無形文化財に指定された。

　サンシン（三線）は14世紀末頃に、中国から伝来した。当初、三線は

図6-3-12　組踊り

出所：国立劇場　おきなわHPによる。

宮廷楽器として定着し、士族たちによって演奏されていたが、その後次第に民間にも普及して、隆盛をきわめ、沖縄の伝統楽器として重要な位置を占めることになった。そして、永禄年間（1558～70年）に、琉球から大阪の堺経由で本土でも普及するようになり、拡大発展した。

　エイサーは旧暦7月15日の盆の送り日の夜に演じられる念仏踊りで、青年男女数十人で演じることが多い。集落ごとにチームがあり、コミュニティでの若者の社会活動の土台にもなっている。

第 6 章　課題と今後の展望

## あとがき

　筆者は約40年間沖縄国際大学に勤め、2016年3月に定年退職した。その後沖縄県の政策参与となり、これまでしたためてきた論考や報告書等を基に「アジアのダイナミズムと沖縄の発展」に焦点を当てて、刊行すべくコツコツ執筆してきた。しかし、副知事になってから激務のため、ほとんど筆は進まなくなった。職務上、沖縄経済に関する情報、とりわけ生の経済の情報が多く入り、一層強く沖縄経済の大きな息吹を感じた。そこで気を取り戻し、本書を完成させることにした。土、日や空いたオフのわずかな時間も執筆に費やした。

　筆者は研究者として若い時から沖縄の振興に関する国、県等の委員会等に参加したため、「沖縄21世紀ビジョン」や「アジア経済戦略構想」等の策定に、原案の作成等も含めて深く関わってきた。その間ずっと考え続けてきたのは、沖縄経済はどうすれば低位の経済（格差）から脱却できるかであった。

　「沖縄はアジア・太平洋地域への玄関口として大きな潜在力を秘めており、日本に広がるフロンティアの一つとなっている。沖縄の持つ潜在力を存分に引き出すことが、日本再生の原動力にもなり得るものと考えられる」という文言が総理大臣の決定する沖縄振興基本方針に記されている。このパラダイムシフトは復帰前に生まれた筆者としては、隔世の感がある。沖縄振興基本方針が決まる直前に、当時の総理補佐官から沖縄の経済について聞きたいと呼ばれたとき、沖縄がアジアの橋頭保としての役割を果たせば、日本経済を牽引できる旨のペーパーを手渡して、数日後「総理に渡しました」とのはがきをもらい、その旨の記述が盛り

込まれた感動は今でも忘れない。

「フロンティア」として位置付けられていることもかつてないことであり、重要である。沖縄でフロンティアのビジネスモデルが成功すれば、本土や外国に移植できるという意味である。これまで本土の後追いで、常に遅れてきた沖縄がフロントランナーになれるという。アジアの市場を見越して先端のビジネスが立地し始めている。観光だけでなくバイオ、半導体、IT等の領域で世界水準の先端技術やサービスを持つ企業が沖縄に現れている。

また、沖縄の「文化の力」も発展において大きな意味を持つ。沖縄のソフトパワーは高次元のニーズに対応でき、精神的な豊かさを向上させるからである。内外から多くの観光客が訪れるのも「沖縄の自然、人を大切にする文化」に魅せられてきたからであろう。

アジアのダイナミズムにより大きく躍動する沖縄経済を目の当たりにして、従前から沖縄はアジアとの関係において発展すると指摘してきた筆者としては研究者（また行政マンとしても含めて）冥利である。

現在展開されている沖縄21世紀ビジョン実施計画、沖縄県アジア経済戦略構想推進計画さらに関連諸施策を推進していくと、沖縄経済の未来は明るくなる。観光客の増加、内外投資の流入、企業立地、貿易や物流の増加が見込まれ、県内総生産、一人当たりの県民所得、賃金が上昇し、雇用等の改善、さらに子供の貧困の悪循環の連鎖を断ち切ることに繋がると思われる。

今、千載一遇のチャンスが沖縄に訪れている。明るい沖縄の未来を確たるものにするために、中、長期ビジョンに立ち、切れ目のない経済政策を展開する必要がある。ソフト・ハードのインフラ整備、規制緩和を推進することにより、今後10年、20年は発展できると筆者は信じている。

著者紹介

# 富川 盛武
沖縄県副知事・沖縄国際大学名誉教授・博士（経済学）

履歴
1948年　沖縄県北谷町生まれ
1971年　琉球大学法文学部経済学科卒業
1974年　明治大学大学院修士課程修了
1976年　沖縄国際大学商経学部　専任講師
1981年　北海道大学　客員研究員
1985年　沖縄国際大学　教授
1990年　ハワイ大学　客員研究員
2001年　明治大学より博士号学位（経済学）取得
2008‐2012年　沖縄国際大学　理事長・学長
2003‐2015年　沖縄銀行社外監査役
2015年‐16年　沖縄県政策参与
2016年4月より沖縄国際大学名誉教授
2017年3月より沖縄県副知事

委員会等の社会活動
　国、沖縄県及び市町村の多くの委員会委員（委員長含む）を歴任した。とりわけ沖縄21世紀ビジョン、沖縄県アジア経済戦略構想については、原案作成も含め、まとめ及び策定に深く関わった。

著書等（共著含む）
「沖縄の発展とソフトパワー」沖縄タイムス社、2009年（共著）をはじめ、17本。

論文
「沖縄と台湾及び中国大陸との経済的連結」をはじめ43本。

報告書等
「沖縄とアジアの経済的連結」をはじめ36本。

学会発表等
"China-Taiwan Economic Relations and Okinawa's Role", The Japan-US Alliance and China-Taiwan Relations: Implications for Okinawa-, November 18th 2005,George Washington University
"Okinawa's Economic Future and Asia:Looking Beyond the U.S. Military Presence " George Washington University, February 2017を含め、26回発表。

アジアのダイナミズムと
沖縄の発展 ―新次元のビジネス展開―

2018年9月13日　初版第1刷発行

著　者　　富 川 盛 武
発行者　　玻名城泰山
発行所　　琉球新報社
　　　　　〒900－0012　沖縄県那覇市泉崎1-10-3
　　　　　電話　（098）865－5100
　　　　　FAX　（098）868－6065
問合せ　　琉球新報社読者事業局出版部
発　売　　琉球プロジェクト
　　　　　電話　（098）868－1141
印刷所　　新星出版株式会社

ⓒMoritake Tomikawa 2018 Printed in Japan
ISBN978-4-89742-235-0
定価はカバーに表示してあります。
万一、落丁・乱丁の場合はお取り替えいたします。